Gerhard Schindler

Wer hat Angst vorm BND?

Gerhard Schindler

Wer hat Angst vorm BND?

Warum wir mehr Mut beim Kampf
gegen die Bedrohungen
unseres Landes brauchen.

Eine Streitschrift

Econ

Econ ist ein Verlag der Ullstein Buchverlage GmbH

ISBN 978-3-430-21038-6

© Ullstein Buchverlage GmbH, Berlin 2020
Alle Rechte vorbehalten
Gesetzt aus der Sabon bei
Pinkuin Satz und Datentechnik, Berlin
Druck und Bindearbeiten: GGP Media GmbH, Pößneck

Für Rebecca

Inhalt

Wer hat Angst vorm BND?
Vorwort   9

No risk, no fun
Sicherheit erfordert Mut   16

Droht neuer Krieg?
Wir alle spüren die Unsicherheit   30

Der Bundesnachrichtendienst
Der Auslandsnachrichtendienst
in unsicheren Zeiten   77

Die deutsche Sicherheitsarchitektur
Übersichtlich geht anders   105

Sicherheit und Freiheit
Dem Stellenwert von Sicherheit Geltung
verschaffen   137

Sicherheit und informationelle Selbstbestimmung
    Digitalisierung, Datensicherheit,
    Datenschutz   148

Staat im Staate?
    Kontrolle und Untersuchungsausschüsse   172

Die NSA-Affäre
    Verpasste Chance zum
    sicherheitspolitischen Diskurs   181

Sicherheitskultur und Nationaler Sicherheitsrat
    Wir brauchen einen Sicherheitsdiskurs
    in Deutschland   196

Die deutsche Sicherheitsarchitektur verbessern
    Das Bessere ist der Feind des Guten   216

Sicherheitsinteressen definieren und vertreten
    Deutschlands Sicherheit wird nicht
    am Hindukusch verteidigt   237

Nach der Corona-Krise lernen
    Sicherheit neu denken   249

Wer hat Angst vorm BND?

Vorwort

Um es gleich vorwegzunehmen: In diesem Buch geht es nicht nur um den Bundesnachrichtendienst. Viele Eindrücke und Erfahrungen zum Thema Sicherheit habe ich aber als Präsident des Bundesnachrichtendienstes gewonnen, weshalb der BND stellvertretend für alle anderen Sicherheitsbehörden seinen Platz im Titel dieses Buches gefunden hat.

In meine Amtszeit beim deutschen Auslandsnachrichtendienst fiel eine Reihe von einschneidenden, die Welt verändernden Ereignissen. Zum Beispiel der wachsende Konflikt in Syrien mit den Giftgaseinsätzen des herrschenden Assad-Regimes gegen die eigene Bevölkerung, die Ukraine-Krise mit dem Abschuss des malaysischen Verkehrsflugzeugs MH17 über der Ost-Ukraine oder auch die Migrationswelle im zweiten Halbjahr 2015. Ab Mitte 2013 stand der BND besonders im Licht der Öffentlichkeit. Mit den Veröffentlichungen von Edward Snowden begann für den Dienst die größte Krise seit seiner Gründung im Jahre 1956. Die enge Zusammenarbeit mit dem US-amerikanischen Geheimdienst *National Security Agency* (NSA) wurde Gegenstand eines parlamentarischen Untersuchungsausschusses des Deutschen

Bundestags. Zudem rückte auch die eigene technische Aufklärung des BND in das Visier der parlamentarischen Kontrolleure und der Medien. Der Auslandsnachrichtendienst hatte in dieser Zeit nicht nur die Krisen der Welt aufzuklären, er musste auch die eigene Krise meistern, er stand selbst unter Beschuss.

In dieser Zeit habe ich die Mitarbeiterinnen und Mitarbeiter des BND intensiv kennengelernt. Leider gibt es keine Studien über die Kultur in den deutschen Nachrichtendiensten, sodass ich auf meine eigenen Eindrücke angewiesen bin. Und diese lassen sich unter dem Begriff »Kultur des Zweifels« gepaart mit einer »Kultur der Kontrolle« zusammenfassen.

Analysten wie Operateure waren zögerlich, überlegten dreimal statt einmal, diskutierten lieber mehr als zu wenig. Um es deutlich zu sagen, im BND gab und gibt es keine »Desperados«, die man bremsen und eng kontrollieren muss. Die nachdenklichen Menschen und jene, die sich nicht mit der schnellen ersten Information zufriedengeben, überwiegen.

Der Grund für das Hinterfragen, für die »Kultur des Zweifels«, hat nach meiner Auffassung etwas mit dem beruflichen Alltag zu tun. Nachrichtendienstler werden jeden Tag belogen, hintergangen, auf falsche Fährten geführt. Menschliche Quellen können einem das Blaue vom Himmel erzählen, was vielleicht gut klingt, aber mit der Realität nichts gemein hat. Eine abgefangene Information kann zutreffend oder eine gezielte Desinformation sein. Es gilt daher der ungeschriebene Grundsatz: »Nichts glauben!«, es sei denn, die Information ist durch unabhängige Zweit- oder Drittquellen bewiesen. Dieser quasi institutionelle Zweifel schafft Distanz zu neuen Sachverhalten und Personen und macht die Angehörigen des Dienstes kritisch und unempfänglicher gegenüber abseitigen politischen Parolen.

Ein weiterer Faktor sind die vielen internen und externen Kontrollinstanzen. Diese »Kultur der Kontrolle« wird im Dienst nicht als lästig, sondern als selbstverständlich empfunden. Selbst wenn es in einem kleinen Kreis von Mitarbeiterinnen und Mitarbeitern Bestrebungen gäbe, gezielt rechtliche Grenzen zu überschreiten, würde dies angesichts der Kontrolldichte eher früher als später erkannt werden. Wer also das »System Bundesnachrichtendienst« kennt, der weiß, dass dies nichts mit einem »Staat im Staate« zu tun hat, wie überkritische Stimmen gerade in der Politik hin und wieder behaupten.

Aus der »Kultur der Kontrolle« folgt eine überbordende Bürokratie. Unzählige kleinteilige Regelungen geben scheinbar Handlungssicherheit. Tatsächlich aber – wie in allen Organisationen mit zu viel Verwaltungsvorschriften – hemmen sie die Eigeninitiative und die Handlungsabläufe. In etlichen Diskussionsrunden, an denen ich als Präsident des Bundesnachrichtendienstes und auch noch nach meinem Ausscheiden teilgenommen habe, erläuterte ich die Bürokratie im Dienst gerne mit dem Beispiel des Fahrtenbuchs in Afghanistan. Eine solche Dokumentation für ein Dienstfahrzeug zu führen ergibt in Deutschland Sinn. Es hat den Zweck, dienstliche und private Fahrten zu unterscheiden. In Afghanistan von den Mitarbeiterinnen und Mitarbeitern des BND ein Fahrtenbuch führen zu lassen, ist dagegen weder sinnvoll noch zielführend, da man in diesem Einsatzland keine privaten Fahrten durchführen kann. Dort ist man 24 Stunden am Tag im Dienst. Die Einführung einer realitätsnahen Lösung war daher eine meiner ersten Modernisierungsmaßnahmen.

Es gibt also keinen Grund, *Angst vorm BND* – oder vor den anderen Sicherheitsbehörden – zu haben. Es gibt aber viele Gründe, sich mit unseren Sicherheitsbehörden zu befassen. Die Menschen, die dort rund um die Uhr für unser aller Sicherheit arbeiten, haben Respekt verdient. Dabei geht es mir nicht um Lobhudelei, um inhaltslose Sonntagsreden, sondern um den Stellenwert ihrer Aufgabe, um den Stellenwert von Sicherheit. Sicherheit ist auf dem Weg, ein »Igitt«-Thema zu werden. Wer heute für bessere oder mehr Sicherheit eintritt, der wird kritisch beäugt, der stört, wird lästig. Die Arbeit der Sicherheitsbehörden sollte aber nicht nur dann öffentlich thematisiert werden, wenn es um mögliche Pannen oder den pauschalen Vorwurf geht, Dienste würden Gefahren zu spät erkennen.

Ich will mit meinen Ausführungen, wenn es eben sein muss, stören. Ich möchte einen Beitrag leisten für eine Diskussion über den Wert von Sicherheit, über mehr Sicherheit.

Bei meinen Recherchen zu diesem Buch ist mir wieder einmal deutlich geworden, wie sehr sich die Sorge über angeblich übergriffige Sicherheitsbehörden und die Angst vor Nachrichtendiensten in der Rechtsprechung des Bundesverfassungsgerichts wiederfinden. Es ist guter Brauch, dass man sich mit Kritik am obersten Gericht unseres Landes zurückhält. Aber die jüngste Entscheidung des Bundesverfassungsgerichts vom 19. Mai 2020, wonach die strategische Ausland-Ausland-Fernmeldeaufklärung des BND gegen Grundrechte des Grundgesetzes verstoße, darf nicht unkommentiert bleiben.

Mit dieser Entscheidung, die die Aufklärung der Telekommunikation von Ausländern im Ausland deutlich erschwert, hat das Gericht erstmals seit Gründung der Bundesrepublik im Jahre 1949 festgestellt, dass der Schutz der Grundrechte unserer Verfassung nicht auf das deutsche Staatsgebiet beschränkt ist, sondern dass auch Ausländer im Ausland sich auf das Fernmeldegeheimnis nach Artikel 10 berufen können, wodurch ihre Kommunikation geschützt wird. Das Gericht stellt damit die ganze Weltbevölkerung von über sieben Milliarden Menschen unter deutschen Grundrechtsschutz. Ein solcher Vorgang ist in der Staatengemeinschaft ohne Beispiel. Das Gericht geht damit auch weiter als etwa die Europäische Menschenrechtskonvention, die in ihrem Artikel 1 »lediglich« all den Personen die dort angeführten Rechte und Freiheiten zusichert, die der Hoheitsgewalt der Vertragsparteien unterstehen. Der räumliche Geltungsbereich der Konvention ist daher nach Artikel 56 auf das Hoheitsgebiet des jeweiligen Staates beschränkt. Einen ähnlich begrenzten Anwendungsbereich sieht die Charta der Grundrechte der Europäischen Union in Artikel 56 vor. Unser Grundgesetz ist demgegenüber ab sofort Weltrecht!

Geklagt gegen den Bundesnachrichtendienst hatten überwiegend ausländische Journalisten der Organisation »Reporter ohne Grenzen«. Schon der Umstand, dass Journalisten zum Beispiel aus Großbritannien, Aserbaidschan, Slowenien oder Mexiko in Deutschland gegen den Bundesnachrichtendienst klagen, ist irritierend. Sie haben sich offensichtlich das Land ausgesucht, dessen Rechtsordnung die Tätigkeit seiner Nachrichtendienste am wenigsten schützt – das ist leider Deutschland.

Die Entscheidung aus Karlsruhe hatte ich so nicht erwartet, denn ich vermochte mir nicht vorzustellen, dass nunmehr die Kommunikation der Taliban, die gerade deutsche Soldatinnen und Soldaten in Afghanistan angreifen, durch unser Grundgesetz geschützt sein soll. Oder dass der Terrorist in Syrien, dem über sein Mobilfunktelefon der Befehl zum Enthaupten von Gefangenen erteilt wird, unter den Schutz des deutschen Fernmeldegeheimnisses fallen soll. Ich glaube, die Väter des Grundgesetzes würden sich im Grabe umdrehen, wenn sie dies wüssten. Dass sich die Betreiber einer islamistischen Propaganda-Webseite im Irak jetzt auf die Pressefreiheit nach Artikel 5 des Grundgesetzes berufen können und deshalb einen besonderen Grundrechtsschutz genießen, ist angesichts der Gesamtproblematik nur noch eine Arabeske am Rande. Ich bedaure, dass das Gericht keinen Mittelweg gesucht hat, um berechtigte Interessen von Journalisten zu berücksichtigen ohne die Tragweite des jetzigen Urteils.

Diese bedenkliche Verabsolutierung deutscher Rechtspositionen hat schon fast etwas Religiöses. Sie wird die Arbeit des Bundesnachrichtendienstes deutlich erschweren. Weil das Gericht viele Voraussetzungen für die technische Aufklärung definiert hat, werden weniger Informationen gewonnen werden können. Wichtig wird es daher sein, trotz reduzierter Erfassung mithilfe künstlicher Intelligenz den bestmöglichen Erkenntnisgewinn zu erzielen. Semantische Selektoren, also Filter, die nicht bloß nach bestimmten Begriffen, sondern nach Inhalten und Sinnzusammenhängen suchen, könnten helfen.

Insgesamt muss es im anstehenden Gesetzgebungsverfahren darauf ankommen, trotz Umsetzung der Gerichtsvorgaben die größtmöglichen Handlungsspielräume zuzulassen, um einen Abstieg des Bundesnachrichtendienstes in die Drittklassigkeit zu verhindern. Ein eingeschränktes nationales Frühwarnsystem hat nicht nur Folgen für das Image des Dienstes, sondern leider auch spürbare Folgen für die nationale Sicherheit.

Sorge bereitet mir in diesem Zusammenhang insbesondere die internationale Zusammenarbeit. Das Bundesverfassungsgericht hat auch für diesen Bereich eine Reihe von Vorgaben aufgestellt, die viele andere Nachrichtendienste, mit denen der BND derzeit zusammenarbeitet, nicht einhalten können oder

Sicherheit erfordert Mut

Als ich am 2. Januar 2012 meinen Dienst als Präsident des Bundesnachrichtendienstes antrat, fühlte ich mich unsicher. Natürlich hatte ich mich gründlich auf diese Aufgabe vorbereitet, viele Gespräche geführt, viele Berichte gelesen. Aber das änderte nichts an meinem Grundgefühl. Zu viel Kritik am damaligen Zustand des Dienstes wurde mir von aktiven und ehemaligen Angehörigen des BND, von Abgeordneten des Bundestags und von Journalisten teils sehr direkt, teils »durch die Blume« vor meinem Dienstantritt und in den ersten Wochen und Monaten danach übermittelt.

Ich hatte daher einen guten Grund, mich die obligatorischen ersten hundert Tage mit öffentlichen Aussagen zurückzuhalten, um mir selbst ein Bild von der Verfasstheit des BND zu machen. Am 5. April 2012 hatte ich meine ersten beiden Pressegespräche, mittags mit drei Redakteuren vom *Spiegel* und am Abend mit einem Journalisten von *Focus*. Das Gespräch mit den *Spiegel*-Redakteuren war auf eine Stunde begrenzt, während der Abendtermin »open end« war. Dieser zeitliche Unterschied erklärt, dass das Gespräch mit *Focus* wesentlich umfassender und detaillierter war.

wollen. Die Dienste etwa im Nahen oder Mittleren Osten, die die vom Gericht geforderten rechtlichen Standards nicht erfüllen, werden zukünftig lieber mit Briten, Franzosen oder Italienern zusammenarbeiten, als mit einem Dienst, der sich vor der Kooperation erst einmal über den rechtsstaatlichen Umgang mit Daten vergewissern will. Wir brauchen aber die Zusammenarbeit mit diesen Diensten, wenn wir deutsche Sicherheitsinteressen nicht nur in der Region wahren wollen. Umgekehrt gilt dies nicht! Die genannten Dienste können auf die Zusammenarbeit mit dem BND verzichten.

Das Karlsruher Urteil wird also noch lange nachhallen. Und nicht nur der Bundesnachrichtendienst ist betroffen, sondern auch die Bundeswehr in ihren Einsatzgebieten, die sich jetzt nicht nur einer feindlichen Konfliktpartei gegenübersieht, sondern auch Grundrechtsträgern. Die *Angst vorm BND* hat eine rechtliche Entwicklung ausgelöst, deren Folgen noch nicht absehbar sind. »Das ist ein schwarzer Tag für den BND und die Sicherheit unseres Landes«, lautete denn auch der Kommentar meines Vorgängers August Hanning, der von 1998 bis 2005 Präsident des Bundesnachrichtendienstes war. Uns verband das Bemühen, den Bundesnachrichtendienst leistungsfähiger zu machen und seinen Stellenwert im In- und Ausland zu stärken.

Ich schilderte dabei sehr offen, dass ich einen Auslandsnachrichtendienst vorgefunden habe, in dem eine Null-Risiko-Mentalität weitverbreitet sei. Ich hätte, bildlich gesprochen, ein Atomkraftwerk erwartet, das man durch viele Sicherungsmaßnahmen unter Kontrolle halten müsse. Vorgefunden hätte ich dagegen eine Organisation, die eher einer Verwaltungsbehörde gleiche. Viel zu oft werde die nicht zu garantierende »operative Sicherheit« als Totschlag-Argument gegen gute Ansätze und Ideen gebraucht. Für mich sei aber klar, dass es einen Nachrichtendienst ohne jegliches Risiko nicht geben könne.

In meinem Gespräch mit dem *Spiegel* gipfelte dies mit Bezug auf den Einsatz in Krisenregionen in dem Satz: »Der BND muss als Erster rein und als Letzter raus.« In dem Abendtermin mit *Focus* wollte ich noch deutlicher werden und gebrauchte daher die Äußerung: »No risk, no fun«.

Für mich war klar, dass sich etwas ändern musste, dass der BND einen Neustart brauchte. Und da die meisten Probleme bekanntermaßen im Kopf beginnen, propagierte ich diese Art Leitspruch auch nach innen in den Dienst hinein. Heute bin ich von diesem Vorgehen überzeugter als je zuvor. Wenn man bei einer nachrichtendienstlichen Operation, etwa beim regelmäßigen Treffen mit einer menschlichen Quelle im Ausland, jegliches Risiko ausschließen will, dann ist es keine nachrichtendienstliche Operation mehr, sondern diese kann auch von den dortigen Botschaftsangehörigen oder von den Militärattachés übernommen werden. Dafür braucht man keinen teuren Auslandsnachrichtendienst. Die Frage kann daher nur lauten: Wie viel Risiko ist man bereit einzugehen in Anbetracht des zu erzielenden Erfolgs? Das Ziel, der mögliche Erfolg, kam damals aus meiner Sicht bei der entsprechenden Risikoabwägung viel zu kurz. Der Fußballtrainer Jürgen Klopp hat dies wenige Monate später in etwa so formuliert: Nicht die Angst vor dem Verlieren, sondern die Lust auf das Gewinnen bringt den Erfolg!

Natürlich ging es mir bei der Stärkung der »Lust auf das Gewinnen« nicht um ein unüberlegtes, dreistes Vorgehen, sondern um ein kluges, umsichtiges, aber auch mutiges Handeln. Ich wollte, dass der mögliche Erfolg und der daraus resultierende Nutzen mit in die Risikoabwägung einbezogen werden. Eine geringe Risikobereitschaft – um ein fiktives Beispiel anzuführen – ist angebracht für die Anwerbung eines einfachen Soldaten in einer fremden Armee als menschliche Quelle, da von diesem wenig wertvolle Informationen zu erwarten sind. Anders sieht es dagegen bei einem Viersternegeneral aus, bei dem man erwarten darf, dass er über Top-Informationen verfügt. Hier lohnt sich ein höheres Risiko, zum Beispiel die Enttarnung des Anwerbers als BND-Mitarbeiter.

Das Gute war, Beispiele für mutiges und erfolgreiches Vorgehen gab es im Bundesnachrichtendienst. Und zwar nicht wenige! Neben der Veränderung im Kopf, die ich mit »No risk, no fun« anstoßen wollte, war es daher wichtig, das vorhandene gute Methodenwissen auch denjenigen zu vermitteln, die ihre Aufgaben bislang »zaghafter« angingen. Ich habe diese Bemühungen daher zu einer meiner wichtigsten Leitlinien während meiner Amtszeit gemacht. »Der BND muss operativer werden!«, lautete meine Ansage. Unterlegt habe ich diese Forderung nicht nur mit der Vorbildfunktion von guten Beispielen, mit organisatorischen Änderungen und Pilotprojekten, sondern auch mit dem Hinweis auf eine Studie von Wissenschaftlern des Instituts zur Zukunft der Arbeit an der Universität Bonn und des Deutschen Instituts für Wirtschaftsforschung in Berlin im September 2005. Demzufolge waren die Probanden der Studie, die sich als risikofreudig bezeichneten, im Durchschnitt mit ihrem Leben zufriedener als die anderen Versuchspersonen. Aufgrund meiner im BND gemachten Erfahrungen bin ich sicher, dass dieses Ergebnis der Studie zutrifft.

Nach der Veröffentlichung des *Focus*-Artikels am darauffolgenden Wochenende, in dem »No risk, no fun« im Text als mein zukünftiges Motto zur Erhöhung der »Schlagkraft der Auslandsspionage« zitiert wurde, brach allerdings erst einmal nicht unbedingt verhaltene Empörung in den Medien und der Politik aus. Auch später noch hat man mir immer wieder vorgehalten, dass man »so etwas« doch nicht öffentlich sagen könne. Von verantwortungslos bis flapsig und ungeschickt lauteten die Vorhaltungen. Eine inhaltliche Diskussion über mein Anliegen war kaum möglich, da die Losung »No risk, no fun« meist kategorisch abgelehnt wurde. Die Heftigkeit dieser Reaktionen hat mich überrascht. Ich konnte und kann sie mir nicht anders erklären als damit, dass wir Deutschen ein gestörtes Verhältnis zu unseren Nachrichtendiensten haben.

Mit einem gewissen Abstand bin ich heute der Auffassung, dass sich der fehlende Mut auf die gesamte deutsche Sicherheitsarchitektur ausweiten lässt. Wenn zum Thema Sicherheit in Deutschland diskutiert wird, dann meist mit einer negativen Konnotation. Da werden angebliche Pannen der Sicherheitsbehörden zelebriert, werden Fehler unterstellt. Behördenversagen zu behaupten, ist zu einer beliebten und beliebigen Routine unserer Debattenkultur geworden. Auch bei Fahndungserfolgen ist man vor dieser Haltung nicht geschützt. Die Frage, warum erst jetzt, ist noch harmlos gegenüber dem nicht selten geäußerten Verständnis für die Täter. Durchgreifende Sicherheitsbehörden greifen dann angeblich zu hart durch, sind instinkt- und rücksichtslos. Beispielhaft ist die Kritik am Vorgehen der Berliner Polizei gegen die dortige Clan-Kriminalität. Nach langer Zeit der Zurückhaltung hat die zugegebenermaßen schwierige Bekämpfung dieser Kriminalität in den letzten Monaten und Jahren endlich Fahrt aufgenommen. Großeinsätze mit mehreren Hundert Beamten – unter anderem in Shisha-Bars – oder die Beschlagnahme von etlichen Immobilien und deren Mieteinnahmen im Wert von mehreren Millionen Euro konnten diese Strukturen empfindlich stören. Für dieses entschlossene Handeln gab es nicht nur Lob. Das Vorgehen wurde von Vertretern der »Linken« als »rassistisch« bezeichnet, der Begriff »Clan-Kriminalität« sei stigmatisierend, da Muslime »kriminalisiert« würden. Wenn man diese Reaktionen einmal auf sich wirken lässt, muss man den Eindruck gewinnen, die größte Gefahr für unsere Gesellschaft ginge von den Sicherheitsbehörden aus.

Nur wenige Akteure haben bei diesen immer wiederkehrenden Debattenschemata, bei diesen sich stets wiederholenden Argumentationsmustern den Mut, sich klar und deutlich vor die Sicherheitsbehörden zu stellen. Wer heute um Verständnis für die Sicherheitsbehörden und deren Handeln wirbt, wird schnell in eine Ecke geschoben, in der man als Politiker oder Journalist nicht stehen möchte. Ich habe allzu oft im Vieraugengespräch Zuspruch und Zustimmung erfahren, während dieselben Personen sich öffentlich mit ähnlichen Aussagen vollkommen zurückhielten.

Ich glaube, niemand möchte heute als Hardliner gelten. Während es früher, von Franz Josef Strauß bis zum ehemaligen Bundesinnenminister Otto Schily, den anerkannten Typus des »Sheriffs« in der Politik gab, der unbeugsam für Recht und Ordnung eintrat, ist diese Haltung heute inzwischen verpönt und nicht mehr diskutabel. Otto Schily war wohl einer der Letzten seiner Art. Diese Sorte Politiker hatte Mut. Sie wurden nicht von Diskussionen oder Entwicklungen getrieben, sondern sie bestimmten diese. Sie setzten Veränderungen für mehr Sicherheit durch – gegen alle Widerstände. Sie stellten sich an die Spitze der Bewegung, argumentierten unermüdlich, hielten stand. Sie brachten Sachverhalte auf den Punkt, sprachen Klartext, wurden wahrgenommen und erreichten so meist ihr Ziel. Und wenn tatsächlich Fehler passierten, war dieser Typ Politiker bereit, sich schützend vor die betroffene Behörde zu stellen, weil es eben keine Organisation gibt, die gänzlich fehlerfrei ist. Diese Haltung entsprach seinerzeit auch zum großen Teil der Stimmungslage in der Bevölkerung. Heutzutage ist dagegen die Schar der Politiker, der Journalisten und sonstigen Multiplikatoren, die öffentlich und vehement für Vertrauen in die Arbeit unserer Sicherheitsbehörden werben, überschaubar. In einer Gesellschaft, die Straftäter mit der Bezeichnung »Aktivisten« heroisiert, obwohl sie zum Beispiel im Hambacher Forst fremdes Gelände besetzen, fremdes Eigentum beschädigen und Polizisten beleidigen, angreifen und verletzen, in einer solchen Gesellschaft hat man es zugegebenermaßen schwer, für Sicherheit oder gar für mehr Sicherheit einzutreten. Solche Akteure gibt es zwar noch immer, sie sind aber leise geworden beziehungsweise werden kaum gehört. Solche Politiker nerven die eigene Partei, die eigene Fraktion. Und Journalisten, die sich mit Sicherheitspolitik ernsthaft auseinandersetzen, werden gerne der »Hofberichterstattung« bezichtigt. Man läuft daher mit dieser Haltung inzwischen schnell Gefahr, den Status eines Hofnarren zu erhalten, und einige, die am rechten Rand mit dem Thema reüssieren wollen, benehmen sich auch so.

Zwei »Urgesteine« der bundesdeutschen Politik kommen

zu einem ähnlichen Schluss. Der FDP-Vize und Vizepräsident des Bundestags Wolfgang Kubicki etwa beklagte im Januar 2020 in einem Interview, dass »viele jüngere Politiker zu ängstlich sind, um auch mal klare Kante zu zeigen«. Und Sigmar Gabriel, unter anderem ehemaliger Vizekanzler und langjähriger Vorsitzender der SPD, hat sein im März 2020 veröffentlichtes Buch mit *Mehr Mut*! betitelt.

Wie schwierig hierzulande die Situation und Stimmungslage hinsichtlich starker Sicherheitspolitik ist, zeigt das Beispiel der fehlenden gesetzlichen Regelung für das sogenannte Hackback. Dabei werden bei IT-Angriffen aus dem Ausland die dortigen Server in einem gezielten Gegenangriff ausgeschaltet. Bislang darf dies keine unserer Behörden. Also müssen wir zuschauen, wenn eine Hackerattacke aus dem Ausland wichtige Infrastrukturen schädigt oder zerstört. Unsere Behörden dürfen nur durch Umlenken der Angriffsviren oder durch Abschalten der angegriffenen Systeme reagieren. All diese Maßnahmen sind aber in ihrer Schutzwirkung eher begrenzt. Nachhaltig agieren, indem man das angreifende System wo auch immer auf der Welt durch einen virtuellen Gegenangriff ausschaltet, dürfen wir nicht.

Seit über zehn Jahren wird in Deutschland wieder und wieder über dieses Thema diskutiert. Bedenken über Bedenken werden vorgebracht mit der Folge, dass die Politik es bis heute nicht gewagt hat, eine gesetzliche Regelung zu erlassen, dass der Staat seinen Schutzauftrag wahrnehmen kann. Ganz anders ist zum Beispiel die Situation in der Schweiz. Dort hat man schon im Jahre 2016 eine entsprechende Regelung erlassen. In Artikel 37 des Bundesgesetzes über den Nachrichtendienst heißt es: »Werden Computersysteme und Computernetzwerke, die sich im Ausland befinden, für Angriffe auf kritische Infrastrukturen in der Schweiz verwendet, so kann der NDB (Nachrichtendienst des Bundes) in diese Computersysteme eindringen, um den Zugang zu Informationen zu stören, zu verhindern oder zu verlangsamen.« Keines von den in Deutschland diskutierten Bedenken ist bislang aufgetreten; die Schweiz hat keine Katastrophen im Ausland verursacht, und niemand hat der Schweiz den Krieg erklärt. Wir hingegen sind mutig im Erfinden solcher Szenarien und zaghaft in der Übernahme von Verantwortung.

Diese Regelung in Artikel 37 wurde im Rahmen einer – wie in der Schweiz oft üblichen – Volksabstimmung eingeführt und mit einer deutlichen Mehrheit von 65,5 Prozent angenommen. Die Befürworter dieser Gesetzesnovelle hatten zuvor mit einer Kampagne für die Zustimmung geworben unter dem Motto »Glück ist eine Frage der Sicherheit!«. Ein solches Motto kann man sich heute in Deutschland gar nicht vorstellen.

Es lohnt sich auch, genauer hinzuschauen, wenn denn neue Regelungen geschaffen werden mit dem vorgeblichen Ziel, die Sicherheit zu verbessern. Meistens wird es für die Sicherheitsbehörden komplizierter, weil nahezu jede Neuregelung mit Datenschutzauflagen verbunden ist oder früher vorhandene Ermessens- und Handlungsspielräume eingeengt werden. Und es gibt Regelungen, die mit viel Furore eingeführt werden, in Wirklichkeit aber wirkungslos sind. Der ehemalige Abgeordnete des Deutschen Bundestags Wolfgang Bosbach (CDU) hat dies bereits einmal sinngemäß mit dem Kauf eines Wachhundes verglichen. Alle seien dafür, aber nur, wenn der Hund mindestens 20 Jahre alt sei, an der Leine liege, keine Zähne mehr habe und noch einen Maulkorb trage.

Die neue gesetzliche Regelung für das Auslesen von Mobiltelefonen von Asylantragstellern beim Bundesamt für

Migration und Flüchtlinge ist eine solche Regelung. Im Jahre 2017 wurde das Asylgesetz so geändert, dass ein Asylbewerber »auf Verlangen alle Datenträger (gemeint sind insbesondere Mobiltelefone), die für die Feststellung seiner Identität und Staatsangehörigkeit von Bedeutung sein können [...] vorzulegen, auszuhändigen und zu überlassen« hat. Das klingt erst einmal gut.

Die Regelung hat allerdings einen Haken. Kluge Antragsteller haben nämlich bei der Befragung durch das Bundesamt für Migration und Flüchtlinge erst gar kein Handy dabei. Und genau die Ausländer, die man wegen ihrer kriminellen Energie als solche erkennen wollte, haben seit ihrem Grenzübertritt schon das dritte oder vierte Mobiltelefon in Gebrauch und geben natürlich zum Auslesen nur ihr »sauberes« Handy heraus. Dementsprechend vermelden die Statistiken des Bundesamtes für Migration und Flüchtlinge, dass das Auslesen der Telefone entweder keine zusätzlichen Erkenntnisse erbracht oder überwiegend die Angaben der Antragsteller bestätigt habe. Daher wäre es viel wirkungsvoller gewesen, man hätte die Aufgabe des Auslesens der »Datenträger« der Bundespolizei an der Grenze übertragen. Direkt bei Grenzübertritt hätten die Maßnahmen kaum unterlaufen werden können. Fazit ist also: Ein guter Ansatz, aber der Politik ist auf halber Strecke die Luft, der Mut ausgegangen. Weitere Beispiele aus dem Alltag der deutschen Sicherheitsbehörden gibt es zur Genüge.

Ein anderer Blick auf das Thema Sicherheit ergibt sich, wenn man es aus der Perspektive der Angehörigen der Polizei oder der Nachrichtendienste betrachtet. Die mangelnde Wertschätzung ihrer Arbeit ist allenthalben festzustellen. Sie leisten, auch unter Einsatz von Leib und Leben, Dienst an unserer Gesellschaft, oft unter schwierigsten Rahmenbedingungen. Aufreibender Schichtdienst und teilweise gigantische Überstundenkontingente sind nur zwei Stressfaktoren von vielen. An den Rahmenbedingungen ändert sich entweder nichts oder nur langsam. Zu wenig Personal, keine sachgerechte Besoldung und ein demotivierender Umgang mit Fehlern sind hinlänglich bekannte Umstände.

Besonders deutlich wird das latente Misstrauen zum Beispiel gegenüber unserer Polizei dann, wenn ein Polizist im Einsatz jemanden erschießt. Innerhalb von Sekundenbruchteilen muss er in einer Bedrohungs- und Gefahrensituation entscheiden, ob eine Notwehr- oder Nothilfelage vorliegt. Am Schreibtisch klingt dies einfach, vor Ort ist es wahrscheinlich die schwierigste Entscheidung, die ein Polizist jemals in seinem Leben zu treffen hat. Kein Polizist erschießt gerne einen Menschen. Das Erste, was allerdings nach einem solchen Vorfall offiziell veranlasst wird, ist, dass ein staatsanwaltschaftliches Strafverfahren wegen vorsätzlicher (!) Tötung gegen ihn eingeleitet wird. »Routinemäßig« – sagt man gerne –, um keine Zweifel aufkommen zu lassen. Man gehe aber davon aus, dass der Kollege sich korrekt verhalten habe. Wie mag das auf den betroffenen Beamten wirken, und welches Signal sendet ein solches Strafverfahren nach außen aus? Wie viel Misstrauen gegenüber der Polizei wird dadurch gesät? Wenn der Sachverhalt so ist, dass man davon ausgehen kann, dass sich der Kollege korrekt verhalten hat, und auch sonst keine Fakten dagegensprechen, dann stellt sich die Frage, warum standardmäßig ein staatsanwaltschaftliches Strafverfahren eingeleitet werden muss. Natürlich muss der Sachverhalt durchleuchtet werden, aber das kann auch die vorgesetzte Behörde des betroffenen Beamten durch Befragungen der Beteiligten ordnungsgemäß erledigen. Dazu muss man nicht gleich zur Keule eines Strafverfahrens mit dem Vorwurf der vorsätzlichen Tötung greifen. Warum hat der Staat nicht den Mut, nicht nur verbal, sondern auch faktisch erst einmal vom korrekten Verhalten des Polizisten auszugehen? Zudem hat der Beamte nicht als Privatperson, sondern als Vertreter der Staatsgewalt gehandelt. Für viele Beamte stellt sich daher immer öfter die Frage, warum sie noch den »Kopf hinhalten« sollen für einen Staat, der ihnen als Erster in den Rücken fällt.

Eine ähnliche Lücke zwischen öffentlichen Bekundungen und tatsächlichem Tun liegt bei dem Phänomen der Angriffe auf Uniformierte vor. Nicht nur für Angehörige der »Party- und Eventszene« in Stuttgart ist ein Angriff auf Polizeibeamte eine Art Erweckungserlebnis. Seit Jahren reißen derartige Straftaten nicht ab, die sich sowohl gegen Polizisten als auch gegen sonstige uniformierte Helfer wie Feuerwehr oder Rettungssanitäter richten. Eine Anfang 2020 veröffentlichte Befragung von 2000 Beschäftigten des öffentlichen Sektors, also nicht nur von Polizisten, durch das Umfragezentrum Bonn im Auftrag des Deutschen Gewerkschaftsbundes ergab sogar, dass 67 Prozent und somit zwei Drittel der Befragten Beleidigungen, Bedrohungen und Angriffe in den vergangenen zwei Jahren erlebt hatten. Sie wurden angepöbelt, bespuckt, bedroht, körperlich bedrängt; elf Prozent wurden geschlagen oder getreten. Auch Steinwürfe oder sonstige Attacken gegen Einsatzfahrzeuge sind inzwischen keine Seltenheit mehr. Die jährlich steigenden Zahlen all dieser Vorfälle sind ein erschreckendes Indiz dafür, wie weit sich immer mehr Menschen aus der gesellschaftlichen Grundordnung wegbewegen. Hier liegt keine mangelnde Wertschätzung vor, sondern blanker Hass.

Eine Möglichkeit, sich schützend vor die Beamten zu stellen, ist das Strafrecht. Allerdings erst 2017 ist auf Druck der

Polizeigewerkschaften der neue § 114 in das Strafgesetzbuch eingefügt worden, wonach ein tätlicher Angriff auch dann einer »gesonderten Strafbarkeit« mit höherer Strafandrohung unterliegt, wenn ein solcher bei einer sogenannten Diensthandlung erfolgt. Zuvor war diese gesonderte Strafbarkeit nur auf »Vollstreckungshandlungen« beschränkt, also nur auf einen viel kleineren Ausschnitt des Behördenalltags. Das ist schon ein Fortschritt, aber warum hat die Politik nicht den Mut, generell alle tätlichen Angriffe auf uniformierte Stützen unseres Gemeinwesens strafrechtlich besonders zu ächten und damit den Staat zu stärken und seine Vertreter zu schützen? Viele Politiker auf kommunaler und Landesebene werben zum Beispiel darum, dass Polizisten in Uniform mit öffentlichen Verkehrsmitteln zum Dienst oder nach Hause fahren. Damit will man, was eine gute Idee ist, das Sicherheitsgefühl der Mitfahrenden stärken. Der Nachhauseweg in Uniform ist aber keine Diensthandlung, und damit greift die gesonderte Strafbarkeit nach dem neuen § 114 Strafgesetzbuch eben nicht. Warum setzt man kein Zeichen, indem man die Wertschätzung gegenüber Polizisten dadurch zum Ausdruck bringt, dass man jeden tätlichen Angriff gegen sie besonders sanktioniert? Diese Attacken sind im Übrigen auch Angriffe gegen den Staat, den die Uniformierten verkörpern.

Sicherheit geht alle an, und leider sind die meisten Menschen nicht immer oder besonders mutig. Zivilcourage fordert sich leicht ein; sie aber in bestimmten Konstellationen auch zu zeigen, ist schwer. Ich selbst habe in meinem Leben einige Situationen erlebt, auf die ich im Nachhinein nicht sonderlich stolz bin, weil mir der Mut zum Eingreifen gefehlt hat. Mit einem Fallschirm aus einem Flugzeug zu springen fällt einigen leichter, als im Nahverkehrszug den Mund aufzumachen und einen aggressiven Mitreisenden zu bitten, seine verbalen Attacken gegenüber schwächeren Dritten zu unterlassen. Ich habe daher immer wieder diejenigen Alltagshelden bewundert, die solche, ähnliche oder noch gefährlichere Situationen gemeistert haben. Es gibt inzwischen viele Auszeichnungen und Preise für Zivilcourage, der bekannteste ist wohl der »XY-Preis-Gemeinsam gegen das Verbrechen«. Diese Auszeichnung, die unter der Schirmherrschaft des Bundesinnenministers steht, wird seit 2002 einmal jährlich von der ZDF-Fernsehsendung *Aktenzeichen XY ... ungelöst* an Menschen verliehen, die sich in beispielhafter Weise für den Schutz des Lebens, der Gesundheit oder des Eigentums von Mitbürgern eingesetzt haben. Viele dieser Beispiele zeigen, dass Heldentum oft nicht einmal erforderlich ist, dafür aber Hinschauen, Aufmerksamkeit und Umsicht. Vermutlich können wir alle diesbezüglich noch an uns arbeiten.

Ich möchte mit meinen Ausführungen aber nicht nur sorgenvoll Fehlentwicklungen beklagen. Mir geht es vor allem darum, einen – bislang fehlenden – Diskurs über den Stellenwert von Sicherheit und von unseren Sicherheitsbehörden in der Gesellschaft anzustoßen. Im Idealfall wäre ein solcher Diskurs dann Grundlage für die fehlende »Sicherheitskultur« in unserem Land und Basis für die notwendigen strukturellen und inhaltlichen Veränderungen unserer Sicherheitsarchitektur. Die verantwortlichen Akteure müssen dies anpacken wollen, sie müssen Position beziehen, »Farbe bekennen« und entscheiden. Angesichts der Unbeliebtheit des Themas brauchen sie dafür Mut. Vorsichtiger Optimismus ist dabei angesagt. Die Entscheidungsträger und Multiplikatoren werden sich dem Druck auf Dauer nicht entziehen können. Die Kraft des Faktischen, der Druck durch die zunehmenden Gefährdungen, der Druck durch die fordernde Bevölkerung, der Druck durch die Staatengemeinschaft, insbesondere durch unsere Nachbarn, wird die Bereitschaft bestärken, unsere Sicherheit zu optimieren.

Da es auch positive Beispiele gibt, soll ein solches hier erwähnt werden. Im Februar 2020 wurden in Berlin zwei Straßen nach getöteten Polizisten benannt. Beide Beamte wurden im Dienst erschossen. Uwe Lieschied verstarb im März 2006, als er einen Räuber stoppen wollte. Ein gesuchter Straftäter schoss 2003 Roland Krüger in den Kopf, nachdem dieser gemeinsam mit Kollegen eine Wohnung gestürmt hatte. Mit dieser Geste wurde nicht nur der beiden Beamten gedacht, sondern auch die schwierige tägliche Arbeit unserer Polizei gewürdigt.

Droht neuer Krieg?

Wir alle spüren die Unsicherheit

Bei Diskussionen oder sonstigen Gesprächsrunden bin ich oft gefragt worden: »Herr Schindler, was ist Ihrer Meinung nach die größte Gefahr für unser Land?« Man war natürlich nicht an meiner persönlichen Lagebeurteilung, sondern an der des Bundesnachrichtendienstes und den daraus resultierenden Folgerungen für die Sicherheit Deutschlands interessiert. Dabei benötigt man keine nachrichtendienstlichen Informationen, um die besorgniserregenden Veränderungen unserer Zeit zu erkennen.

Gefährdungen und Bedrohungen für die Sicherheit gibt es reichlich. Wenn wir das Weltgeschehen der letzten fünf, zehn oder mehr Jahre Revue passieren lassen, dann stellen wir fest, dass eine Krise nach der anderen hinzukam, aber keine Krise nachhaltig gelöst wurde. Die Betonung liegt auf dem Wort »nachhaltig«. Denn der Umstand, dass es in der ein oder anderen Region jetzt ruhig ist und der frühere Konflikt in den weltpolitischen Schlagzeilen derzeit nicht mehr auftaucht, bedeutet noch lange nicht, dass die Krise nachhaltig gelöst ist.

Mir ist hin und wieder als Gegenbeispiel entgegnet worden, die Piraterie am Horn von Afrika sei doch beendet worden. Dies stimmt, sie ist beendet, aber nicht gelöst worden. Beigetragen zur Beendigung hat die europäische Schutzoperation ATALANTA, an der auch die deutsche Marine beteiligt ist. Kriegsschiffe kreuzen nun im Seegebiet vor dem Horn von Afrika und schrecken die Piraten ab. Im Rahmen dieser Operation wurde auch die Logistik der Piraten am Strand zerstört. Marinetaucher sprengten in Kommandoeinsätzen sogenannte Mutterschiffe und Treibstofflager. Hinzu kam, auf den zivilen internationalen Schiffen fährt nun privates bewaffnetes Sicherheitspersonal mit. In den Anfangswochen nach der Bewaffnung wurde das Feuer auf die Piraten eröffnet, wenn diese versuchten, das Schiff zu kapern. Der Einsatz der Waffen beeindruckte, denn später reichte das demonstrative Zeigen der Gewehre, um die Piraten abdrehen zu lassen. Nachhaltig gelöst ist das Problem aber nicht. Die kriminellen Clanstrukturen, die die Basis der Piraterie bildeten, bestehen noch immer. Eine Auflösung dieser Strukturen ist nicht erkennbar. Sollten außerdem die beschriebenen Schutzkomponenten wegfallen, darf mit einem Wiederaufleben der Piraterie gerechnet werden.

Dieses kleine Beispiel zeigt, dass man zur Eindämmung von Krisen nicht nur *passive* Komponenten – wie etwa das bewaffnete Sicherheitspersonal auf den Schiffen – benötigt, sondern auch *aktiv* – wie durch die Kommandoaktionen am Strand – handeln muss. Aktives Handeln ist derzeit aber weder Deutschlands Stärke noch die der internationalen Staatengemeinschaft.

Wie aussichtsreich war da das Weltgeschehen in den 1990er-Jahren! Nach dem Zusammenbruch der Sowjetunion hatte man vom Weltfrieden, vom »Ende der Geschichte« geträumt, und zwar in dem Sinne, dass es keine gewaltsamen

Konflikte mehr geben würde. Der US-amerikanische Politikwissenschaftler und Soziologe Francis Fukuyama hatte dies in seinem 1992 erschienen Bestseller *Das Ende der Geschichte* so beschrieben. Es wäre zu schön gewesen, um wahr zu sein. Denn seine Thesen blieben – leider – eine grandiose Fehleinschätzung.

Erlebt haben wir stattdessen nicht nur »neue Kriege« als sogenannte asymmetrische Konflikte mit staatlichen und nichtstaatlichen Akteuren, wie zum Beispiel den Taliban in Afghanistan oder den IS-Kämpfern in Syrien und im Irak, sondern inzwischen auch eine Renaissance der klassischen symmetrischen Konflikte.

Natürlich sind die vielen Krisen der letzten Jahre, zum Beispiel die Entwicklungen in der Ukraine und in Syrien, beunruhigend. Sie sind aber letztlich nur die Symptome von weitaus tiefer gehenden Veränderungen in zahlreichen Gesellschaften unserer Welt. Globalisierungsängste, Entfremdung vom demokratischen, westlichen Modell, Unzufriedenheit mit den etablierten politischen Eliten und der schwindende US-amerikanische Führungsanspruch, der schon unter dem früheren US-Präsidenten Barack Obama begonnen hat, beschreiben diese weltweite Verunsicherung eher skizzenhaft. Aus dieser Entwicklung heraus hat sich in einigen wichtigen Ländern ein autoritäres Herrschaftsmodell etabliert, das trotz unterschiedlicher kultureller Voraussetzungen überraschende Gemeinsamkeiten aufweist. Gemeint sind Russland mit Wladimir Putin, China mit Xi Jinping, Indien mit Narendra Modi und die Türkei mit Recep Tayyip Erdoğan.

Vormarsch autoritärer Nationalpopulisten

Gemeinsam sind dieser Entwicklung die Elemente Nationalismus und Populismus mit der Betonung der eigenen Stärke und Überlegenheit auch in kultureller Hinsicht. Ihr System wird bewusst als Gegenmodell zum – angeblich dekadenten – Westen mit eigenen ideellen Werten propagiert. Hierzu greift man auch auf die Religion, in China auf den Kommunismus als Religionsersatz zurück. Die Sicherung der eigenen Macht nach außen und innen hat höchste Priorität, was diese Staaten konfliktanfälliger und internationale Lösungsansätze komplizierter macht. Auch der mehr oder minder starke Personenkult trägt dazu bei, deren Politik zunehmend irrationaler werden zu lassen.

Das hochgradig Gefährliche an dieser Entwicklung ist nicht nur, dass diese Systeme als »Erfolgsmodell« im Begriff sind, zum Exportschlager für andere Regionen werden, sondern dass die Schwelle zum Einsatz militärischer Mittel sinken kann. Das hat man etwa in der Ukraine-Krise – mit der Besetzung der Krim durch Russland und der Destabilisierung der Ost-Ukraine – beobachten können.

Nicht zu vergessen sind auch die Konflikte Russlands mit Moldawien und Georgien, wo es um die umstrittenen Regionen Transnistrien beziehungsweise Südossetien und Abchasien geht.

Für uns weiter entfernt, deshalb weniger stark in unserer Wahrnehmung, aber mindestens genauso aggressiv ist beispielsweise das Vorgehen Chinas im Ost- und Südchinesischen Meer, wo China territoriale Ansprüche unter anderem durch den Einsatz seiner Küstenwache durchsetzen will. Dabei geht es vorrangig darum, Führungsmacht in Asien zu werden. Chinas Machtanspruch geht aber darüber hinaus; er ist global im Sinne einer neuen, von China dominierten Weltordnung. Dies zeigt sich am Beispiel Afrika, welches Schritt für Schritt mit wirtschaftlicher Macht und geschickter, lautloser Diplomatie abhängig gemacht wird. Die Volksrepublik baut dort Straßen und Eisenbahnlinien, beteiligt sich an Kohle- und sonstigen Energieprojekten, betreibt Minen und großflächige Landwirtschaft, um nur einige wenige Beispiele des chinesischen Engagements zu nennen. Die geförderten Rohstoffe und Ernten gehen nach China, die Bevölkerung vor Ort geht leer aus. Ziel ist auch, in der Raumfahrt eine Großmacht zu werden. Mit jedem erfolgreichen Test von neuen Raketen und Raumschiffen kommen die Chinesen ihrem Ziel näher, 2022 eine eigene Weltraumstation im All in Betrieb zu nehmen. China meint es ernst mit seinem Streben nach Macht, was schon die stetigen überproportionalen Steigerungen der Verteidigungsausgaben belegen. Und das Mega-Projekt Neue Seidenstraße zeigt mit erstaunlicher Klarheit, wohin die Reise weitergehen soll – in Richtung Europa, in Richtung einer weltweiten Dominanz. Es liegt offensichtlich am subtilen Vorgehen der Chinesen, dass wir so arglos von guten Wirtschaftsbeziehungen träumen, während China Schritt für Schritt Fakten schafft. Der Wirtschaftsriese nutzt die Globalisierung, um seine politische, kulturelle, aber auch militärische Hegemonie nicht nur im asiatischen Raum, sondern entsprechend seinem universellen Machtanspruch weltweit durchzusetzen.

Und auch Modi in Indien ist letztlich ein Hindu-Nationalist, den man bei dieser Gesamtschau gerne vergisst und der unter anderem in der umstrittenen Kaschmir-Region mit dem Feuer spielt.

Wesentlich präsenter in unseren Nachrichten ist das militärische Engagement unseres NATO-Partners Türkei im Norden Syriens mit der dortigen Errichtung einer sogenannten Sicherheitszone und der Entsendung einer Art Söldnertruppe nach Libyen zur Unterstützung der dortigen Regierung. Rigoros auch das Vorgehen im Gasstreit mit Zypern, wo die Türkei Ende Februar 2018 ihre Kriegsmarine einsetzte, um ein italienisches Bohrschiff daran zu hindern, Probebohrungen in einem Seegebiet vorzunehmen, das nach den Regeln der UN-Seerechtskonvention zur Wirtschaftszone Zyperns gehört. Die Türkei selbst erhebt Ansprüche auf dieses Seegebiet und lässt ihre völkerrechtswidrigen Bohr- und Erkundungsfahrten durch Kriegsschiffe begleiten.

Die westlichen Demokratien haben bislang noch keine tragfähige Strategie entwickelt, um dieser Entwicklung zu begegnen. Im Gegenteil: Sie haben selbst mit der Verdrossenheit der eigenen Bevölkerung mit dem politischen System und den etablierten Eliten zu schaffen. Es scheint zugegebenermaßen auch nicht einfach, sich auf ein erratisches und unberechenbares Gegenüber einzustellen. Aber sind die Akteure wirklich so unberechenbar? Ich glaube nicht, was ich am Beispiel Putins verdeutlichen möchte.

Putin ist im sowjetischen Geheimdienst, dem KGB, groß geworden. Die meiste Zeit seines dienstlichen Lebens hat er in dieser Organisation verbracht und dabei führende Funktionen innegehabt. Eingesetzt war er unter anderem auch in der damaligen DDR. Der KGB war nicht etwa der Nachrichtendienst der Sowjetunion, also des Staates, sondern er war der Dienst der kommunistischen Partei. Parteiauftrag war, Bedrohungen zu bekämpfen und den Gegner zu eliminieren. Es gab ein klares »Freund-Feind-Raster«, und gedacht und gehandelt wurde in den Kategorien »Sieg und Niederlage«. Wer so sozialisiert worden ist, dem fällt es schwer, sich auf Kompromisse einzulassen. Win-win-Situationen sind für diese ehemaligen Geheimdienstkader daher eher Niederlagen als Siege.

Putin hat sich mit Vertrauten und Beratern umgeben, die aus den früheren sowjetischen Geheimdiensten stammen – nicht nur aus dem KGB, sondern auch aus dem militärischen Geheimdienst GRU. Sie alle haben ab 1989 den – wirtschaftlichen – Zusammenbruch der Sowjetunion miterlebt und als Schmach empfunden. Den Grund für diesen Zerfall des sowjetischen Riesenreichs sehen sie in der uneingeschränkten Übertragung des westlichen Staats- und Wirtschaftsmodells auf Russland. Damit dies nie mehr geschieht, streben sie eine ideologische Erneuerung im Innern und die Stärkung der Rolle Russlands nach außen an.

Putin und seine Führungsriege teilen daher ausdrücklich nicht das westliche Wertesystem. Sie haben mehrfach auch öffentlich klargemacht, dass es für sie keine universellen und allgemein verbindlichen Menschenrechte gibt. Diese seien vielmehr vor dem kulturellen und gesellschaftlichen Hintergrund des jeweiligen Staates zu interpretieren. Seit etwa 2005/2006 wird dafür die Bezeichnung »souveräne Demokratie« als eigene russische Begrifflichkeit gebraucht. Wenn man diesen Begriff mit unseren Kategorien deuten wollte, würde am besten »gelenkte Demokratie« passen. Im Individualismus westlicher Prägung sieht man einen Irrweg, der den Menschen Vereinsamung und geistige Verödung bringe. Putin orientiert sich vielmehr am deutschen Idealismus hegelscher Prägung und an einer Art Ideologie, die auf drei Säulen aufbaut: einer konservativen Doktrin alten Schlags zum Gebrauch im Inneren, einer von den Slawophilen geerbten Theorie des »russischen Weges« und schließlich dem Projekt einer eurasischen Zukunft. Der Staat ist dabei die Vollendung des Einzelnen in der Gemeinschaft. Der Liberalismus westlicher Demokratien ist dagegen negativ besetzt. Liberale Wirtschaftsreformer wurden und werden daher zurückgedrängt, und national-konservative, russlandfokussierte, ehemalige Angehörige der Sicherheitsdienste oder Uniformträger besetzen die Schlüsselfunktionen in Staat und Gesellschaft.

Die Stärkung der Rolle Russlands nach außen zeigt sich zum einen in der signifikanten Erhöhung der militärischen Ausgaben. Die Revitalisierung alter Fähigkeiten zum Beispiel hinsichtlich der Atom-U-Bootflotte und der strategischen Fernfliegerpatrouillen gehört genauso dazu wie die Etablierung neuer Fähigkeiten zum Beispiel mit dem Aufbau einer militärischen Satellitennavigation zur Steuerung von Präzisionswaffen oder mit der Entwicklung der neuen Überschallrakete »Avangard«, die 20-mal schneller als die Schallgeschwindigkeit fliegen soll und von Putin als »unbesiegbar« bezeichnet wurde.

Zum andern will Putin – deutlich erkennbar in der Ukraine-Krise – der Ausdehnung der westlichen Staaten- und Wertegemeinschaft im Zuge der NATO und der EU aktiv entgegentreten. Er fühlt sich vom Westen auch außenpolitisch hintergangen, was aus seiner Sicht sogar nachvollziehbar ist. Schon 2001 beklagte Putin in seiner bemerkenswerten Rede vor dem Deutschen Bundestag, dass eine Beteiligung Russlands an der Lösung von internationalen Konflikten, wenn überhaupt, dann erst nachträglich erfolge. 2007 auf der Münchner Sicherheitskonferenz wurde er noch deutlicher, indem er die »monopolare Welt« unter Führung der USA und die »Nichtbeachtung grundlegender Prinzipien des Völkerrechts« durch die USA anprangerte. Nicht zuletzt in seiner Rede 2014 anlässlich der Besetzung der Halbinsel Krim durch Russland warf er den USA einen »Glauben an ihr Auserwähltsein« und das »Bestimmen der Schicksale der Welt« vor, indem sie auf der Basis des »Rechts des Stärkeren« und in einem »Handeln, wie es ihnen beliebt« vorgingen. Offensichtliches Ziel der russischen Außenpolitik ist es daher, die Ära des Hegemons USA zu beenden und eine neue, multipolare Weltordnung mit mehreren Gravitationszentren zu schaffen. Neben China und den USA sieht sich Russland dabei als natürliche Führungsmacht der slawischen und orthodoxen Welt. Die Ukraine-Krise mit der Besetzung der Krim und den Auseinandersetzungen in der Ost-Ukraine ist daher kein regionaler Konflikt, sondern eine Weltkrise direkt vor unserer Haustür. Kiew ist nicht wesentlich weiter von Berlin entfernt als Paris.

Der Glaube, man könne Putin mit Sanktionen niederzwingen, erscheint angesichts der oben dargelegten Umstände wenig realistisch. Es wird nicht dazu kommen, dass Putin etwa aufgrund aussichtsloser Wirtschaftsdaten nachts schlecht geschlafen hat, morgens wach wird und dann im russischen Staatsfernsehen, das für über 90 Prozent der russischen Bevölkerung die ausschließliche Informationsquelle ist, seinen Rücktritt erklärt. Er übernehme die Verantwortung für die Entwicklung der letzten Jahre, die Besetzung der Krim sei ein historischer Fehler gewesen, und überhaupt! Ein solches Szenario freiwilligen Machtverzichts kommt im Denken Putins und seiner Vertrauten nicht vor. Sieg oder Niederlage! Ein erfolgreicher Lösungsansatz muss dies berücksichtigen und eine gesichtswahrende Rolle Putins gewährleisten. Putin ist insoweit also berechenbar. Es geht nur mit ihm und nicht gegen ihn.

Ohnehin empfiehlt es sich, nicht in das allgemeine Russland-Bashing einzustimmen. Der Bundesnachrichtendienst gehörte seit jeher aufgrund seiner Expertise zu den wenigen

Russland-Verstehern, zumal Putin nicht in allen, aber doch in einigen Punkten in Sachen Skepsis gegenüber der Politik der Vereinigten Staaten von Amerika recht hat. Und spätestens seit der amtierende US-Präsident Donald Trump heißt, fühlen wir das nicht nur, sondern wissen es auch. Trotz berechtigter Kritik an Putin ist es daher klug, Russland einzubeziehen und nicht aus der internationalen Gemeinschaft, zum Beispiel der G8-Gruppe, auszugrenzen. Wenn die internationale Gemeinschaft Russland nicht die Hand reichen will, dann sollten wir es tun. Die Russen mögen uns Deutsche, und dieses Pfund nicht zu nutzen, wäre fahrlässig. Auf dieser Basis sollten wir unsere wirtschaftlichen und kulturellen Beziehungen konsequent ausbauen. Nordstream ist ein gutes Signal dafür. Die wiederholte Kritik daran, zum Beispiel aus den USA und Europa, lässt sich unschwer auf konkurrierende Eigeninteressen der Kritiker zurückführen. Ich wage zu behaupten, dass wir in einer immer weniger friedvollen Zukunft noch froh sein werden, wenn wir Russland als Partner und die Russen als Freunde an unserer Seite haben.

Von einem früheren Besuch Putins in einem baltischen Staat wird im Übrigen gerne folgende Begebenheit berichtet. Putin habe damals Wert darauf gelegt, dass seine alte Deutschlehrerin, die inzwischen verarmt im Baltikum lebte, zu dem von ihm gegebenen Empfang in die russische Botschaft eingeladen werde. Man habe sie nicht nur mit einem Dienstfahrzeug abgeholt und zurückgebracht, sondern auch den Kauf der Abendgarderobe bezahlt. Ob sich die Geschichte tatsächlich so abgespielt hat, sei dahingestellt. Dass sie aber ausgerechnet im russlandkritischen Baltikum erzählt wird, empfand ich als erstaunlich.

Es ist nicht die Aufgabe des Auslandsnachrichtendienstes, Handlungsempfehlungen zum Beispiel zur Lösung der Ukraine-Krise zu geben. Aber es ist seine Aufgabe, Hintergrundinformationen über die wichtigsten Akteure und die Lage zu liefern, damit die Politik hinreichende Grundlagen für ihre Entscheidungen hat. Im Fall der Ukraine-Krise ist dies dem BND bestens gelungen. Und natürlich muss ein Auslandsnachrichtendienst die ähnlich besorgniserregenden Entwicklungen hinsichtlich Erdoğan in der Türkei, Xi in China und Modi in Indien im Fokus haben.

Terrorismus

Terrorismus selbst ist kein neues Phänomen. Auch Selbstmordattentäter finden sich schon früh in der Menschheitsgeschichte, zum Beispiel im Mittelalter die Assassinen der schiitischen Glaubensgemeinschaft der Nizariten im Nahen und Mittleren Osten. Auch sie verübten im Namen des Islam Attentate und nahmen dabei den eigenen Tod in Kauf. Der gelungene Mord war ihr Ziel, die eigene Flucht war zweitrangig. In Deutschland zum Beispiel war es die Rote Armee Fraktion, die RAF, eine linksextremistische terroristische Vereinigung, die insbesondere in den 1970er-Jahren verantwortlich war für insgesamt 34 Morde an Persönlichkeiten aus den Bereichen Politik, Sicherheitsbehörden und Wirtschaft. Drei Generationen von Terroristen, etwa 60 bis 80 Personen insgesamt, verübten bis in die 1990e-Jahre Anschläge, Entführungen und Banküberfälle. Die Bekämpfung dieser Strukturen bestimmte lange Zeit die Sicherheitslage in Deutschland.

Trotz der menschenverachtenden Brutalität früherer terroristischer Gruppierungen stellte der Anschlag auf das World Trade Center am 11. September 2001 alles bislang

Dagewesene in den Schatten. Die hohe Anzahl von über 3000 Opfern, die Tötung unschuldiger Menschen als Ziel und die Nutzung von Verkehrsflugzeugen als Waffe waren eine neue Dimension des Terrors außerhalb der Vorstellungskraft nicht nur der damaligen Sicherheitsverantwortlichen. An dieser bösartigen Entwicklung hat sich bis zum heutigen Tag nichts geändert. Der islamistische Terrorismus hat eine ungebrochene Dynamik angenommen, ein Ende ist trotz des einen oder anderen Teilerfolgs bei der Bekämpfung nicht in Sicht.

Al-Qaida, verantwortlich für den Anschlag auf das World Trade Center und für viele andere größere und kleinere Anschläge weltweit, hat seine Vorreiterrolle an den sogenannten Islamischen Staat, der sich in Syrien und im Irak etabliert hatte, verloren. Al-Qaida selbst ist nicht zerschlagen. Nach der Liquidierung ihres Führers Osama bin Laden und dem erfolgreichen Zurückdrängen in Afghanistan hat diese Terrororganisation ihre operativen Ressourcen in den Großraum Syrien verlegt. Der regionale Schwerpunkt ihres Kampfes liegt zwar nunmehr dort, der Anspruch, weltweit agieren zu wollen, wurde aber nicht aufgegeben. So wurde etwa der spektakuläre Anschlag in Frankreich im Januar 2015 auf die Redaktion der Satirezeitschrift *Charlie Hebdo* mit elf Opfern durch Al-Qaida-Anhänger verübt.

Wesentlich mehr Anschläge in den letzten Jahren gehen auf das Konto des sogenannten Islamischen Staates. Dessen – inzwischen ebenfalls getöteter – Führer Abu Bakr al-Baghdadi ist mit der Ausrufung des Kalifats auf dem Territorium von Syrien und dem Irak ein Coup gelungen, der diese Organisation für viele insbesondere junge Menschen höchst attraktiv machte. Während Al-Qaida den – langen – Kampf propagierte, an dessen Ende irgendwann die Gründung des gelobten Kalifats stand, in dem man quasi paradiesartig entsprechend den religiösen Vorgaben leben konnte, rief al-Baghdadi das Kalifat am 29. Juni 2014 hier und heute aus. Die hochprofessionelle Medienarbeit der Organisation im Internet unter Verwendung der sozialen Medien wie Twitter, Facebook und YouTube tat ihr Übriges, um Tausende Menschen aus aller Welt dazu zu bewegen, nach Syrien und in den Irak zu reisen, um im Kalifat zu leben und dort diese Terrororganisation zu unterstützen. Jene Zielgruppe habe ich auch in öffentlichen Vorträgen plakativ als »MMG« bezeichnet, die Abkürzung für »männlich, Muslim, gescheitert«. Mit dieser zugegebenermaßen provokanten Bezeichnung war und bin ich nicht allein. Der Erziehungswissenschaftler und Konfliktmanager Ahmet Toprak zum Beispiel hat sein jüngstes Buch »*Muslimisch, männlich, desintegriert*« betitelt, allerdings geht es ihm nicht um extremistische oder kriminelle Individuen, sondern um Erziehungsfehler bei muslimischen Jugendlichen.

Viele sind ins Kalifat gereist, weil sie dort entsprechend ihren strengen religiösen Vorstellungen leben wollten. Viele sind aber auch aufgebrochen, um dort zu kämpfen, weil sie von Machtgefühlen, der Brutalität und der Mordlust der Organisation angezogen wurden. Der Islamische Staat beherrscht und nutzt die gesamte Klaviatur des Terrors, von klassischen Anschlägen per Autobombe bis hin zu perfekt durchgeplanten militärischen Operationen. Er nimmt grundsätzlich keine Gefangenen; er ermordet seine Gegner, köpft sie, Hinrichtungen sind Teil seiner Strategie. Auch Zivilisten werden getötet, nicht nur wenn sie den Übertritt zum Islam verweigern. Es fanden öffentliche Kreuzigungen und Steinigungen statt. Gefangene Jesidinnen und Christinnen wurden mit Kämpfern des Islamischen Staates zwangsverheiratet oder als Sklavinnen gehalten. Dreizehn- bis Vierzehnjährige wurden als Kindersoldaten ausgebildet und danach in Gefechten eingesetzt. Die Organisation verbreitet Angst und Schrecken. Genau das will sie auch, denn es ist ihre unmenschliche Brutalität, die sie von anderen Terrororganisationen unterscheidet. Es stockt einem der Atem, wenn man sich die grausamen Bilder oder Videos im Internet ansieht. Man kann es nicht glauben. Man will es nicht glauben. Man denkt unweigerlich an Apokalypse, an Horror. Aber es war und ist bittere Realität.

Die Freude, dass das Kalifat als regionale Struktur inzwischen zerschlagen werden konnte, wird getrübt durch die Sorge, dass die sich noch in der Region befindlichen vielen ausländischen Kämpfer zurück in ihre Heimatländer einsickern und dort blutige Rache üben könnten. Die Zahl derjenigen, die insgesamt an den Dschihad-Schauplatz gereist sind, wird auf fast 30 000 ausländische Kämpfer geschätzt. Gut 4000 davon kamen aus Europa, über 1000 aus Deutschland. Obwohl etliche in den Kämpfen ums Leben gekommen oder wieder zurückgereist sind, bleibt das Gefahrenpotenzial im zerschlagenen Kalifat noch erschreckend hoch. Hinzu kommen die Einzeltäter oder Kleinstgruppen, die sich selbst organisiert haben und ihre Erfüllung darin sehen, den Dschihad in Europa umzusetzen, und deshalb gar nicht erst ausgereist sind. Beide Terrorgruppierungen, Al-Qaida und Islamischer Staat, propagieren diese individuelle Pflicht zum Kampf, das Internet stellt den Transmissionsriemen dieser Ideologie dar.

Nicht nur ich befürchte, dass der Terrorismus kurz- bis mittelfristig nicht zu besiegen ist. Auch bei einer weiteren Dezentralisierung Al-Qaidas und bei einer endgültigen Zerschlagung des Kalifats des Islamischen Staates im Irak und Syrien – die »Marken« Al-Qaida und Islamischer Staat werden bestehen bleiben. Gerade dem Islamischen Staat ist es mit der Idee des Kalifats gelungen, eine realisierbare Vision zu präsentieren, mit der man dem ungläubigen Westen trotzen kann. Diese Idee bleibt auch bei einem vollständigen Territorialverlust des Kalifats die mit den Händen greifbare Verheißung. »Franchise-Nehmer« aus aller Welt werden sich daher gerne der Marke »Islamischer Staat«, aber auch der Marke »Al-Qaida« bedienen.

Dezentralisierung, Regionalisierung und eine Steigerung der Asymmetrie aufgrund der Zunahme des autonomen Dschihad durch Kleinstgruppen und Einzeltäter werden sich weiter fortsetzen. Gerade wegen der Zerschlagung des Kalifats werden zum Beispiel das Bedürfnis und der Wille des Islamischen Staats steigen, sich auch außerhalb Syriens zu profilieren, um Handlungsfähigkeit zu demonstrieren. Dieser Druck, eigene Handlungsfähigkeit zu demonstrieren, wird sich nicht nur auf die Region beschränken, sondern auch Motivation für internationale Anschläge sein. Internationale Anschläge betreffen natürlich auch Deutschland. Der Anschlag des Tunesiers Anis Amri am 19. Dezember 2016 mit einem Sattelzug auf den Weihnachtsmarkt an der Gedächtniskirche in Berlin mit zwölf Todesopfern war ein typischer Anschlag eines vom Islamischen Staat motivierten und gesteuerten Täters.

Der Rückgang der zentralen Führungsstrukturen bei Al-Qaida und dem Islamischen Staat zugunsten eines Netzwerkmodells führt auch dazu, dass Anschläge zunehmen werden, die weder von einer Terrororganisation befehligt noch beauftragt wurden. Einziges Bindeglied zwischen Täter und Terrororganisation bleibt bei diesem autonomen Dschihad die Ideologie. Das macht die Bekämpfung dieser Strukturen für die Sicherheitsbehörden noch schwieriger, da klare Zuordnungen (etwa Mitgliedschaften), bisher bekannte Raster (etwa Reisebewegungen) und früher übliche Kommunikationsstränge zwischen Terrororganisation und Täter an Bedeutung verlieren werden. Wenn Täter nicht mehr kommunizieren oder nicht mehr reisen, wird ihre Identifizierung noch schwieriger. Und dass diese gewaltsame und mittelalterliche Ideologie ausgerechnet durch die Nutzung des modernsten Kommunikationsmittels, des Internets, unterstützt wird, macht die Sache nicht einfacher. Dass diese Entwicklung für unsere Sicherheitsbehörden eine enorme Herausforderung bedeutet, versteht sich von selbst.

Hinzu kommt, dass auch der Trend zur einfachen Tatausübung anhalten wird. Dies ist keine Entwarnung, denn Küchenmesser, Axt, Säure oder das Auto können tödliche Werkzeuge sein. Die Serie der Anschläge von Berlin, Nizza, London oder Barcelona, bei denen ein Auto als Waffe benutzt wurde, belegt dies leider allzu deutlich. Je mehr im Übrigen Infrastrukturen gegen Anschläge »gehärtet« werden, je mehr also das Transportmittel Flugzeug und das Transportmittel Bahn geschützt werden, umso mehr wird das Auto als Waffe weiter an Bedeutung gewinnen. Die Bahn rückte in den Fokus durch die Verdrängung von der Luft, das Auto rückt in den Fokus durch die Verdrängung von der Bahn. Diese Verdrängungsspirale zeigt, dass es nicht ausreicht, nur passive Schutzmaßnahmen gegen die Terrorgefahr zu ergreifen. Erforderlich sind eben auch aktive Bekämpfungsmaßnahmen der Strukturen, nämlich das frühzeitige Erkennen und die Zerschlagung solcher Netzwerke.

Die Ursprünge des islamistischen Terrorismus finden wir im sogenannten arabischen Krisenbogen, nämlich von Nordafrika über den Nahen und Mittleren Osten bis hin nach Pakistan und Afghanistan. Wenn man diese Region auf der Weltkarte nachverfolgt und farblich markieren würde, dann erkennt man einen Bogen: den arabischen Krisenbogen. Weitere kritische Länder liegen im direkten Umfeld. Mali und Nigeria in Afrika oder die Türkei und der Iran seien hier bespielhaft genannt. Von der Atlantikküste bis zum Hindukusch reiht sich ein Brennpunkt an den anderen, eine Instabilität folgt der nächsten. Die meisten Krisen der Welt finden wir in diesem Teil der Erde.

Ungelöste, teils tief verwurzelte historische Konflikte durchziehen die Region, zum Beispiel der Palästinakonflikt, der Konflikt zwischen Schiiten und Sunniten oder verschiedene zwischenstaatliche Konflikte wie zwischen Saudi-Arabien und Iran. Damit nicht genug. Unzureichende und verfehlte wirtschaftliche Entwicklung und schlechte Regierungsführung sind zentrale Treiber von Instabilität.

Man braucht nur die Namen der Staaten zu nennen, und schon sieht man Bilder vor sich, die alles andere als Frieden und Stabilität verheißen: Algerien, Libyen, Tunesien, Ägypten, Syrien, Irak, Libanon, Jemen und, und, und.

Zudem haben die Flächenstaaten des Krisenbogens nach der Subsahara-Region den zweithöchsten Jugendanteil an der Gesamtbevölkerung weltweit – und das schon seit Jahren. Etwa die Hälfte der Bevölkerung in der arabischen Welt ist heute unter 30 Jahren alt; einige Statistiken gehen sogar von unter 25 Jahren aus. Das Durchschnittsalter in Syrien betrug 2012, also zu Beginn des dortigen Bürgerkriegs, gerade einmal 22 Jahre. Für heute gibt es verständlicherweise keine aktuellen Zahlen.

Parallel dazu litt und leidet die Region unter der höchsten Jugendarbeitslosigkeit weltweit. Über ein Viertel der jüngeren Menschen dort ist erwerbslos – im Durchschnitt betrachtet und deshalb real in vielen Regionen deutlich höher. Besonders hoch ist der Anteil an Arbeitslosen bei Schulabgängern.

Zynisch gesprochen kann man also sagen, im arabischen Krisenbogen finden wir ideale Bedingungen für »MMG«.

Es verwundert daher nicht, dass die meisten Terroristen des Islamischen Staates nicht aus Europa oder Asien stammen, sondern aus der arabischen Region selbst – die allermeisten wahrscheinlich aus Tunesien.

Es gibt inzwischen etliche Untersuchungen zu Fragen der Radikalisierung, warum man also ein Terrorist wird. Die Antwort, meist basierend auf den Lebensläufen der Betroffenen, lautet nicht selten: Perspektivlosigkeit und das damit verbundene Gefühl der Demütigung, der gefühlten Ohnmacht. Die Antwort lautet also oft »g« für gescheitert.

Radikalisierung und Terrorismus erscheinen als Ausweg aus der Perspektivlosigkeit, aus der empfundenen Ohnmacht, aus der man sich mit der Waffe in der Hand oder mit einem Sprengstoffgürtel befreien kann. Aus einem »Ohnmächtigen« wird ein »Herr über Leben und Tod«, aus einem »Ohnmächtigen« wird ein »Mächtiger«.

Leider haben wir Züge dieser Problemkonstellation im arabischen Krisenbogen nun auch in Deutschland, und zwar durch die Migrationswelle der Jahre 2015/2016 und die nachfolgenden Jahre, denn die Migration nach Deutschland hat ja nicht aufgehört. Allein im Jahr 2015 sind deutlich mehr alleinstehende muslimische junge Männer und Jugendliche nach Deutschland gekommen als die Personalstärke der gesamten Bundeswehr, deutlich mehr als 185 000 Mann. Wenn das Scheitern der – nicht Zehntausenden, sondern – Hunderttausenden jungen muslimischen Männer und Jugendlichen in Deutschland verhindert werden soll, dann müssen sie entweder integriert oder schnell zurückgeführt werden. Beides ist aus den verschiedensten Gründen nicht zu leisten.

Das heißt, die Flüchtlingskrise beginnt eigentlich erst jetzt, denn das Scheitern von zu vielen Personen ist unausweichlich. Damit entsteht ein riesiges Potenzial für Frust, für Radikalisierung und Rekrutierung, für Gewalt, auch für Terrorismus. Dies stellt für die Zukunft eine enorme Herausforderung für unsere Sicherheit dar.

Allein die quantitative Dimension soll folgendes Beispiel verdeutlichen: Um drei Terrorverdächtige einen Monat rund um die Uhr zu observieren, sind etwa 150 Vollzeitkräfte erforderlich. Wir haben in Deutschland aber nicht nur drei Terrorverdächtige!

Aktuell gibt es in Deutschland etwa 28 000 erkannte Islamisten, davon rund 12 000 Salafisten und über 1000 Personen, die dem islamistisch-terroristischen Personenpotenzial zuzuordnen sind. Vor einigen Jahren war diese Zahl – 1000 – noch jenseits jeglicher Vorstellungskraft!

Die Bekämpfung des Terrorismus darf aber nicht allein auf die Sicherheitsbehörden abgewälzt werden. Sie können allenfalls die Symptome bekämpfen, nicht aber die Ursache. Auch in diesem Fall gilt sinngemäß: Die beste Sicherheitspolitik ist eine gute Sozialpolitik. Wenn die Klassifizierung von MMG als potenzielle Risikogruppe richtig ist, dann muss zum einen ihr Scheitern durch größere gesellschaftliche Anstrengungen für eine gute Integration und Schulbildung verhindert werden. Zum anderen müssen sich die religiösen Institutionen wie Moscheeverbände und Imame stärker einbringen, um Radikalisierungen zu verhindern. In beiden Bereichen sehe ich leider mehr Defizite als hoffnungsvolle Ansätze.

Zum Kapitel Terrorismus gehört auch der Hinweis, dass dem Bundesnachrichtendienst die Arbeit durch rechtliche Einschränkungen unnötig schwer gemacht wird.

Zum einen geht es, um ein fiktives Beispiel anzuführen, um das verdeckte Anwerben und Einschleusen einer menschlichen Quelle in den IS. Einem Urteil des Oberlandesgerichts Düsseldorf aus dem Jahre 2012 zufolge stellt die Tätigkeit als Quelle für den BND keinen sogenannten strafrechtlichen Rechtfertigungsgrund dar. Das heißt, wenn im Auftrag des BND eine von ihm geführte Quelle in eine terroristische Organisation eintrat und dann an Kampfhandlungen teilnahm, machte sie sich in Deutschland strafbar. Noch gravierender für den BND war aber, dass auch die Quellenwerber und Quellenführer, also BND-Angehörige, sich wegen Anstiftung und Beihilfe strafbar machten.

Ende 2016 wurde versucht, diesen unbefriedigenden Zustand mit einer Gesetzesänderung zu verbessern. Doch die Politik hatte nicht den Mut, im Strafrecht mit wenigen Sätzen eine klare und einfache Regelung zugunsten der Arbeitsfähigkeit der Nachrichtendienste zu treffen, weil man wohl die öffentliche Diskussion über eine »Straffreiheit von Agenten« scheute. Stattdessen gibt es nun eine völlig verklausulierte und komplizierte Regelung im Bundesverfassungsschutzgesetz, auf die der BND mit seinem Gesetz Bezug nimmt und die den unbefriedigenden Zustand nicht wesentlich verbessert.

In der Praxis bedeutet diese Rechtslage, dass ein Quellenwerber quasi schon mit einem Bein wegen Anstiftung oder Beihilfe im Gefängnis steht, wenn er eine Person in Deutschland als Quelle anwirbt und dann nach Syrien schickt. Der Versuch, rechtlich dieser Falle zu entkommen, ist, die Quelle »aktenkundig zu belehren«, am besten durch deren Unterschrift unter eine entsprechende Erklärung, dass sie keine Straftaten begehen dürfe. Dieses Vorgehen ist an Peinlichkeit und Unehrlichkeit nicht zu überbieten. Wie soll man sich als Mitglied einer Terrororganisation zum Beispiel bei Kampfhandlungen in Syrien verhalten, ohne eine Straftat zu begehen? Wer sich diesen »milieubedingten Straftaten« entzieht, macht sich verdächtig, ein Spitzel zu sein, und bezahlt dies im Zweifel mit seinem Leben. Ich konnte daher gut verstehen, dass meine Quellenwerber »mit langen Fingern« an diese Fälle herangegangen sind. Mir ist auch kein demokratischer Rechtsstaat bekannt, in dem es eine vergleichbare, die Terrorismusbekämpfung behindernde Rechtslage gibt.

Rechtliche Einschränkungen gab es auch bei der technischen Kommunikationsaufklärung. Kompliziert, wenn nicht gar unmöglich wurde es nämlich bei der Terrorismusbekämpfung, wenn deutsche Teilnehmer an dieser Kommunikation beteiligt waren. Für die Erfassung dieser Daten benötigt der Bundesnachrichtendienst die vorherige konkrete Genehmigung durch die sogenannte G10-Kommission, also die parlamentarische Aufsicht, die die schriftlichen Anträge der Nachrichtendienste auf Abhörmaßnahmen prüft. Ohne eine solche konkrete Genehmigung durch das vierköpfige Gremium, zum Beispiel für bestimmte Mobilfunknummern oder ganz bestimmte IP-Adressen, müssen die erfassten Daten sofort gelöscht werden. Dies erfolgt automatisch, sodass zum Beispiel bei Telefonnummern nur noch die 0049 als Länderkennung ausgelesen wird, nicht aber die weitere Nummernfolge. Für Nachrichtendienste, die im Vorfeld – und nicht erst nach einem Anschlag – terroristische Strukturen erkennen und aufklären sollen, ist aber die konkrete Benennung von deutschen oder auch ausländischen Mobilfunknummern in diesem Vorfeldstadium meistens nicht möglich, zumal die Terroristen ihre Kommunikationsmittel und -wege zur Verschleierung ja ständig wechseln. Diese Telekommunikationsmerkmale muss man durch eine intelligente Metadatenanalyse, nämlich eine Analyse der Verbindungsdaten (welche Telefonnummer oder IP-Adresse hat mit welcher anderen Nummer oder Adresse kommuniziert), erst finden. Hierzu könnte man zum Beispiel die Kommunikation aus bestimmten Regionen, in denen sich Terroristen aufhalten, komplett erfassen und auswerten. So lassen sich Schritt für Schritt terroristische Netzwerke und deren Telekommunikationsmerkmale erkennen und identifizieren. Dies machen viele Dienste auf der Welt recht erfolgreich. Der Bundesnachrichtendienst darf dies nicht! Er dürfte dies nur mit der Definition von konkreten und zuvor genehmigten Telekommunikationsmerkmalen, die er aber – wie eben beschrieben – nicht hat – er sucht sie ja erst! Oder er erfasst nur Daten ohne Deutschlandbezug, da ja die deutschen Kommunikationsmerkmale automatisch gelöscht werden müssen. Dieses Dilemma erklärt, warum Ersthinweise auf Anschlagsplanungen oder terroristische Strukturen in Deutschland regelmäßig von ausländischen Partnerdiensten kommen. Denn der BND kann und darf aufgrund der engen rechtlichen Voraussetzungen in diesen Fallkonstellationen gar keine Erfolge haben.

Migration

Die Zeit ab dem zweiten Halbjahr 2015, als Hunderttausende von Flüchtlingen in unser Land strömten, wird oft als Flüchtlingskrise bezeichnet. Da die hohen Zugangszahlen inzwischen abgeflacht sind, könnte man den Eindruck gewinnen, diese Krise sei damit auch vorbei. Es ist im Übrigen kaum ausschlaggebend, ob im Zuge der sogenannten Flüchtlingskrise etwa eine Million oder »nur« 890 000 Flüchtlinge nach Deutschland gekommen sind. Es ist unbestritten, dass Zigtausende junge männliche Muslime darunter waren. Nicht bei allen, aber bei etlichen, wird die Integration in unsere Gesellschaft scheitern – trotz guten Willens auf allen Seiten. Dieses Scheitern bedeutet, dass die Krise erst beginnt, worauf ich schon im Zusammenhang mit der Terrorismusgefahr hingewiesen habe.

Der Satz der Bundeskanzlerin »Wir schaffen das!« war in seiner Pauschalität nicht gut. Er hat eine enorme, wenn auch sicherlich nicht gewollte Sogwirkung entfaltet. Zigtausende von Menschen haben sich daraufhin erst auf den Weg nach Deutschland gemacht. So richtig übel nehmen kann man der Bundeskanzlerin ihren Satz wiederum auch nicht, denn was hätte sie sonst sagen sollen? »Wir schaffen das nicht« wäre als Botschaft der Regierungschefin einer der stärksten Wirtschaftsnationen der Welt auch nicht gut gewesen. Aber es bleibt ein Spruch, der die Alltagsrealität in Deutschland nicht positiv verändert hat. Ähnlich wie die Losung des Zehnten Parteitags der Sozialistischen Einheitspartei Deutschlands, der SED, 1981 in der damaligen DDR. »Das schaffen wir!«, lautete damals die Durchhalteparole – genutzt hat es wenig.

Ich selbst war und bin in dieser Frage hin- und hergerissen. Im August 2015 befand ich mich mit meiner Frau und einem befreundeten Ehepaar auf einer Segeltour in der Ägäis. An einem Abend kreuzten wir in der Passage zwischen der griechischen Insel Lesbos und der türkischen Küste und trauten plötzlich unseren Augen nicht. Etwa hundert Meter vor Lesbos trieben im Meer fünf oder sechs Menschen mit orangefarbenen Schwimmwesten, und man konnte an ihren hilflosen Bewegungen erkennen, dass sie nicht schwimmen konnten und panische Angst hatten. Bevor wir auf unserem sicheren Boot die Situation überhaupt richtig erfassten, kam ein Schnellboot der norwegischen Küstenwache mit mehreren Beibooten und sammelte die hilflosen Menschen aus dem Meer auf. Wir konnten trotz der Dämmerung erkennen, dass auf dem Deck des norwegischen Schiffes über zwanzig Menschen eingewickelt in wärmehaltende Folien kauerten. Wir vier waren völlig aufgewühlt ob dieser Tragödie, und bei allen späteren Diskussionen über Für und Wider von Maßnahmen zur Eindämmung des Flüchtlingsstroms hatte ich diese Bilder im Kopf. Wie hoffnungslos mussten die Menschen hinsichtlich ihrer verlassenen Heimat sein, und wie hoffungsvoll mussten sie hinsichtlich ihres Zieles sein, um das Risiko des Ertrinkens – schwimmen konnten sie meist nicht – auf sich zu nehmen?

Mir lag daher daran, sowohl in den Lageberichten als auch bei Interviews pauschale Vorverurteilungen dieser bedauernswerten Menschen zu verhindern. In einem Interview mit der *BILD*-Zeitung im September 2015 habe ich auf die Frage »Sind unter den Flüchtlingen Terroristen?« entgegen vielen gut gemeinten Ratschlägen – unter anderem auch aus dem Kanzleramt –, mich nicht festzulegen, geantwortet: »Wir haben derzeit keine Hinweise darauf, dass unter den Flüchtlingen aus dem Nahen Osten und Afrika Terroristen sind. Allerdings kann man auch nicht gänzlich ausschließen, dass Terroristen die vorhandenen Schleuserstrukturen nutzen. Aber es ist doch unwahrscheinlich, dass Terroristen die waghalsige Bootsflucht über das Mittelmeer nutzen, um nach Europa zu gelangen. Das können sie mit gefälschten oder gestohlenen Papieren und einem Flugticket im Zweifel viel leichter haben.«

Ich fand diese Aussage offen genug, zumal sie einer realistischen Lagebeurteilung entsprach. Ich hielt diese Aussage auch für geeignet, einer diffusen Panikmache entgegenzuwirken. Der Terroranschlag in Paris am 13. November 2015 mit 130 getöteten Menschen vor allem im Konzertsaal »Bataclan« belegte allerdings, dass unter den Attentätern auch zwei Syrer waren, die wenige Tage zuvor als Flüchtlinge getarnt über die West-Balkan-Route nach Frankreich gekommen waren. Der gesamte Tatablauf zeigte, dass die Terrororganisation Islamischer Staat ganz gezielt zwei Flüchtlinge eingesetzt hatte, um insgesamt die Migration nach Europa zu diskreditieren. Der Islamische Staat hatte den Flüchtlingsstrom nicht aus operativen Gründen genutzt, sondern er wollte damit ein politisches Signal senden. Für die Tat selbst spielten die beiden Migranten keine entscheidende Rolle, sie waren mehr Statisten als Täter. Ihre Aufgabe bestand vielmehr darin, als Flüchtlinge dabei und später anhand der mitgeführten Pässe auch als solche identifizierbar zu sein. Dies empfand ich nicht als Widerspruch zu meiner Aussage, was mir dennoch mehrmals vorgehalten wurde.

Die Flüchtlingswelle nach Europa selbst kam nicht über Nacht. Seit Jahren stiegen die Zahlen an. Anfangs vor allem auf der zentralen Mittelmeerroute von der libyschen Küste nach Italien, insbesondere auf die italienische Insel Lampedusa. Und im Laufe des Jahres 2015 verstärkte sich der Zustrom über die Balkanroute rasant mit Steigerungsraten um die 1000 Prozent. Auf die steigende Tendenz hatten im Vorfeld zahlreiche Organisationen und Institutionen hingewiesen, ohne dass dies in Deutschland ernsthaft wahrgenommen wurde. Unter anderem FRONTEX als Grenzschutzorganisation der Europäischen Union, das Bundesamt für Migration und Flüchtlinge und besonders die Bundespolizei hatten auf die steigenden Zahlen aufmerksam gemacht. Und da die Aufnahme der Flüchtlinge in Deutschland lange Zeit von der Politik als alternativlos angesehen und propagiert wurde, machten sich immer mehr Menschen auf den Weg nach Deutschland.

Einmal mehr spielten das Internet und die neuen Medien eine herausragende Rolle bei der Kommunikation. Völlig übertriebene Erfolgsmeldungen, wie gut es einem in Europa ginge, wurden von den Flüchtlingen an ihre Familien im Herkunftsland abgesetzt. Geld, Wohnung, Auto und vieles mehr erhalte man im gelobten Land. Warum wurde kein realistisches Bild zum Beispiel über die bescheidenen Verhältnisse in den Aufnahmelagern, warum also nicht die Wahrheit nach Hause übermittelt? Für viele Migranten hatten die Verwandten oder auch das ganze Dorf all ihr Hab und Gut zusammengetragen, um die Flucht nach Deutschland zu finanzieren. Die vielen Schlepper und Schleuser kassierten unterwegs gnadenlos ab. Mit schlechten Nachrichten wollte man wahrscheinlich die Hoffnungen der Familien in der Heimat nicht enttäuschen. Im Internet waren auch die besten Fluchtrouten zu finden, dort wurde umgehend auf Probleme, zum Beispiel auf verschärfte Kontrollen in einem Staat auf dem Westbalkan hingewiesen und alternative Routen empfohlen.

Natürlich kam in der Politik immer wieder die Forderung auf, man brauche noch bessere Lagebilder, um darauf aufbauend die richtigen Schlussfolgerungen zu ziehen. An den Lagebildern lag es aber nicht. Vielmehr ging es darum, die richtigen Entscheidungen zu treffen.

In dieser Situation wäre ein rechtzeitiges Signal in die Herkunftsländer – zum Beispiel durch ein Schließen der Grenze zu Österreich – wichtig gewesen; ein Signal, dass Deutschland nicht das gelobte Land ist und dass nicht jeder hier willkommen sein kann, da dies einfach nicht zu schaffen ist. Dieses Signal blieb leider aus, vor allem aus Angst vor unangenehmen Fernsehbildern an den deutschen Grenzen, da man katastrophale Zustände auf der österreichischen Seite als Folge der Grenzschließung mutmaßte. Das Argument der »unschönen Bilder« konnten ich und viele meiner Kollegen erst gar nicht glauben. Es würde bedeuten, dass deutsche Politik dadurch bestimmt wird, ob Fotografen oder Fernsehkameras vor Ort sind oder nicht. Im Amtseid der Bundesminister heißt es, dass sie ihre »Kraft dem Wohle des deutschen Volkes widmen, seinen Nutzen mehren, Schaden von ihm wenden« sollen. Von schönen Bildern ist nicht die Rede. Es fehlte wohl die »Kraft«, es fehlte der Mut. Vielmehr wurde versucht, das Thema schönzureden. Von einem europäischen Problem und dementsprechend einer europäischen Lösung war die Rede, von einer Bereicherung für unser Land wurde gesprochen, während immer mehr Menschen sich fragten: Wie soll das gehen?

Das Dogma der bedingungslosen Offenhaltung unserer Grenzen wurde auch damit begründet, dass faktisch eine Grenzschließung gar nicht möglich sei. Im Zuge der Corona-Krise ging es dann doch!

Nicht die Opposition oder Stimmen aus den Sicherheitsbehörden, sondern das Oberlandesgericht Koblenz hat in einer bemerkenswerten Entscheidung vom 14. Februar 2017 die Situation an der deutschen Grenze wie folgt beschrieben: »Die rechtsstaatliche Ordnung in der Bundesrepublik Deutschland ist in diesem Bereich seit rund eineinhalb Jahren außer Kraft gesetzt, und die illegale Einreise ins Bundesgebiet wird momentan de facto nicht mehr strafrechtlich verfolgt.«

Ähnlich kritisch sehen es zahlreiche renommierte Jurisen, darunter zum Beispiel die Verfassungsrechtler und Professoren Hans-Jürgen Papier, Udo Di Fabio und Rupert Scholz. Papier war nicht nur von 1998 bis 2010 Richter am Bundesverfassungsgericht, sondern zuletzt auch dessen Präsident. Di Fabio war ebenfalls Richter am Bundesverfassungsgericht von 2002 bis 2011, und Scholz war unter anderem ehemals Bundesminister der Verteidigung.

Viele fanden die Offenhaltung der deutschen Grenzen hingegen gut. So erklärte sich etwa Kardinal Reinhard Marx in einem Interview im September 2015 zur Entscheidung der Bundeskanzlerin: »Ich habe ihr öffentlich dafür gedankt. Sie hat sich sogar über das Gesetz hinweggesetzt. Das gehört auch zur politischen Führung.« Wenn man berücksichtigt, dass sich auch die Kirchen mit ihrem Kirchenasyl außerhalb unserer Rechtsordnung bewegen, dann ist die Wertung von Kardinal Marx gar nicht mehr so erschreckend.

Bei meinen Gesprächen mit Amtskollegen aus aller Welt war dagegen ausnahmslos Fassungslosigkeit über die deutsche Vorgehensweise zu verzeichnen. Innerhalb eines halben Jahres, der zweiten Jahreshälfte 2015, hatten die hierfür Verantwortlichen es geschafft, Deutschland in Europa zu isolieren und die Gesellschaft in Deutschland zu spalten.

Die massenhafte Zuwanderung und die Spaltung der Gesellschaft haben verhängnisvolle Folgen – auch für die Sicherheit. Während der Ausländeranteil an der Wohnbevölkerung in Deutschland im Jahr 2019 insgesamt 13,5 Prozent zählte, betrug der Anteil nichtdeutscher Verdächtiger bei der Gewaltkriminalität nach der jüngsten Polizeilichen Kriminalstatistik des Bundeskriminalamtes für 2019 insgesamt 37,5 Prozent. Bei der Fallgruppe Mord, Totschlag und Tötung auf Verlangen waren es 39,7 Prozent, bei der Fallgruppe Vergewaltigung, sexuelle Nötigung und sexueller Übergriff im besonders schweren Fall 36,8 Prozent. Solche Zahlen und die Berichte über die Alltagskriminalität arabischer Clans in unseren Großstädten lassen die Akzeptanz für die Zuwanderung Schritt für Schritt, Tat für Tat sinken. Die Versuche, diese Zahlen zu negieren, insbesondere mit dem Hinweis, bei den Tätern handle es sich überwiegend um junge Männer aus einem anderen Kulturkreis, für deren Lage man Verständnis aufbringen müsse, bewirken nur noch eine größere Distanzierung in der Breite der Bevölkerung.

Ein mutiges und offenes Ansprechen der Probleme allein wird aber nicht mehr ausreichen, um das Dilemma zu lösen. Wir müssen entschlossen handeln, als Signal nach innen und außen.

Handeln heißt, wir brauchen eine weitere deutliche Reduzierung des Zuzugs nach Deutschland. Wenn wir schon mit den bereits hier lebenden Migranten an die Grenzen der Integrationsfähigkeit kommen, dann ist es kontraproduktiv, die weitere Zuwanderung von 400 bis 500 Asylsuchenden pro Tag als Erfolg anzusehen. Rund 450 Menschen pro Tag war die Zahl der Asylsuchenden vor der Schließung der Grenzen im Zuge der Corona-Krise. Sie bedeutete pro Jahr den Zuwachs von über 150 000 Migranten, das entspricht einer Großstadt, was man auch bei gutem Willen nicht als belanglos bewerten kann. 450 Menschen pro Tag waren aber nur ein Teil des Zuzugs. Nicht mitgezählt sind etwa der Familiennachzug und diejenigen, die sich erst gar nicht an unseren Grenzen haben registrieren lassen. Und inzwischen wissen auch alle, dass nicht nur ausgebildete Facharbeiter zu uns kommen.

Wir brauchen aber nicht nur eine Reduzierung des Zuzugs, sondern auch eine konsequente Abschiebung von abgelehnten und straffälligen Asylbewerbern. Die derzeitigen Zahlen sind bedauernswert niedrig. Die knapp über 20 000 Abschiebungen im Jahr 2019 gegenüber den rund 250 000 Personen, die im gleichen Zeitraum ausreisepflichtig waren, zeigen eine deutliche Lücke zwischen Anspruch und Wirklichkeit auf. Die zahlreichen offiziellen Bekundungen, dass Deutschland verlassen müsse, wer keine Anerkennung als Asylbewerber erhalten habe, finden sich in der Alltagsrealität nicht wieder. Um die Zahl der Abschiebungen signifikant zu erhöhen, fehlt es in einigen Bundesländern am politischen Willen. Dies belegt auch die geringe Zahl von insgesamt nur rund 500 Abschiebehaftplätzen in Deutschland, wobei noch nicht einmal alle Bundesländer solche Abschiebeeinrichtungen betreiben. Die wiederholt geforderte Übertragung der Zuständigkeit dieser unbeliebten Aufgabe auf die Bundespolizei ist nicht sinnvoll, da die Bundespolizei dann mit den rund 600 lokalen Ausländerbehörden jede einzelne Abschiebung koordinieren müsste. Sinnvoller wäre es, wenn die Bundesebene zentrale Dienstleistungen als Unterstützung zur Verfügung stellen würde, etwa bei der Bereitstellung von Charterflügen oder der Beschaffung von fehlenden Reisedokumenten.

Bei Diskussionen oder Talkshows zum Thema Migration konnte man bisweilen den Eindruck gewinnen, wenn Deutschland endlich ein sogenanntes Einwanderungsgesetz habe, sei der ungeregelte Zuzug Geschichte, und alle Probleme seien gelöst. Ein solches Gesetz, das »Fachkräfteeinwanderungsgesetz«, ist am 1. März 2020 in Kraft getreten und wird die Fluchtbewegung nach Deutschland nicht stoppen. Das Gesetz regelt, wer zu Arbeits- und Ausbildungszwecken nach Deutschland kommen darf, und hat mit der Asyl- und Flüchtlingsproblematik wenig zu tun.

Auch die Erfolgsmeldung, alle Migranten nach Deutschland würden inzwischen registriert werden, darf hinterfragt werden. Das ist zweifellos eine wichtige und gute Maßnahme. Aber wir haben in Deutschland und anderswo keine Datei aller »bösen« Menschen dieser Welt, mit der wir die

Daten der Einreisenden abgleichen könnten. So können trotz Registrierung unter den Migranten Straftäter, Extremisten oder Folterer sein, ohne dass wir sie mangels Abgleichmöglichkeiten erkennen können. Die wichtige und richtige Registrierung gibt also leider keine hinreichende Sicherheit.

Bedrohungen aus dem Cyberraum

Das Internet hat in den letzten Jahren eine gigantische Entwicklung genommen. Insbesondere durch die Nutzung mobiler Endgeräte wie Smartphones hat sich ein regelrechter Datenboom entwickelt. In Clouds abgelegte Daten sind zu jeder Zeit und von jedem Ort aus abrufbar und können problemlos genutzt werden. Behörden, Unternehmen und Private können effizienter arbeiten und ohne großen Aufwand ihren Handlungsspielraum erweitern. Die schöne neue Welt hat aber auch eine Schattenseite: Je aktiver ich mich im Netz bewege, je mehr Daten also über mich oder mein Unternehmen im Cyberraum abrufbar sind, desto mehr exponiere ich mich.

Kriminalität und Spionage haben sich folgerichtig diesem Trend angepasst. Wer früher Staats- oder Unternehmensgeheimnisse erfahren wollte, musste menschliche Agenten beauftragen, die meist unter hohem Risiko Dokumente, Mikrofilme oder Blaupausen beschafft haben. Solche Vorgänge gibt es natürlich noch immer. Menschen sind einer der größten Risikofaktoren für die Sicherheit zum Beispiel für staatliche Organisationen oder Unternehmen. Heute ist es jedoch viel weniger riskant, an solche Geheimnisse zu gelangen. Man muss dafür niemanden bestechen, den rechten Moment abzuwarten oder nachts in Büroräume einzudringen, sondern braucht nur ein wenig digitale Expertise. Es ist eine unüberschaubare Anzahl von neuen »virtuellen Agenten« entstanden, die ihre Mission erfüllen. Die virtuelle Spionage ist eine Bedrohung von ganz neuer Dimension. Es hat sich ein ganzer Weltmarkt entwickelt, der mit sensiblen Daten handelt, diese manipuliert und in einigen Fällen auch wichtige Prozesse sabotiert – Prozesse, die unsere Wirtschaft, unsere Zivilgesellschaft und unsere Sicherheit betreffen. Die Cyberattacke durch das Schadprogramm »Wanna Cry« im Mai 2017 zum Beispiel hat rund 230 000 Systeme in 150 Ländern lahmgelegt. Betroffen war unter anderem auch die Deutsche Bahn mit dem Ausfall von rund 450 Rechnern.

Staatliche Akteure, meist Nachrichtendienste, und nichtstaatliche Akteure, meist Kriminelle, tummeln sich beide aktiv in diesem Feld. Dabei geht es längst nicht mehr um die bloße Nutzung des Internets zu Propagandazwecken oder zur Kommunikation. Es geht zum Beispiel um Erpressungstrojaner, Identitätsdiebstahl und Zugangsdaten aller Art. Mit Spam-Versand und sogenannten DDoS-Attacken (Distributed-Denial-of-Service) gegen die Verfügbarkeit von IT-Systemen wird die Kommunikationsfähigkeit des angegriffenen Systems blockiert, wozu meist ein sogenanntes Botnetz genutzt wird. Ein Botnetz ist ein Verbund von mit Schadsoftware infizierten Rechnern, die weltweit verstreut sein können, ohne dass der Eigentümer von der Nutzung seines Rechners Kenntnis hat. Cyberkriminelle bieten im Darknet sogar Baukästen für Schadsoftware als Service an. Diese sind oft technisch ausgereift und können sogar erst jüngst veröffentlichte Schwachstellen in IT-Systemen ausnutzen. Derartige Angebote versetzen auch technisch wenig versierte Akteure in die Lage, Cyberangriffe unterschiedlicher Qualität und Quantität auszuführen. Und natürlich gibt es im Darknet jede erdenkliche Art von Kriminalität: Kinderpornografie, Waffenhandel, Drogenhandel, Produktfälschungen, Hehlerware und vielfältige kriminelle Dienstleistungen bis hin zu Mord. Das Darknet zeichnet sich gerade dadurch aus, dass es nicht über Suchmaschinen zugänglich ist. Daher ist seine Aufklärung so besonders schwierig für die Sicherheitsbehörden.

Der derzeitige Zustand ist beunruhigend genug. Ein Smartphone ist letztlich nichts anderes als eine mobile Abhörstation. Aber es wird noch schlimmer kommen. Mit dem rasant fortschreitenden Internet der Dinge in Form von »Smart Homes« und durchdigitalisierten Fabriken und Infrastrukturen wird die Vernetzung weiter zunehmen und damit auch die Verwundbarkeit. Sicherheit wird in diesem Kontext leider kaum nachgefragt und wird deshalb auch nicht in die neuen Produkte eingepreist.

Obwohl auch die nichtstaatlichen Akteure bedeutende Schäden verursachen können, geht die derzeit größte Gefahr von den staatlichen Akteuren aus. Im Gegensatz zu den nichtstaatlichen Akteuren wie kriminellen Hackern verfügen diese über weitaus höhere Kapazitäten und finanzielle Ressourcen zur Durchführung von Cyberangriffen. Das ermöglicht ihnen, hochentwickelte, auf spezielle Ziele zugeschnittene Schadsoftware zu programmieren. Politik und Wirtschaft in Deutschland sind ständiges Ziel von solchen Cyberangriffen. Dabei gehen von China und Russland die größten Gefahren aus.

Sogenannten »Advanced Persistent Threats« (APTs) wird das größte Bedrohungspotenzial zugemessen. Als APT bezeichnet man international eine auf Dauer angelegte, systematische Operation mit einem hohen technischen und methodischen Entwicklungsstand, die zur langfristigen Abschöpfung von Informationen durchgeführt wird. Auch bei den APTs liegen die chinesischen und russischen Aktivitäten vorne.

Ein großer Teil der derzeit weltweit erkannten über 150 APTs lässt sich vor allem China zuordnen. Dabei geht es vorrangig um Wirtschaftsspionage bei Unternehmen und Forschungseinrichtungen in Europa und Nordamerika. Verantwortlich für diese Aufgabe in China ist das Militär, die Volksbefreiungsarmee. Der hohe Personalansatz hierfür erklärt auch die hohe Anzahl der entsprechenden Aktivitäten.

Der Schwerpunkt der russischen Aktivitäten liegt in der Beschaffung politisch relevanter Informationen. Die Anzahl der beobachteten APTs mit russischer Urheberschaft nimmt zu, was auf den steten Ausbau der hierfür erforderlichen Fähigkeiten hinweist. Dabei ragt besonders die russischen Urhebern zugeschriebene Gruppe APT 28 heraus, deren Aktivitäten sich gegen Regierungs- und Sicherheitsbehörden und multinationale Organisationen wie die EU und die NATO richteten. Diesem Fallkomplex wird auch der Spionageangriff auf den Deutschen Bundestag 2015 zugeordnet, mit dem mutmaßlich 16 Gigabyte Daten aus Rechnern von Bundestagsabgeordneten ausgespäht wurden, und die medienwirksame zeitweilige Abschaltung des französischen Fernsehsenders TV5 Monde am 8. April 2015.

Die Bedrohungsszenarien im Internet werden immer vielfältiger und komplexer. Tagtäglich erfolgen Tausende IT-Angriffe allein auf das Regierungsnetz der Bundesregierung, die allerdings in der Qualität völlig unterschiedlich sind. Über 200 000 neue Schadprogrammvarianten werden weltweit pro Tag entdeckt, was eine kaum vorstellbare Dimension darstellt. Geschätzte rund 50 Milliarden Euro Schaden entstehen der deutschen Wirtschaft jährlich durch IT-Spionage. Oft merken die geschädigten Unternehmen gar nicht, dass ihnen ihre Daten, ihre Geschäftsgeheimnisse, ihre Kronjuwelen längst gestohlen worden sind. Im Internet tobt – das kann man ohne Übertreibung sagen – ein Krieg, allerdings ein stiller und damit weitgehend kaum wahrgenommener Krieg. Dabei sind die Folgen insbesondere für unsere Wirtschaft verheerend.

Die »virtuellen Angreifer« greifen grundsätzlich durch Installation einer Schadsoftware im Netzwerk der Opfer an. Mit Schadsoftware behaftete Dateianhänge, sogenannte Phishing-E-Mails, gelten als die klassische Methode zur Infektion von Zielsystemen. Insbesondere im Bereich der Cyberspionage werden diese immer ausgefeilter und auf ein konkretes Ziel persönlich zugeschnitten. Cyberspione wenden die gleichen Methoden wie in der analogen Welt an: Sie suchen nach potenziellen Schwachpunkten beim zukünftigen Opfer, kundschaften Sicherheitseinrichtungen, Arbeitszeiten, exponierte Mitarbeiter und sonstige Rahmenbedingungen aus. Ziel eines solchen »Social Engineering«, wie es in der Fachsprache heißt, ist es, genau die Methode, die Schwachstelle zu finden, damit das Opfer arglos den Klick auf einen Link oder ein angehängtes Attachment macht, mit denen sich die Spione Zugang zum digitalen Netzwerk des Opfers verschaffen können. Die Abklärung im Vorfeld kann auch dazu dienen, vom Angriffsziel häufig besuchte Webseiten mit Schadsoftware zu manipulieren. Diese greift dann bei entsprechender Programmierung nur bestimmte, zuvor identifizierte Ziele an. Anders als bei den Phishing-E-Mails hat der Besucher der Webseite keine Möglichkeit, den Angriff zu erkennen. Ist die Webseite einmal geöffnet, kann der Cyberangriff nicht mehr verhindert werden.

Inzwischen rücken andere netzwerkfähige Geräte wie Drucker oder Telefone immer mehr in den Fokus von Cyberangriffen. Bereits der Ausdruck eines Dokuments oder ein Softwareupdate für einen Drucker kann zu einer Schadsoftwareinfektion eines gesamten Firmennetzwerkes führen.

Unabhängig davon, auf welche Weise der Eindringling sich eingeschlichen hat, wird anschließend ein Fernzugriffsprogramm installiert. Auf diesem Weg erfolgt meistens auch der Datenabgriff. Zur Verschleierung der Identität der eigentlichen Angreifer befinden sich die Steuerungssysteme häufig in Drittländern, oft sogar hintereinandergeschaltet in mehreren Drittländern.

Die installierte Spionagesoftware richtet regelmäßig keinen direkten, sofort sichtbaren Schaden an. In den überwiegenden Fällen ist es vielmehr so, dass sensible Informationen über Jahre hinweg unbemerkt kopiert werden und abfließen. Und darin liegt die eigentliche Gefahr der Cyberspionage. Die Täter sitzen dabei möglicherweise vor den Computern in einem Internetcafé und wiegen sich in sicherer Anonymität.

Klassische Detektions- und Ermittlungsansätze stoßen in solchen Situationen sehr schnell an ihre Grenzen. Die Angriffe erfolgen über das World Wide Web und damit über meist weit entfernte Computernetze, die allerdings mithilfe sogenannter SIGINT-Methoden, also mittels nachrichtendienstlicher technischer Aufklärungsmethodik, zu erkennen sind. Aufgabe des Bundesnachrichtendienstes ist es, mit seinen SIGINT-Fähigkeiten, auf die ich später näher eingehen werde, diese Sichtbarkeitslücke zu schließen und Angriffsverhalten bereits im Ausland aufzuspüren.

Neben Russland und China haben in den letzten Jahren viele weitere Staaten damit begonnen, ihre Fähigkeiten für Cyberoperationen auf- und auszubauen. Die Hemmschwelle, Cyberangriffe zur Erlangung politischer, militärischer und wirtschaftlicher Vorteile einzusetzen, wird zusehends geringer. Dabei ist eines zu bedenken: Wer Cyberspionage kann, der kann auch Cybersabotage! Damit ist unsere gesamte kritische Infrastruktur gefährdet. Elektrizitätswerke könnten von digitalen Saboteuren abgeschaltet werden, was verheerende Folgen hätte, weil ohne Strom nichts läuft. Talsperren könnten geöffnet, Produktionsanlagen und Verkehrsflughäfen könnten manipuliert werden. Den Horrorvorstellungen sind keine Grenzen gesetzt.

Diese Entwicklung ist auch deshalb so beunruhigend, weil sie bedeutet, dass viele über dieses machtvolle Mittel verfügen. Zynisch könnte man auch von einer »Demokratisierung der Bedrohung« sprechen. Während man früher viele Soldaten, viele Panzer und viele Flugzeuge brauchte, um Angst und Schrecken zu verbreiten, braucht man heute nur noch eine Handvoll versierter IT-Spezialisten. Damit besteht die Gefahr, dass morgen Gruppierungen oder Staaten als gefährliche Akteure auf die Weltbühne treten, an die wir derzeit noch nicht einmal denken.

Die Risiken sind letztlich allesamt bekannt. Umso unverständlicher ist die zögerliche Haltung hinsichtlich der Frage, ob der chinesische Konzern Huawei am hiesigen Aufbau des 5G-Netzes beteiligt werden soll. Dass dies eine ernsthafte Option ist, zeigt prototypisch den laxen Umgang mit dem Thema Sicherheit in unserem Land. 5G ist eine Schlüsseltechnologie, die mehr beinhaltet als jeder der Technologiesprünge der Vergangenheit. Dieser neue Mobilfunkstandard wird die Mobilfunknetze leistungsfähiger machen als jemals zuvor. Im Jahr 2020 werden nach einer Prognose der International Data Corporation (IDC) weltweit etwa zwei Milliarden Smartphones aktiv sein, die mit dem Internet verbunden sind. Vor allem aber, so die Schätzung, werden bis zu 50 Milliarden Geräte, Fahrzeuge und Maschinen vernetzt sein, und zwar auch in der Produktion. 5G wird diese Vernetzung revolutionieren mit einer deutlich höheren Bandbreite der Datenübertragung und mit einer deutlich höheren Geschwindigkeit. Letzteres ist gerade für zeitkritische Anwendungen wie beim autonomen Fahren oder bei der Maschinensteuerung unabdingbar. Die Sicherheit bei einer solchen Schlüsseltechnologie darf nicht verhandelbar sein.

Huawei ist chinesischer Weltmarktführer nicht nur bei der 5G-Technologie. Potenzielle deutsche Anbieter gibt es schon lange nicht mehr. Auf europäischer Ebene kommen allenfalls Nokia in Finnland und Ericsson in Schweden in Betracht. Ihnen gegenüber hat Huawei einen geschätzten Entwicklungsvorsprung von anderthalb bis zwei Jahren. China ist zwar eine bedeutende, in etlichen Bereichen gar eine gigantische Wirtschaftsmacht, aber ohne liberale oder demokratische Strukturen. Dieses Land mit dem Einparteiensystem der Kommunistischen Partei wird autoritär geführt mit einem klaren Vorrang der Sicherheitsinteressen, die, wenn es sein muss, auch äußerst hart durchgesetzt werden – nach innen und nach außen. Es gibt in der Volksrepublik China keine Grenzen – weder faktisch noch rechtlich – zwischen dem Sicherheitsapparat und der Wirtschaft. Die Sicherheitsbehörden greifen auf alle Bereiche der Gesellschaft und natürlich auch auf die Wirtschaft zu – vom Fließband bis zur Chefetage. Und angesichts der zu erwartenden Sanktionen empfiehlt es sich für die Wirtschaftsunternehmen, den Weisungen zu folgen. Huawei ist daher kein »normaler« Weltmarktführer, der allein nach den Gesetzen des Marktes agiert, sondern muss sich – wie alle Organisationen in China – den Zielen und Vorgaben der dortigen Führung unterordnen. Mein Nachfolger als Präsident des Bundesnachrichtendienstes, Bruno Kahl, formulierte dies bei einer öffentlichen Anhörung im Oktober 2019 ebenfalls klar: Man könne einem Konzern, der in sehr großer Abhängigkeit von der Kommunistischen Partei stehe, kein Vertrauen entgegenbringen. Ich sehe daher drei wesentliche Risiken.

Risiko eins ist die gefährdete Abhörsicherheit. Wer diese Technologie bereitstellt, ist auch in der Lage, die darüber laufende Kommunikation aufzuklären. Dieses Risiko mag man zwar mindern können, etwa durch den Einsatz von Ende-zu-Ende-Verschlüsselung, aber ein Restrisiko bleibt. Bei der Ende-zu-Ende-Verschlüsselung werden sämtliche übertragenen Informationen vom Sender verschlüsselt und erst wieder beim Empfänger entschlüsselt. Über die komplette Übertragungsstrecke liegen die Daten nur in verschlüsselter Form vor. Dritte wie Zwischenstationen oder Serviceprovider können nicht auf die Inhalte zugreifen.

Risiko zwei ist die gefährdete Betriebssicherheit. Durch den Technologievorsprung der Chinesen können unsere staatlichen Stellen, aber auch unsere Unternehmen, nicht mehr beurteilen, welche Bausteine überhaupt eingebaut werden. Überspitzt ausgedrückt wäre das in etwa so, als ob ein Dampfmaschinen-Ingenieur einen Verbrennungsmotor begutachten solle. Wer also will überzeugend ausschließen, dass keine Hintertüren eingebaut werden, die ein Abschalten der Kommunikationssysteme von außen zulassen? Angesichts der robusten Außen- und Sicherheitspolitik Chinas sind derartige Krisen- und Konfliktszenarien denkbar, wobei wahrscheinlich schon die informelle Drohung mit einem Abschalten unsere Handlungsfähigkeit beeinflussen würde. Ich kann mir sogar vorstellen, wie sich dadurch unsere Haltung zum Beispiel zu Taiwan verändern wird, ohne dass es einer Drohung bedarf. Sich freiwillig in eine politische Erpressbarkeit zu begeben, ist eben keine gute Sicherheitspolitik.

Das dritte und gefährlichste Risiko besteht allerdings darin, dass derjenige, der jetzt bei 5G den Zuschlag erhält, dann auch zwangsläufig dank seines weiter ausgebauten Technologievorsprungs die nächsten Generationen 6G, 7G und folgende bereitstellen wird. Wir rutschen für viele kommende Jahre in eine strategische Abhängigkeit hinein, deren Auswirkungen sich noch nicht bemessen lassen. Diese Abhängigkeit besorgt mich am meisten.

Die Befürworter einer Beteiligung von Huawei am 5G-Netzaufbau, die bei der Realisierung des zweiten oder dritten Risikos nicht mehr in Amt und Würden sein werden, argumentieren mit dem gefährdeten Zugang unserer Wirtschaft zum chinesischen Markt und der Gefahr für unsere Exporte nach China als Gegenreaktion der Volksrepublik. Wir müssen uns aber gerade von diesen Abhängigkeiten befreien, anstatt sie zu festigen. Ich bin mir sicher, China versteht klare Botschaften, und eine solche wäre, aus den noch vorhandenen europäischen »Technologieresten« ein Konsortium vergleichbar dem Airbus-Konzern aufzubauen, das die Sicherheit sensibler IT-Schlüsseltechnologien gewährleisten kann. In jüngster Zeit, auch durch Corona, wird viel und gerne über nationale und europäische technische Souveränität gesprochen. Hier hätten wir einen Fall, an dem man zeigen könnte, dass wir es ernst meinen. Gerade China wird die angemessene Berücksichtigung von Sicherheitsaspekten nachvollziehen können. Angesichts des gering ausgeprägten Mutes für solche Entscheidungen pro Sicherheit befürchte ich einmal mehr einen wenig überzeugenden Kompromiss, demzufolge Huawei angeblich nur sicherheitstechnisch weniger bedenkliche Komponenten bereitstellen darf. Aber wer im Netz drin ist, ist drin!

Gemengelage

Dass angesichts der zunehmenden Konflikte und Krisen die Welt unsicherer wird, dürfte unstreitig sein. Natürlich sehnt sich niemand zurück an eine nie da gewesene »gute alte Zeit des Kalten Krieges«, aber die damaligen Blöcke Ost und West waren überschaubarer und vor allem berechenbarer. Das atomare Gleichgewicht des Schreckens und die Aufteilung der Welt in mehr oder weniger feste Einflusszonen stabilisierten das Weltgeschehen. Die auf beiden Seiten bestehende Sorge, dass diese »Ordnung« durch neue Waffensysteme der Gegenseite instabil werden könnte, bewirkte einen permanenten Prozess des Wettrüstens. Ost und West wussten also um die Werkzeuge, um die Lage stabil zu halten. Und Ost und West kannten die Grenzen ihrer Einflusssphären. Wenn dort einmal ein Regierungssystem ins Wanken geriet, dann konnte man nicht selten sicher sein, dass die Gegenseite die dortige Opposition oder die Guerilla etwa in Lateinamerika oder seinerzeit in Afghanistan unterstützte. Diese Überschaubarkeit und Berechenbarkeit schwinden, seitdem es nach dem Zusammenbruch der Sowjetunion die Ost-West-Aufteilung nicht mehr gibt.

China ist als dritte militärische Großmacht neben den Vereinigten Staaten und Russland auf die Weltbühne getreten und agiert raumgreifend nicht nur in Asien. Selbst in den entlegensten Winkeln Afrikas trifft man auf chinesische Fußspuren.

Russland ist es gelungen, zumindest militärisch wieder zu erstarken. Diese neue Stärke wurde zuletzt erfolgreich in Syrien demonstriert. Dort agiert man gemeinsam mit dem NATO-Mitglied Türkei, das russische Luftabwehrsysteme für seine Landesverteidigung gekauft hat. Die Türkei träumt nicht nur vom Aufbau eines neo-osmanischen Reichs, sondern baut Einflusszonen in Zentralasien und Nordafrika auf.

Während andere ihre Sphären ausbauen, schwindet bei den USA das Interesse, sich weltweit zu engagieren. Schon unter dem früheren US-Präsidenten Barack Obama war dies zu erkennen. Der aktuelle US-Präsident Donald Trump setzt diesen Kurs, wenn auch in Wellenbewegungen, deutlich verstärkt fort.

Mit Nordkorea ist ein unberechenbares Regime im Besitz der Atombombe. Der dortige Machthaber lässt sich weder von den USA noch von Warnungen seines großen Nachbarn China beeindrucken.

Der Iran zündelt in der gesamten Region. Seine Absicht, zumindest zum Atombombenbau fähig zu sein, hat er nie wirklich aufgegeben. Und auch er lässt sich letztlich keiner Großmacht zuordnen, sondern betreibt oft äußerst brutal seine eigenen Interessen.

Die Heterogenität des Weltgeschehens lässt sich an den Beispielen Syrien und Libyen sehr anschaulich nachvollziehen: In Syrien unterstützt Russland das herrschende Assad-Regime, während die Türkei sich klar für den Sturz dieses Regimes positioniert hat. Das hindert beide Parteien aber nicht, in Nordsyrien sogar militärisch gemeinsam vorzugehen. Sie sind in die Lücke hineingestoßen, die die USA nach dem Abzug ihrer dort eingesetzten Truppen hinterlassen haben. Saudi-Arabien, die Vereinigten Arabischen Emirate und Katar zum Beispiel haben sich ebenfalls für die Assad-Opposition engagiert, während der Iran das Regime offen militärisch unterstützte. Im Rahmen der Anti-IS-Koalition haben sich vor allem westliche Länder wie Großbritannien und Frankreich unter Führung der USA zusammengeschlossen, um die noch verbliebenen rund 18 000 IS-Terroristen in Syrien und im Irak, darunter etwa 3000 Ausländer, insbesondere aus der Luft zu bekämpfen. Deutschland unterstützt diese Mission mit Aufklärungs- und Betankungsflügen. Dass mit dieser Mission gleichzeitig auch das Assad-Regime gestützt wird, nimmt man billigend in Kauf.

In Libyen kämpfen in der Hauptsache zwei Akteure um die Macht: der durch die Vereinten Nationen anerkannte Präsident Fajis al-Sarradsch in Tripolis und sein Gegenspieler, der 76-jährige General Chalifa Haftar, der sich inzwischen Feldmarschall nennt, Teile des Landes unter seiner Kontrolle hat und von Bengasi aus operiert. Katar, Italien und die Türkei stehen auf der Seite von al-Sarradsch, der sich zwecks Machterhalt mit islamistischen Milizen verbündet hat. Wegen der konservativen Auslegung des Islams in der Türkei und Katar erscheint mir, dass Letzteres auch ein Grund für deren Engagement sein könnte. Diese Erklärung mag zutreffend sein, bei der Türkei kommen jedoch sicher noch ihre Bestrebungen hinzu, Einfluss in Nordafrika zu gewinnen. Italien wiederum setzt auf die Führung in Tripolis als Partner bei der Abwehr weiterer Flüchtlingsströme.

Russland, Ägypten, Saudi-Arabien und auch Frankreich stehen an der Seite von General Chalifa Belqasim Haftar, einerseits um seinen Kampf gegen jeglichen politischen Islam zu unterstützen, andererseits will Russland, gestärkt durch seine Erfolge in Syrien, seine Rolle in der arabischen Welt weiter ausbauen. Die Türkei und Russland zeigen übrigens nicht nur in Nordsyrien, wie man trotz Unterstützung zweier gegeneinander kämpfender Parteien gemeinsame Interessen verfolgen kann. Vor Ort in Libyen wird nämlich kolportiert, dass beide sich in geheimen Absprachen darauf geeinigt hätten, den »Kuchen Libyen« aufzuteilen. Russland erhalte den Zugriff auf die Gasvorkommen, was seine Rolle als weltweiter Gaslieferant stärke. Die Türkei erhalte im Gegenzug die großen Bauaufträge, zumal muslimische Bauunternehmen eine deutlich größere Akzeptanz in Libyen und bei den arabischen Geldgebern hätten. Dass Russland und die Türkei nunmehr sowohl in Syrien als auch in Libyen gegensätzliche Parteien unterstützen, aber dennoch gemeinsame Sache machen, mag Zufall sein. Aufgrund meiner dienstlichen Erfahrungen glaube ich auch an Zufall, aber nicht zweimal hintereinander.

Insgesamt zeigen die Beispiele und die Weltläufe: Die Welt ist in Bewegung geraten. Kriege und Konflikte sind komplexer geworden, allein schon durch die höhere Anzahl der involvierten Akteure. Die Vorgänge in Syrien und Libyen, aber ebenso Afghanistan oder im Jemen zeigen auch, dass die Grenzen zwischen Bürgerkrieg und Krieg zwischen Staaten fließend sind, was realistische Chancen auf einen Kompromiss unter Beteiligung aller Konfliktparteien nahezu unmöglich macht. Hinzu kommt, dass die westliche Demokratie als Befriedungsmodell ausgedient hat, worauf ich an späterer Stelle noch einmal eingehen werde. Die USA ziehen sich zurück und bauen ihr weltweites Engagement und ihre Rolle als »Weltpolizist« schrittweise ab. Russland und China suchen vermehrt und verstärkt nach neuen Einflusszonen. Mittelmächte, wie etwa die Türkei oder der Iran, agieren nach eigenen Regeln ebenfalls robust und selbstbewusst auf der Weltbühne. Die Akteure haben kein Problem damit, je nach Region wechselnde Koalitionen einzugehen oder bisherige Partner fallen zu lassen, wie beispielsweise die USA die Kurden in Nordsyrien. Neben den staatlichen Akteuren sind nichtstaatliche Akteure, insbesondere terroristische Gruppierungen hinzugekommen, die die Lage ganzer Regionen beeinflussen können. Auch Milizen agieren als Söldnertruppen, angeführt von Warlords, die vom Krieg ganz gut leben und daher kein Interesse an einer Veränderung der Situation haben.

Diese Entwicklung beunruhigt die Menschen, weil zu Recht die Sorge besteht, dass der eine oder andere Konflikt eine militärische Eskalationsspirale und damit eine Entwicklung auslösen könnte, von der wir eine Zeit lang glaubten, dass wir sie überwunden hätten.

Diese Unsicherheit wird auch dadurch gefördert, weil inter- oder supranationale Gremien, wie etwa der Sicherheitsrat der Vereinten Nationen und die Vereinten Nationen selbst oder die internationalen Gerichtshöfe immer mehr an Einfluss zur Schlichtung und Befriedung verlieren. Die bisherigen internationalen Krisenbewältigungsmechanismen greifen nur noch bedingt oder gar nicht mehr. Die zunehmende Zahl an ungelösten Krisen belegt diese These.

Begünstigt wird dieser Trend auch dadurch, dass die Gefährdungslage sich fortentwickelt hat, aber die Regeln die alten geblieben sind. Es gibt das sogenannte Kriegs- und das humanitäre Völkerrecht, aber für die Bekämpfung des Terrorismus fehlt ein völkerrechtliches Regelwerk. Das liegt daran, dass man sich bislang nicht über eine Begriffsdefinition für Terrorismus einigen konnte. Was für den einen ein Terrorist ist, ist für den anderen ein Freiheitskämpfer – von der Problematik des Staatsterrorismus ganz zu schweigen. Die Folge ist, dass die Akteure die vorhandenen völkerrechtlichen Regeln jeweils so auslegen, wie es ihnen am besten passt.

Auch für den Bereich der Cyberangriffe fehlen rechtliche Einordnungen. Ein Raketenbeschuss ist unschwer als Angriff auf der Basis des bisherigen Völkerrechts zu definieren. Für einen Cyberangriff zum Beispiel auf kritische Infrastrukturen, der eventuell ungleich größere Schäden verursacht, gilt dies nicht. Fehlende Regelungen ziehen aber unsichere Handlungsoptionen nach sich.

Gleiches gilt, wenn Regelwerke wie etwa die 1999 in Kraft getretene *Ottawa-Konvention zum Verbot von Landminen* zwar bestehen und von über 160 Staaten bislang unterschrieben worden sind, nicht aber ausgerechnet von den Großmächten USA, Russland und China. Und während der frühere Präsident Obama die Konvention trotz fehlender Unterschrift beachtete, hob Präsident Trump im Januar 2020 das Landminenverbot für die US-Armee auf.

Als letzten Punkt, der die Gemengelage unübersichtlicher, aber auch spürbarer erscheinen lässt, möchte ich den Umstand anführen, dass die Grenzen zwischen inneren und äußeren Gefährdungen fließend geworden sind. Dies wird besonders deutlich bei den Gefahren aus dem Cyberraum, weil dort eine Unterscheidung in Inland und Ausland nicht mehr sinnvoll und oft auch gar nicht möglich ist. Die Vernetzung der Internetrouten macht an den Landesgrenzen nicht halt. Eine Mail von Berlin nach München kann durchaus den Weg über Warschau nehmen. So betrachtet verbindet uns das Internet. Es öffnet uns aber nicht nur als Bereicherung den Rest der Welt, es macht uns auch offen für weltweite Gefahren.

Auch der Terrorismus lässt sich immer weniger in Inlands- und Auslandssachverhalte trennen. Deutsche Terroristen reisen in Krisen- und Kampfgebiete ins Ausland und kommen wieder zurück. Ausländische Terroristen reisen nach Deutschland, um hier Anschläge zu verüben oder Mitglieder zu werben. Ein Betreiber einer terroristischen Webseite aus Syrien kann mühelos einen deutschen Schüler in Mannheim radikalisieren, ihn rekrutieren und zu einem Attentat verleiten.

Und nicht zuletzt die Migration belegt, wie eng wir in Deutschland mit den Krisengebieten der Welt verwoben sind.

Auch wir in Deutschland spüren, dass die Welt unsicherer geworden ist. Dass die globalen Rüstungsausgaben 2019 den höchsten Anstieg seit 2010 verzeichneten, ist bei dieser Entwicklung nur noch eine Randnotiz. Mit einer Steigerung um 3,6 Prozent, so das Stockholmer Friedensforschungsinstitut Sipri, lagen die jährlichen Militärausgaben nun bei 1917 Milliarden US-Dollar. Dieser Rekordwert ist ein weiterer Beleg für die fehlenden Ansätze zur nachhaltigen Lösung der weltweiten Konflikte.

»Wir werden heute Zeugen einer zunehmend destruktiven Dynamik der Weltpolitik. Vom Ziel internationaler Zusammenarbeit zur Schaffung einer friedlichen Welt entfernen wir uns von Jahr zu Jahr weiter«, kommentierte der derzeitige Bundespräsident Frank-Walter Steinmeier diese Entwicklung in seiner Rede auf der Münchner Sicherheitskonferenz im Februar 2020. Ich erlaube mir eine kleine Korrektur: Wir sind nicht »Zeuge«, sondern Teil der Entwicklung.

Der Bundesnachrichtendienst

Der Auslandsnachrichtendienst in unsicheren Zeiten

Wenn man sich all den beschriebenen – und auch nicht beschriebenen – Bedrohungen stellen und ihnen begegnen will, sei es militärisch, diplomatisch oder sicherheitspolitisch, dann braucht man vor allem Informationen, Informationen, Informationen.

Genau das ist Aufgabe der Nachrichtendienste. Offene Quellen – etwa Medien oder das Internet – gibt es genügend. Ein Nachrichtendienst darf und will sich damit natürlich nicht zufriedengeben. Er will die Information hinter der Information. Er will den nachrichtendienstlichen Mehrwert. Was das bedeutet, möchte ich anhand einiger Zahlen für den BND verdeutlichen.

Mehrere Tausend für ihren Auftrag relevante Meldungen laufen tagtäglich bei den Auswertern ein. Es sind Meldungen aus aller Welt und in vielen Sprachen, zum Beispiel Urdu, Farsi, Paschtu oder Dari, das sind die vier Hauptsprachen in Afghanistan. Oder in Tamascheck, das ist die Sprache der Tuareg in Nord-Mali.

Der Bundesnachrichtendienst erstellt monatlich rund 400 regelmäßige Standardberichte, Lagebilder und Analysen und formuliert rund 750 schriftliche Antworten auf konkrete Anfragen aus den Ministerien. Das bedeutet, dass rund 1100 »Produkte« pro Monat den Dienst verlassen. Diese Analysen, zum Beispiel zur Lage in der Ost-Ukraine oder in Aleppo in Syrien, sind für die Bundesregierung, für die Ministerien, für die Sicherheitsbehörden und die Bundeswehr von besonderem Wert – weil sie nachrichtendienstlich unterlegt sind.

Die Politik braucht eigene Erkenntnisse, eigene nachrichtendienstliche Erkenntnisse, denn sonst ist man abhängig von anderen. Dies werde ich an zwei Beispielen verdeutlichen.

An einer Grenze zählt ein Nachrichtendienst 100 Panzer. Ein anderer Nachrichtendienst zählt 1000 Panzer. Beide haben eigentlich recht, denn Panzer zu zählen ist einfach. Der eine Nachrichtendienst hat allerdings in einem Streifen von zehn Kilometern entlang der Grenze gezählt, der andere in einem Streifen von 100 Kilometern. Letzteres ergibt natürlich mehr Panzer – und das kann genau so gewollt sein! Nehmen wir an, Deutschland wolle zur Lösung dieses Konflikts eine führende, vor allem aber deeskalierende Rolle spielen. Wenn man allerdings in diesen Verhandlungen, zum Beispiel in der NATO, mangels eigener Erkenntnisse von 1000 Panzern ausgehen muss, ist die Gefahr falscher Schlussfolgerungen groß. Gut, wenn man einen eigenen Auslandsnachrichtendienst hat, der die tatsächliche Bedrohung realistisch vermittelt.

Zweites Beispiel: Giftgas galt lange als die »Atombombe des kleinen Mannes«, also der Staaten, die zwar keine nuklearen Fähigkeiten hatten, aber als gemeingefährliche Akteure ein Massenvernichtungsmittel besitzen wollten. Chemische Kampfstoffe standen und stehen daher im besonderen Fokus nahezu aller Nachrichtendienste. Nehmen wir an, ein Dienst ermittelt in einem Staat 1000 Tonnen Giftgas, ein anderer

Nachrichtendienst dagegen 3000 Tonnen. Beide können recht haben, wenn nicht vorher klar abgesprochen wurde, ob Chlorgas als Giftgas zu betrachten ist – wodurch man dann zu dem größeren Wert kommt. Nach dem internationalen Chemiewaffen-Übereinkommen von 1997 ist Chlorgas im Übrigen nicht als Giftgas zu bewerten. Da 1000 oder 3000 Tonnen schon ein beachtlicher Unterschied sind, kann man mit solchen Zahlen in Verhandlungen auch entsprechende Stimmung erzeugen, ob gegen dieses Bedrohungspotenzial eingeschritten werden muss.

Es geht aber nicht nur um Zahlen, sondern auch um Sachverhalte, Geschehensabläufe, Verantwortlichkeiten und vieles mehr. Woher kommt das Corona-Virus? Stammt es aus einem chinesischen Labor, oder ist das eine der vielen Verschwörungstheorien? Wer hat zum Beispiel das malaysische Flugzeug MH17 über der Ost-Ukraine abgeschossen, und wer war dafür letztlich verantwortlich? Wer waren die »grünen Männchen«, nämlich bewaffnete, oft auch maskierte und grün uniformierte Soldaten ohne Hoheitsabzeichen, die erstmals bei der Besetzung der Krim und später dann auch in der Ost-Ukraine zu sehen waren? Welche Interessen der Taliban in Afghanistan sprechen für oder gegen einen Versöhnungsprozess, und welche Kommandeure vor Ort wären die richtigen Ansprechpartner? Wurde bei den Kämpfen in Syrien Giftgas eingesetzt, und wer ist dafür verantwortlich? Wie ist die nukleare Fähigkeit des Iran zu beurteilen? Wer sind die Konfliktparteien im Jemen, und welche Auswirkungen ergeben sich hieraus für die internationale Schiffsroute vor der jemenitischen Küste? Legt man die oben dargelegten rund 750 schriftlichen Antworten des BND pro Monat zugrunde, dann kommen jeden Tag 25 neue Anfragen hinzu.

Ohne eigene Erkenntnisse ist man dem Bewertungsrahmen

anderer ausgeliefert. Das ist alles andere als gut. Und wenn man dies nicht will, braucht man einen eigenen Auslandsnachrichtendienst.

Den Auftrag des Bundesnachrichtendienstes und die Module »Beschaffung« und »Auswertung« habe ich bereits oft in öffentlichen Veranstaltungen, Reden und Diskussionsrunden dargestellt. In diesem Rahmen bewegen sich daher die nachfolgenden Ausführungen.

Der Auftrag

In Deutschland ist ziemlich alles geregelt. Daher gibt es auch eine gesetzliche Regelung für den Auslandsnachrichtendienst, das »Gesetz über den Bundesnachrichtendienst«, abgekürzt BND-Gesetz. Die meisten Staaten auf dieser Welt kamen nicht auf die Idee, die Tätigkeit ihrer Auslandsnachrichtendienste außerhalb ihres Hoheitsgebiets mit einem Gesetz zu unterlegen.

Gleich im zweiten Absatz des § 1 heißt es: »Der Bundesnachrichtendienst sammelt zur Gewinnung von Erkenntnissen über das Ausland, die von außen- und sicherheitspolitischer Bedeutung für die Bundesrepublik Deutschland sind, die erforderlichen Informationen und wertet sie aus.«

Der BND ist also Auslandsnachrichtendienst. Die Gewinnung von Erkenntnissen über das Ausland ist etwas anderes als die Tätigkeit der Inlandsnachrichtendienste. Die Inlandsdienste, das Bundesamt und die Landesämter für Verfassungsschutz, sind zuständig in Deutschland selbst, während der BND das Ausland aufklärt. Salopp ausgedrückt, das Inland interessiert den BND überhaupt nicht. Obwohl diese Trennung zwischen Inlands- und Auslandsnachrichtendienst relativ einfach ist, habe ich so gut wie keine Diskussion persönlich miterlebt, in der die Aufgaben des Auslandsnachrichtendienstes und der Inlandsdienste nicht mindestens einmal verwechselt wurden.

Dies ist verständlich, da die klassische Trennung in Auslands- und Inlandssachverhalte in einer globalisierten Welt – und wie bereits beschrieben – immer öfter obsolet wird. Daher gibt es auch vielfache Schnittstellen im Arbeitsalltag zwischen Inlands- und Auslandsdienst. Ein aus Syrien nach Deutschland einsickernder Terrorist kommt natürlich vom Ausland ins Inland, und ein ausländischer Geheimdienst im Land X ist Aufklärungsziel des BND, während dessen in Deutschland tätige Spione von den Verfassungsschutzämtern und auch von der Polizei am besten zügig enttarnt werden sollen.

Die Fokussierung auf das Ausland ist Alleinstellungsmerkmal des Bundesnachrichtendienstes. Es gibt keinen weiteren Auslandsdienst in Deutschland. Auch der MAD, der Militärische Abschirmdienst der Bundeswehr, ist kein Auslandsnachrichtendienst. Er ist eine Art Verfassungsschutz für die Bundeswehr und klärt in deren Reihen auf. In vielen – auch westlichen – Ländern ist das anders. Dort gibt es meist zwei Auslandsdienste, nämlich einen zivilen und einen militärischen Auslandsnachrichtendienst. So gibt es zum Beispiel in den USA den zivilen Auslandsnachrichtendienst, die *Central Intelligence Agency* (CIA), sowie den militärischen Auslandsnachrichtendienst, die *Defense Intelligence Agency* (DIA). Weil die technischen Anforderungen immer komplexer werden und eine Aufteilung der dafür nötigen Ressourcen auf mehrere Behörden nicht zielführend ist, gibt es im Ausland oft noch einen technischen Dienst, der für die technische Aufklärung der Kommunikation zuständig ist. In den

USA ist das die spätestens seit Edward Snowden bekannte *National Security Agency*, die NSA.

Die Aufgabenzuweisung im BND-Gesetz beschreibt auch die beiden Säulen des Dienstes, nämlich die Gewinnung von Erkenntnissen, im nachrichtendienstlichen Jargon »Beschaffung« genannt, und deren »Auswertung«.

Der Begriff »Gewinnung von Erkenntnissen« beinhaltet dabei eine klare Begrenzung der Tätigkeit des BND. Gemeint ist nämlich die Informationsgewinnung durch Aufklärung. Kommandoeinsätze mit Spezialkräften, Sabotagehandlungen oder Ähnliches sind dem BND daher nicht erlaubt. Dies bedarf selbstverständlich keiner weiteren Diskussion, soweit man an Tötungskommandos oder Entführungen denkt. Es gibt aber auch Situationen, bei denen man nachdenken darf, ob die weitergehende Aufgabenzuweisung in anderen – westlichen und demokratischen – Ländern nicht Vorteile hat. So ist zum Beispiel die Befreiung von deutschen Geiseln im Ausland gegen den Widerstand der Entführer durch den BND nicht möglich, weil gesetzlich nicht zulässig. Besorgt sich ein Land X mit nuklearen Absichten illegal ein hierfür erforderliches technisches Gerät, so darf der BND dieses Gerät – auch wenn er es problemlos könnte – nicht manipulieren, weil dies eine Beschädigung darstellt. Dabei würde durch eine kleine Veränderung der technische Entwicklungsprozess im Land X ungleich länger und nachhaltiger gestört als durch eine Beschlagnahme. Die Ingenieure des Landes X würden wahrscheinlich Jahre brauchen, um den Fehler zu bemerken, zu finden und letztlich zu beseitigen. Ein erneuter Beschaffungsversuch glückt leider in der Regel deutlich schneller.

Im Gegensatz zu der eben dargestellten gesetzlichen Begrenzung der Aufgaben des Bundesnachrichtendienstes ist die Formulierung »Erkenntnisse über das Ausland, die von außen- und sicherheitspolitischer Bedeutung für die Bundesrepublik Deutschland sind« sehr weit gefasst. Dies ist im Grunde genommen alles! Natürlich gehören regionale Konflikte dazu, aber auch die Stabilität von Staaten, ihre wirtschaftlichen und militärischen Fähigkeiten bis hin zur Verbreitung von Seuchen. Es ist schwieriger, Ereignisse oder Entwicklungen zu definieren, die nicht unter die weite Aufgabenzuweisung fallen, als umgekehrt.

Um die Universalität des Auftrags einzugrenzen, gibt es das »Auftragsprofil der Bundesregierung«, abgekürzt APB. Das Bundeskanzleramt erstellt in Abstimmung mit den Ministerien dieses als »geheim« eingestufte Papier. Indem es die für eine zielgerichtete Aufklärungstätigkeit notwendigen inhaltlichen Schwerpunkte benennt, konkretisiert das APB den gesetzlichen Auftrag des Auslandsnachrichtendienstes. Trotz der Einstufung als »geheim« sind die Länder und Themen, die als Aufklärungsziele vorgegeben sind, eigentlich kein großes Geheimnis. Das Bundesministerium der Verteidigung fordert zum Beispiel Informationen über Länder und Regionen an, in denen die Bundeswehr im Einsatz ist. Derzeit sind das mit absteigender Truppenstärke die Länder Afghanistan, Mali, Syrien/Irak, Libanon, Kosovo, Südsudan sowie einige Regionen im Mittelmeer beziehungsweise am Horn von Afrika. Das Auswärtige Amt etwa benennt konkrete Staaten von außen- und sicherheitspolitischer Bedeutung, aber auch regionale Aufklärungsziele wie den Nahen und Mittleren Osten, Nordafrika oder Zentral- und Westasien. Manche Themen – wie der internationale Terrorismus, neue Entwicklungen in der Waffentechnik oder Gefahren durch die Verbreitung von Massenvernichtungswaffen – lassen sich keinen einzelnen Staaten zuordnen. Solche transnationalen Aufklärungsziele werden im Auftragsprofil separat aufgeführt. Gleichzeitig enthält das Auftragsprofil auch Vorgaben, mit welchem Ressourceneinsatz die jeweiligen Aufgaben erfüllt werden sollen.

Um auch bei den Zielländern Schwerpunkte zu setzen, werden noch bestimmte Kategorien unterschieden. »POL« als Vorgabe meint das politische System, zum Beispiel die handelnden Politiker, die Stabilität des Systems, gesellschaftliche Probleme, die außenpolitischen Absichten.

»MIL« ist die klassische militärische Aufklärung hinsichtlich der Potenziale, der Fähigkeiten, der Waffensysteme bis hin zur Moral der Truppe.

»WIR« ist die Aufklärung der wirtschaftlichen Potenziale und Entwicklungen. Ist ein Staat zum Beispiel in der Lage, Flugzeugträger oder Atomkraftwerke zu bauen? Wirkt sich eine Erhöhung des Rohölpreises auf dem Weltmarkt auf die wirtschaftliche Entwicklung aus, oder gehen Rohstoffe zur Neige, und wenn ja, mit welchen Folgen? »WIR« ist jedoch keine Wirtschaftsspionage, um Wettbewerbsvorteile für deutsche Unternehmen zu erlangen. Für wen sollte der BND dies auch tun? Für Bosch oder Siemens? Für VW oder für BMW?

So gut das Auftragsprofil mit deutscher Gründlichkeit gegliedert ist und systematisch zunächst überzeugen mag, so ergeben sich in der Praxis dennoch Schwierigkeiten.

Ein Problem liegt in der Natur der Sache, dass das Auftragsprofil natürlich nur von dem Zustand der Welt ausgehen kann, den man bei der Formulierung der Aufklärungsziele kennt oder sehen kann. Später eintretende Entwicklungen und Krisen, wie zum Beispiel der Ukrainekonflikt, die Auseinandersetzungen in Syrien oder die massenhafte illegale Migration insbesondere nach Deutschland müssen aber aufgeklärt werden, obwohl das APB sie so nicht antizipiert hat.

Hier hilft nur eine flexiblere Organisationsstruktur. Und schon stellt sich das Folgeproblem, woher kommt das dafür notwendige Personal? Entweder indem die erforderlichen Personalstellen wie bisher durch das Parlament bewilligt werden. Oder der Bundesnachrichtendienst gibt seinen weltweiten Ansatz auf und verschiebt so Prioritäten. Viele Auslandsnachrichtendienste machen dies bereits, und zwar genau aufgrund begrenzter Ressourcen. Man muss sich der Frage stellen: Haben Entwicklungen in einer bestimmten Region tatsächlich konkrete Auswirkungen auf die deutsche Außen- und Sicherheitspolitik? Und wenn ja, lohnt es sich, dafür nachrichtendienstliche Kapazitäten vorzuhalten? Das innerhalb der Bundesregierung oft verwendete Gegenargument, egal für welche Region, ist, dass deutsche Wirtschaftsinteressen betroffen seien.

Diesem Gegenargument kann man meines Erachtens durch Kooperation begegnen, und zwar durch eine Art Arbeitsteilung mit einem oder mehreren anderen ausländischen Auslandsdiensten, denen man vertrauen kann. Das ist zugegebenermaßen schon im eigenen Apparat nicht einfach umzusetzen. Ein klassisch sozialisierter Nachrichtendienstler benutzt eher die Zahnbürste eines Kollegen aus einem ausländischen Dienst als ungeprüft dessen Analyseergebnisse. Aber Arbeitsteilung geht! Man muss nur wollen, und man braucht die richtigen Partner. Ich halte daher den Anspruch einer weltweiten Aufklärung durch den Bundesnachrichtendienst für überholt.

Die Beschaffung

Zur Gewinnung von Informationen darf der Bundesnachrichtendienst sogenannte nachrichtendienstliche Mittel, zum Beispiel menschliche Quellen, einsetzen und nachrichtendienstliche Methoden, etwa das Tätigwerden unter einer Legende, anwenden. Dies ist das Alleinstellungsmerkmal der Nachrichtendienste. Auf der nachrichtendienstlichen Informationsbeschaffung basiert auch die spätere Auswertung. Ich habe es daher für falsch gehalten, den Schwerpunkt auf die Auswertung zu legen, denn ohne nachrichtendienstliche, also geheim beschaffte Informationen hat die Auswertung keinen nachrichtendienstlichen Mehrwert gegenüber anderen Informationsbeschaffern, zum Beispiel den Korrespondentennetzwerken der Medien oder den Botschaften im Ausland. Erst die geheim beschafften Erkenntnisse sind das Salz in der Suppe. Die nachrichtendienstliche Informationsbeschaffung stellt somit die Weichen für eine mehr oder weniger erfolgreiche Arbeit des Dienstes. Deshalb habe ich sie auch nach besten Kräften als Kernaufgabe gefördert.

HUMINT

Das anspruchsvollste Instrument der nachrichtendienstlichen Informationsgewinnung ist und bleibt die menschliche Quellenführung, in der Sprache der Nachrichtendienstler HUMINT genannt (Human Intelligence). Sie erfordert großen Aufwand sowohl in der Vorbereitung als auch in der Durchführung. Man benötigt keine besondere Vorstellungskraft, um sich zu vergegenwärtigen, dass nicht alle Versuche zur Gewinnung eines »operativen Hochwertziels« erfolgreich sind. Nicht jeder, der Geheimnisse kennt, will mit dem deutschen Auslandsnachrichtendienst zusammenarbeiten.

HUMINT ist nicht nur aufwendig und langwierig, sondern vor allem auch riskant. Man kann die äußeren Umstände zwar beeinflussen, indem man Sicherheitsvorkehrungen trifft und solide Tarnungen, schlüssige Legenden baut. Aber ein Restrisiko bleibt – für die Quelle sowie für die Mitarbeiterinnen und Mitarbeiter des BND.

Geld, Geld und Geld – das sind die drei Hauptbeweggründe, weshalb jemand sein Land oder seine Organisation verrät. In bestimmten Regionen können beispielsweise teure Medikamente oder Viagra nützlich sein. Und natürlich gibt es auch Personen, die aus ideellen Gründen mit dem BND zusammenarbeiten, etwa weil ihnen die Politik und der Kurs der eigenen Regierung missfallen.

Wegen des hohen Aufwands ist das Finden geeigneter Zielpersonen herausragend wichtig. Zum einen muss sich der Aufwand lohnen. Daher sind sogenannte Hochwertziele der richtige Ansatz, also der General und nicht der Pförtner. Und die Zielperson muss empfänglich für ein entsprechendes Angebot sein. Dies und den richtigen Zeitpunkt der Ansprache herauszufinden, ist den Schweiß der Edlen wert. An der Optimierung dieses Findungsprozesses, auch Targeting genannt, arbeiten nahezu alle Nachrichtendienste auf der Welt. Entscheidend ist, dass hierbei Auswertung und Beschaffung eng zusammenarbeiten.

Bei allen Problemen: Die großen Vorteile des HUMINT-Ansatzes liegen auf der Hand. Eine menschliche Quelle kann intelligent und flexibel gesteuert werden. Sie kann auf bestimmte und sehr konkrete Fragestellungen angesetzt werden. Sie kann wichtige Informationen aktiv in Erfahrung bringen und über Entwicklungen berichten, bevor diese im großen Stil erkennbar sind.

Da es beim HUMINT-Ansatz um Menschen geht, hat diese Methode natürlich auch Schwächen – menschliche Schwächen. Eine Quelle kann sich irren, Dinge falsch interpretieren, und eine Quelle kann auch lügen. Um trotzdem glaubhafte, vertrauenswürdige und belastbare Informationen aus der menschlichen Quellenführung zu generieren, hat der Bundesnachrichtendienst aufgrund seiner langjährigen Expertise ein austariertes System der Quellen-, Inhalts- und Meldungsbewertung entwickelt. Dieses System habe ich im Oktober 2015 bei einer Konferenz in Berlin erstmals öffentlich vorgestellt.

Eine Quelle, die seit Jahren für den Dienst arbeitet und regelmäßig gute Ergebnisse liefert, ist einfach zu bewerten – sie ist zuverlässig. Dass sie gute Arbeit leistet, zeigt sich daran, dass regelmäßig eintrifft, was sie meldet. Schwieriger zu bewerten ist eine Quelle, die mehrfach auch falsch-, aber eben nicht immer falschlag und deren Informationsfähigkeit daher zweifelhaft ist. Und natürlich ist gerade zu Beginn einer Zusammenarbeit eine Bewertung schwierig, da noch keine Erfahrungs- und Vergleichswerte vorliegen.

Dieses Bewertungssystem führt dazu, dass die operative Arbeit äußerst eng an die Auswertung gekoppelt ist. Die Auswertung steuert die operative Arbeit, auf systematische und nachvollziehbare Weise. Die Auswertung gibt der Beschaffung vor, mehr zu diesem Thema in Erfahrung zu bringen, hier nachzufassen, dort konkreter zu werden oder auch dies oder jenes einzubeziehen. Die Auswertung erklärt aber auch, diese Meldung bringt uns nichts, und im Übrigen ist sie unwahrscheinlich.

Diese Verzahnung zwischen Auswertung und Beschaffung,

dieser Steuerungsprozess, ist ein Vorteil des Bundesnachrichtendienstes. Bei vielen Diensten auf dieser Welt gibt es diesen Steuerungsprozess nicht. Und für die Analysten ergibt sich daraus die Sicherheit, dass ihre Berichterstattung nicht auf tönernen Füßen steht, sondern gut begründet und belastbar ist.

Wie immer gibt es kein System ohne Ausnahme, nämlich sogenannte Warnmeldungen. Dies sind Hinweise auf Anschläge, manchmal sehr konkret und manchmal ganz vage. Es versteht sich von selbst, dass in solchen Fällen auch Hinweise von weniger zuverlässigen Quellen sehr ernst genommen werden müssen. Noch schwieriger ist es, wenn der Hinweis zum Beispiel auf einen angeblich bevorstehenden Anschlag auf ein Sportereignis in Deutschland nicht von einer Quelle des BND, sondern von einem ausländischen Nachrichtendienst kommt. Dann muss man versuchen, durch Plausibilitätsprüfungen, parallele Ermittlungen und die Befragung eigener Quellen den Sachverhalt weiter aufzuklären. Zuständig für die letztliche Bewertung sind am Ende die Inlandsbehörden. Hierum habe ich sie nicht beneidet.

Menschliche Quellen heißen im BND »Nachrichtendienstliche Verbindung«, abgekürzt NDV, im Gegensatz zu den Inlandsbehörden, die ihre Quellen »Vertrauensperson« nennen. Geführt wird die NDV vom Verbindungsführer. Das Vokabular ist sicherlich kein Erfolgsfaktor, ich fand aber den Verzicht im BND auf das Wort »Vertrauen« im Zusammenhang mit menschlichen Quellen überzeugend.

Um die Beschaffung in einem Nachrichtendienst ranken sich viele Mythen und Legenden. Dort finden meist auch die großen und kleinen Skandale statt. Auch der Bundesnachrichtendienst ist in seiner über 60-jährigen Geschichte davon leider nicht verschont geblieben. Das Entscheidende dabei ist, es sind keine Systemfehler, sondern regelmäßig menschliche Fehler, die oft ungeahnte Folgen nach sich ziehen. Es gibt aber auch den Verbindungsführer, der alles richtig macht, in einer unzugänglichen Region vergebens auf seine Quelle wartet, stattdessen bis aufs Hemd ausgeraubt wird und sich dann allein durchschlagen muss. Und es gibt gefährliche Situationen, wo Angehörige des Dienstes während meiner Amtszeit zum Beispiel in Saudi-Arabien, im Jemen oder in Afghanistan beschossen und mit großem Glück nicht tödlich verletzt worden sind.

In Saudi-Arabien wurde ein Fahrzeug des BND während einer Erkundungsfahrt unter Dauerfeuer genommen. Die meisten Einschläge der Leuchtspurgeschosse trafen die gehärtete Heckscheibe. Aber auch die Benzinleitung wurde getroffen, sodass das Fahrzeug schon bald in Flammen stand. Trotz Beschuss und Feuer gelang es den beiden Mitarbeitern, sich zu Fuß in Sicherheit zu bringen.

Im Jemen wurden Angehörige des Dienstes in ihrem Fahrzeug aus zehn Metern Entfernung beschossen. Von den 25 Treffern drangen vier Geschosse in das gehärtete Fahrzeug ein. Der Fahrer wurde am Schädel verletzt, der Beifahrer erlitt einen Durchschuss des Unterschenkels. Trotz der Verletzungen konnten sie noch das sichere Botschaftsgelände erreichen.

Auch in Afghanistan waren Angehörige des BND derartigen Risiken ausgesetzt. Dort wurden sie nicht nur beschossen und verletzt, ihr Leben wurde auch durch Selbstmordanschläge in ihrer unmittelbaren Umgebung gefährdet.

Diese Vorfälle zeigen, das Gefährdungspotenzial ist je nach Krisenregion hoch. Der Vorbereitung auf solche Situationen dient eine sogenannte Krisenmodulausbildung, die neben dem Schießtraining auch das Fahren mit sondergeschützten

Fahrzeugen und einen Erste-Hilfe-Kurs beinhaltet. Unter der Überschrift »Schule der Spione« veröffentlichte das Magazin *Focus* im Juni 2014 einen Bericht über diese Ausbildung, nachdem ich den Reportern zuvor für fünf Tage eine beobachtende, begrenzte Teilnahme ermöglicht hatte.

Um das Bestehen solch gefährlicher Situationen und die dabei gezeigte Umsicht und den Mut zu würdigen, habe ich erstmals in der Geschichte des Bundesnachrichtendienstes eine Ehrenmedaille eingeführt, die ich den Betroffenen persönlich ausgehändigt habe.

SIGINT

Neben dem anspruchsvollen Ansatz der menschlichen Quellenführung generiert der Bundesnachrichtendienst den größeren Teil seines nachrichtendienstlichen Informationsaufkommens aus der Fernmelde- und elektronischen Aufklärung von Kommunikation, genannt SIGINT (Signals Intelligence), die über Kabel oder Satellit geführt wird. Gemeint ist zum Beispiel die Gewinnung von Erkenntnissen aus dem Abhören von Funksprüchen, Telefonaten oder dem Lesen von E-Mails.

Anders als die menschliche Quellenführung ist die technische Fernmeldeaufklärung überwiegend risikolos. Weder kann jemand enttarnt oder seine Zusammenarbeit mit dem BND aufgedeckt werden. Schlimmstenfalls kann eine Leitung gekappt werden. Ein weiterer Vorteil ist, dass es keinen Zeitverzug gibt, wenn man zum Beispiel bei kritischen Lagen »live« mithört. Dann liegen die Ergebnisse unmittelbar vor.

Dennoch ist für SIGINT-Erkenntnisse ein großer technischer und finanzieller Aufwand erforderlich. Und es braucht spezialisiertes Personal, um mit der rasant fortschreitenden

Entwicklung der Technik Schritt halten zu können. Dafür sind die Erkenntnisse, die man auf diese Weise gewinnen kann, oftmals hochwertig. Und manchmal ist die Fernmeldeaufklärung auch die einzige Option, um nicht unverhältnismäßige Risiken durch HUMINT-Einsätze einzugehen.

Der Nachteil von SIGINT ist, dass keine direkte Steuerung möglich ist. Es ist ein eher rezeptiver Ansatz, bei dem man quasi nehmen muss, was kommt. Man kann eingrenzen, man kann filtern, aber der Analyst kann die Ergebnisse nur selten fortentwickeln.

Nicht zu unterschätzen ist auch der beachtliche Aufwand durch den Übersetzungsbedarf. Im Ausland spricht man bekanntermaßen kein Deutsch. Kommunikation, die man nicht versteht oder missversteht, weil die erforderliche Sprachkompetenz fehlt, ist nichts wert. Dabei kommt es darauf an, dass man das richtige Material übersetzt. Wird zum Beispiel ein halbstündiges Telefonat aus Mali übersetzt, das in Tamascheck – der Sprache der Tuareg – geführt wurde, und es stellt sich am Ende heraus, dass einer dem anderen sein Kamel verkaufen wollte, dann wurden wertvolle Ressourcen vergeudet.

Der Vorteil von SIGINT ist, dass man an Informationen gelangt, die eigentlich nicht für den Nachrichtendienst gedacht sind. Die menschliche Quelle entscheidet bewusst, etwas zu berichten oder auch nicht. SIGINT erfasst auch das, was eine Person einer anderen ganz im Vertrauen mitteilt.

Die Bewertung der SIGINT-Meldungen und ihres Nutzens für die Analysten vollzieht sich analog zum HUMINT-Aufkommen entsprechend dem dortigen Bewertungsschema. Wichtig dabei ist, dass SIGINT-Meldungen per se nicht als zuverlässiger angesehen werden können als beispielsweise menschliche Quellen. Denn hinter jedem Telefonat, hinter einer Mail oder einem Fax stecken natürlich Menschen. Und die können sich irren, geben Fehleinschätzungen wieder oder täuschen etwas vor.

Die Vorteile der technischen Fernmeldeaufklärung drohen Schaden zu nehmen durch die im Vorwort angeführte Entscheidung des Bundesverfassungsgerichts vom Mai 2020, wonach die Ausland-Ausland-Fernmeldeaufklärung in ihrer derzeitigen Form gegen Grundrechte des Grundgesetzes verstößt. Man wird abwarten müssen, wie die nun erforderlichen Gesetzesanpassungen aussehen werden.

Integrierter Ansatz

Letztlich wird die Zuverlässigkeit einer nachrichtendienstlichen Information, unabhängig davon, aus welcher Quelle sie stammt, durch den inhaltlichen Kontext, aus dem Zusammenspiel mit vielen weiteren Einzelinformationen gebildet.

Neben HUMINT und SIGINT gewinnt der Bundesnachrichtendienst auch Informationen aus der Satelliten- und Luftbildaufklärung, aus IMINT (Imagery Intelligence). Damit lassen sich zum Beispiel militärische Truppenbewegungen oder Baufortschritte an Atomkraftwerken erkennen. Und natürlich wertet der Dienst auch offen verfügbare oder auch zugangsbeschränkte Webseiten und Social Media aus, OSINT (Open Source Intelligence).

Dieser »integrierte Ansatz« des Bundesnachrichtendienstes, in dem HUMINT, SIGINT sowie andere Aufkommensarten unter einem organisatorischen Dach gebündelt sind, hat Vorteile, aber auch Nachteile. Reine HUMINT-Dienste wie die CIA in den USA oder der M-I-6 in Großbritannien gehen mit einer ganz anderen Energie an ihre Aufgabe, weil sie keine Möglichkeit haben, Defizite beim HUMINT durch SIGINT auszugleichen. Dort hat sich deshalb auch eine »Beschaffungsmentalität« entwickelt, die risikofreudiger und fordernder ist als beispielsweise die Beschaffung des BND. Dort wollte und will man den schnellen Erfolg, um angesichts der Konkurrenzsituation zu den selbstständigen SIGINT-Diensten nicht ins Hintertreffen zu geraten.

Die Auswertung

Die Auswertung verarbeitet die eingehenden Informationen zu aussagekräftigen Lagebildern, etwa über die Hintergründe einer illegalen Waffenlieferung oder über die Sicherheitslage in Einsatzgebieten der Bundeswehr. Vor allem die HUMINT- und SIGINT-Meldungen, meist in Kombination mit den offen zugänglichen Informationen, machen dabei den nachrichtendienstlichen Mehrwert aus. Diese Einschätzungen des BND sind für die Bundesregierung besonders wichtig, wenn über andere Kanäle keine oder nur widersprüchliche Informationen erlangt werden können.

Grundsätzlich stehen die Analysen des Bundesnachrichtendienstes allen Ministerien der Bundesregierung zur Verfügung. Gleichwohl gibt es die meisten Berührungspunkte mit den Bundesministerien der Verteidigung, des Innern, für Wirtschaft und Energie und für wirtschaftliche Zusammenarbeit und Entwicklung sowie dem Auswärtigen Amt und dem Bundeskanzleramt – also mit den Ressorts, bei denen die Außen- und Sicherheitspolitik eine herausgehobene Rolle spielt.

Jeder Abnehmer von Analysen des BND hat andere inhaltliche Zuständigkeiten und Anforderungen, und all diesen Informationsbedürfnissen muss der Dienst mit darauf zugeschnittenen Berichtsangeboten gerecht werden. So ist etwa die Bundeswehr auch an aktuellen Einzelhinweisen zur Gefährdungslage in Afghanistan interessiert, während andere Abnehmer an einer eher strategisch ausgerichteten Analyse zu geopolitischen Entwicklungen in Asien Bedarf haben.

Nicht nur die Anzahl der regelmäßigen 400 Berichte pro Monat, sondern vor allem die rund 750 monatlichen Anfragen belegen eindrucksvoll die große Nachfrage und das große Bedürfnis nach nachrichtendienstlichen Informationen. 750 monatliche Anfragen sind der beste Beweis dafür, dass ein Auslandsnachrichtendienst gebraucht wird. Hinzu kommen die mündlichen Unterrichtungen, meist Briefings, die die Adressaten-orientierte schriftliche Berichterstattung abrunden. Bisweilen über 100 solcher Fachbriefings pro Monat zeigen, wie sehr die Analysen des BND geschätzt sind. Vorgaben aus der Politik, etwa die Lage im Land X zu beschönigen, gibt es nicht. Diese faktische Unabhängigkeit – auch vom Zeitgeist – verleiht den Lagebildern eine Solidität, die gerade in hektischen Zeiten oftmals ein Alleinstellungsmerkmal ist.

Die Bearbeiter haben dabei eine hohe Verantwortung, insbesondere wenn die Lage noch nicht ganz klar ist. Dann ist es wie mit dem Wasserglas, das entweder halb voll oder halb leer ist. Man kann sich im Ukrainekonflikt als »Russlandversteher« positionieren oder beim Bürgerkrieg in Syrien die Kriegsverbrechen der einen Seite drastischer schildern als die der anderen Seite. Wenn dies in der Berichterstattung kontinuierlich so erfolgt, besteht durchaus die Gefahr, dass bei den Empfängern der Berichte ein falsches Bild entsteht.

Wie eigentlich immer, ist letztlich die Qualität des Personals entscheidend. Der Bundesnachrichtendienst hat gutes Personal. Viele haben eine exzellente Ausbildung genossen, können mehrere Fremdsprachen und arbeiten sich mit wachsender Begeisterung in die Materie ein. Einige betrachten ihren Dienstposten als Auswerter nur als Durchgangsstation hin zum Beschaffer. Andere fühlen sich ganz wohl mit dieser Aufgabe, bleiben ihr ganzes Berufsleben bei der Auswertung, und diese Mitarbeiterinnen und Mitarbeiter sind die tragenden Säulen für die Qualität der Ergebnisse. Auf diese Weise hatte und hat der BND Fachexperten hervorgebracht, die zumindest in Deutschland ihresgleichen suchen. Zum Beispiel einen Russlandkenner, der einer der wenigen Experten war, die wirklich auch noch die letzten Facetten eines Sachverhalts historisch, kulturell und politisch erläutern konnten. Oder einen Asien-Fachmann, der nicht nur über ein immenses Wissen verfügte, sondern die Ereignisse auch noch miteinander verknüpfen konnte und dadurch messerscharfe Analysen lieferte. Oder Herr Dr. X, dem ein bekannter deutscher Professor bei einem Briefing bescheinigte, es gäbe nur vier Personen in Deutschland, die in der Lage wären, die weltweite Entwicklung der Rohölförderung so umfassend und präzise zu beurteilen. Dr. X, der ein entsprechendes Arbeitsgebiet für die Ressourcen Öl, Gas, Wasser und weitere globale Zukunftsfragen leitete, gehöre dazu, und es sei schade, dass die Öffentlichkeit nicht wahrnehmen könne, welch herausragender Sachverstand im BND vorhanden sei. Diese drei Beispiele sind weder die einzigen noch Zufälle, sondern beruhen auf dem hohen Niveau im BND.

Das System der Berichterstattung hat große Parallelen zur Arbeit einer Zeitung. Dies liegt eigentlich auf der Hand, da alle, Presse und Medien sowie Bundesnachrichtendienst, dieselben Kernaufgaben haben: Informationsbeschaffung und

Informationsbearbeitung. In einer Art Redaktionskonferenz wird die Berichterstattung des Dienstes für die nächsten Tage besprochen und täglich nachjustiert, kurzum, es wird koordiniert. Nicht nur der gründlichen Vorgehensweise, sondern vor allem den vielen engagierten Mitarbeiterinnen und Mitarbeitern ist es zu verdanken, dass die Berichterstattung des BND international beachtliche Anerkennung erfährt. Insbesondere im europäischen Rahmen setzen die Analysen des Dienstes Standards. Diese Anerkennung darf jedoch nicht dazu verleiten, die Hände in den Schoß zu legen. Denn natürlich lässt sich am System der Auswertung und Berichterstattung an der einen oder anderen Stelle ständig etwas verbessern. Das Bessere ist der Feind des Guten! Entscheidend ist und bleibt aber, der BND kann nur das berichten, was er auch weiß. Mitunter öffentlich bemängelten Erkenntnisdefiziten ist mit der widrigen Beschaffungslage zu begegnen: Was der Dienst alles nicht darf – im Gegensatz zu vielen anderen europäischen Auslandsnachrichtendiensten –, trägt nicht zu mehr Informationen, sondern zu weniger Informationen bei! Dies blenden viele Kritiker meist aus.

Internationale Zusammenarbeit

Dass die Zusammenarbeit mit ausländischen Partnern für einen Auslandsnachrichtendienst selbstverständlich ist und zur Aufgabenerfüllung gehört, versteht sich eigentlich von selbst. Doch während sich die internationale Zusammenarbeit im Bereich der Polizeien vorbehaltlos etabliert hat, bilateral und multilateral über Europol und Interpol, wird dies im Bereich der Nachrichtendienste von Kritikern immer noch skeptisch gesehen.

Doch ohne internationale Zusammenarbeit könnte der BND seine Aufgaben nicht einmal ansatzweise erfüllen; alle anderen Auslandsnachrichtendienste im Übrigen auch nicht. Die Welt ist heutzutage so komplex geworden, dass kein Nachrichtendienst auf dieser Welt in der Lage wäre, alle Gefahren und Bedrohungen allein aufzuklären. Internationale Zusammenarbeit ist daher unverzichtbarer Teil der Aufgabenerfüllung geworden.

Es ist eben nicht so, dass die internationale Zusammenarbeit eine Art Anhängsel ist, eine Sonderform der Auftragserfüllung. Und auch kein Mitarbeiter des BND wird nach sieben Stunden Arbeit denken: »Jetzt könnte ich zum Abschluss noch eine Stunde international zusammenarbeiten.« Die internationale Zusammenarbeit ist vielmehr Alltag, Routine in nahezu allen Arbeitsbereichen des Dienstes geworden. Sie ist so eng verwoben in die Auftragserfüllung, dass rein nationale Bearbeitungsprozesse in der Auswertung oder in der Beschaffung die Ausnahme darstellen.

Man hat gemeinsame Operationen, man tauscht Analysen aus, gleicht Informationen ab, fügt die Puzzleteile zusammen und verbessert so gegenseitig das Lagebild. Und dies erfolgt Tag für Tag.

Internationale Zusammenarbeit hat allerdings nicht immer die gleiche Gewichtung. Die Vereinten Nationen sind derzeit ein Zusammenschluss von 193 Staaten. Der BND unterhält Kontakte zu über 450 ausländischen Diensten in 167 Staaten. Die unterschiedlichen Zahlen erklären sich daraus, dass etliche Staaten mehrere Dienste unterhalten, zum Beispiel Inlandsdienste, Auslandsdienste, militärische Dienste oder auch technische Dienste. Die Kontakte zu diesen Diensten sind natürlich unterschiedlich stark ausgeprägt. Und damit die Intensität dieser Kontakte nicht dem Zufall überlassen bleibt, wurde Ende 2012 ein sogenanntes Policy-Konzept im Bundesnachrichtendienst eingeführt, das der Strukturierung und Priorisierung der Zusammenarbeit dient. Dieses Konzept habe ich anlässlich einer Konferenz im Oktober 2014 im Detail vorgestellt und in späteren Reden auch immer wieder die Bedeutung der internationalen Zusammenarbeit hervorgehoben.

Instrumente der aktiven Ausgestaltung der Kooperationen waren vor allem der schriftliche Erkenntnisaustausch und die Fachgespräche der jeweiligen Experten. Hinzu kamen je nach Lage die meist auf Gegenseitigkeit beruhende Entsendung von Verbindungsbeamten, den sogenannten Residenten, die Gewährung von Ausbildungshilfe sowie gegenseitige Besuche der Leitungen der Dienste.

Internationale Zusammenarbeit zahlte sich nicht nur durch den zusätzlichen Informationsgewinn aus. Gerade dann, wenn es darum ging, entführte deutsche Staatsangehörige zu befreien, war es wichtig, dass gute Kontakte zu den Diensten in der entsprechenden Region vorhanden waren, die helfen konnten.

Bei der internationalen Zusammenarbeit gibt es allerdings ein ungeschriebenes Gesetz, und das heißt: Geben und Nehmen! Wer glaubt, dass der Bundesnachrichtendienst um seiner selbst willen besonders gemocht wird und man deshalb mit ihm zusammenarbeitet, der täuscht sich. Je mehr Regelungen also in Deutschland hinzukommen, die den Informationsaustausch erschweren oder gar verhindern, umso mehr wird auch die Auftragserfüllung erschwert.

Force Protection, Entführungen, Vermittlungen

Force Protection, also die unmittelbare Begleitung der Bundeswehreinsätze im jeweiligen Einsatzland, ist eine relativ neue Aufgabe, die zusammen mit den Auslandseinsätzen der Bundeswehr entstanden ist. Bei der Verabschiedung des damaligen Vizepräsidenten des BND, eines Bundeswehrgenerals, in den Ruhestand im November 2015 habe ich den Gästen und Medienvertretern diese neue und wichtige Aufgabe erstmals öffentlich präsentiert.

Ausgangspunkt ist, dass der Bundesnachrichtendienst zugleich auch der militärische Nachrichtendienst in Deutschland ist, im Gegensatz zu den meisten anderen Staaten, wo diese Aufgaben voneinander getrennt sind. Die Bundeswehr hat selbstverständlich eine militärische Aufklärungskomponente, wie jede andere Armee auch, das sogenannte militärische Nachrichtenwesen, das für die Erstellung des Lagebildes insbesondere in den Einsatzgebieten zuständig ist. Die militärische *geheimdienstliche* Komponente obliegt dagegen dem BND. Dies ist dem ersten Präsidenten des BND, Reinhard Gehlen, zu verdanken. Als die Bundeswehr im November 1955 gegründet wurde, hatte er im Vorfeld erfolgreich interveniert, um die Einrichtung eines militärischen Nachrichtendienstes zu unterbinden. Er wollte damit verhindern, dass sich eine Konkurrenzorganisation zum Bundesnachrichtendienst etabliert, was ihm gelungen ist.

Die richtige Trennlinie zwischen militärischem Nachrichtenwesen, also Bundeswehr, und der militärischen nachrichtendienstlichen Aufklärung, also BND, zu erkennen, fällt Außenstehenden nicht immer leicht. In der Praxis, vor allem im Auslandseinsatz, funktioniert es jedoch ganz gut. Die Bundeswehr gewinnt ihre Lageerkenntnisse zum Beispiel in

Afghanistan durch die Truppe selbst, etwa durch einen Aufklärungstrupp, die Befragung der Bevölkerung und die Luftbildauswertung. Der BND steuert seine nachrichtendienstlich gewonnenen Erkenntnisse, etwa durch menschliche Quellen oder durch technische Aufklärung, jeweils zum Gesamtlagebild bei.

Der Bundesnachrichtendienst hat aber nicht nur diese Aufgabe, sondern auch aktive Soldatinnen und Soldaten in seinen Reihen. Sie unterliegen jedoch dem Soldatenrecht, und dieses unterschiedliche Dienst- und Laufbahnrecht trägt im Alltag nicht gerade zur Vereinfachung bei. Das Soldatenrecht sieht etwa ein anderes Beurteilungssystem vor als das der Beamten und Angestellten, was die Vergleichbarkeit von Leistungen bei anstehenden Beförderungen schwierig macht. Soldaten benötigen dienstlich das Sportabzeichen, also müssen sie auch die Gelegenheit zum Dienstsport erhalten – im Gegensatz zu den zivilen Bediensteten. Die Liste der rechtlichen Probleme während meiner Dienstzeit war lang und typisch deutsch, aber jedes einzelne Problem war lösbar. Dienstlich wie menschlich waren und sind die Soldatinnen und Soldaten eine Bereicherung für den Bundesnachrichtendienst.

Zum Zeitpunkt meiner Rede im November 2015 war der Bundesnachrichtendienst bei insgesamt sieben Auslandseinsätzen der Bundeswehr als sogenanntes Unterstützungselement in den Einsatzgebieten aktiv. Dies dürfte auch heute in etwa die gleiche Größenordnung sein, da die Auslandseinsätze nicht wesentlich zugenommen haben.

Die Einbindung des Bundesnachrichtendienstes vor Ort – beispielsweise in Afghanistan – hat sowohl für den Dienst als auch für die deutschen Streitkräfte enorme Vorteile. Man lernt mit jedem Einsatz, den Blick für die gegenseitigen Belange zu schärfen. Die Aufklärung des BND muss hierbei bis auf die taktisch-operative Ebene hinunter ausgerichtet sein. Er muss wissen, in welcher Seitenstraße eine neue Sprengfalle verbaut worden ist oder in welchem Dorf sich gerade militante Kämpfer versteckt halten. Vor allem aber tauscht man sich in Echtzeit aus, es gibt keinen Zeitverzug bei der Weitergabe von Informationen.

Die Warnmeldungen des BND über beabsichtigte Anschläge, Hinterhalte oder sonstige Gefährdungen können Leben retten. *Force Protection* ist daher zwar eine neue Aufgabe, aber eine der wichtigsten.

Auch wenn es darum geht, entführte deutsche Staatsangehörige zu befreien, ist der Bundesnachrichtendienst eingebunden. Entführungen sind inzwischen weltweit zum Geschäftsmodell geworden. Im Zeitraum von 2010 bis 2019 wurden 143 Deutsche in 37 Staaten entführt, wie die Bundesregierung offiziell auf eine parlamentarische Anfrage mitteilte. Im Durchschnitt wird also jeden Monat ein Deutscher im Ausland als Geisel genommen. Die meisten Entführungen ereigneten sich mit 19 Fällen in Nigeria, 13 in Syrien, 12 in Mexiko, 11 in Afghanistan und 7 im Senegal. Wenn man berücksichtigt, dass nicht nur deutsche Staatsangehörige als Opfer ausgesucht werden, dann handelt es sich bei dieser weltweiten Form der Kriminalität um ein Massengeschäft.

Eine Antwort auf diese Kriminalitätsform sind Versicherungen gegen *Kidnapping and Ransom*, also »Entführung und Lösegeld«, die beispielsweise Firmen für ihre im Ausland eingesetzten Mitarbeiter abschließen. Die USA allerdings belegen Familien oder Firmen, die Lösegeld zahlen, mit Strafen. In Portugal und Italien etwa sind Lösegeldversicherungen erst gar nicht zugelassen. In Großbritannien ist die Zahlung von Lösegeld an terroristische Gruppierungen untersagt. Obwohl es inzwischen auch in Deutschland sogenannte private Krisenberater gibt, die insbesondere Firmen bei den Verhandlungen mit den Entführern unterstützen, bleibt es vorrangig Aufgabe des deutschen Staates, für die Freilassung seiner entführten Staatsangehörigen Sorge zu tragen. Und hierbei kann ein Auslandsnachrichtendienst natürlich wichtige Beiträge leisen. Die Aufklärungssysteme werden gezielt auf den jeweiligen Fall ausgerichtet, die erforderlichen Kontakte hergestellt, sowohl zu Partnern im Ausland als auch, wenn erforderlich, zu den Entführern selbst. Der Krisenstab der Bundesregierung, der in solchen Fällen beim Auswärtigen Amt eingerichtet wird, hat mit den Fähigkeiten des BND ein mittlerweile bewährtes Modul zur Verfügung, um möglichst schnell und unauffällig eine Freilassung zu erreichen.

Und schließlich ist der Bundesnachrichtendienst eingebunden, wenn es darum geht, hinter verschlossenen Türen zu verhandeln. Öffentlich bekannt geworden ist zum Beispiel der Beitrag zum friedenspolitischen Dialog im Nahen und Mittleren Osten. Fast zwei Jahrzehnte vermittelte der Bundesnachrichtendienst immer wieder erfolgreich zwischen der Hisbollah und Israel, auch im Auftrag der Vereinten Nationen. Die Freilassung des von der Hamas entführten israelischen Soldaten Gilad Shalit im Oktober 2011 hatte dabei besondere mediale Aufmerksamkeit erfahren.

Diese Vermittlungserfolge hatte der BND seinerzeit einem Mann zu verdanken, der aufgrund seines Verhandlungsgeschicks nicht nur im Dienst legendär war: Gerhard Conrad. Er war einer der besten Kenner der Region Naher und Mittlerer Osten und hatte den Spitznamen »Mister Hisbollah«. Und niemand von allen Mitarbeiterinnen und Mitarbeitern des Bundesnachrichtendienstes konnte so schön und so überzeugend auf Arabisch den Namen Nasralla, des Chefs der Hisbollah, aussprechen. Der Bundesnachrichtendienst und Gerhard Conrad waren für diese Missionen eine ideale Kombination. Da die deutsche Außenpolitik, im Gegensatz zu den meisten anderen souveränen Staaten, keine eigenen nationalen Interessen verfolgt, nahmen die Parteien in der Region dem deutschen Auslandsnachrichtendienst die Rolle des ehrlichen Maklers ab. Conrad verkörperte diese Rolle mit seiner interkulturellen Kompetenz nicht nur mühelos, sondern sie gefiel ihm auch. Ihm fiel es leicht, die Denkstrukturen der jeweiligen Todfeinde zu erkennen und jedem Verhandlungspartner das gute Gefühl zu geben, dass er gerade einen Verhandlungserfolg erzielt habe.

Conrad begeisterte auch mich – mit seinem unerschütterlichen Glauben an die Leistungsfähigkeit des Dienstes und dass erforderliche Änderungen auch Wirkung zeigen werden. 2015 war entgegen allen Unkenrufen seine Bewerbung zum Leiter des INTCEN, der nachrichtendienstlichen Zelle beim europäischen Auswärtigen Dienst in Brüssel, erfolgreich. Die Europäer hatten sich für einen BND-Mann entschieden, der sein Amt in Brüssel bis Oktober 2019 ausübte. Dies belegte den guten Ruf von Gerhard Conrad und des Bundesnachrichtendienstes auf internationaler Ebene.

Die deutsche Sicherheitsarchitektur

Übersichtlich geht anders

Wer sich mit der deutschen Sicherheitsarchitektur befasst, also mit dem organisatorischen Aufbau und den Zuständigkeiten unserer Sicherheitsbehörden, der gerät schnell ins Grübeln. Niemand käme auf die Idee, ein Behördenmodell entsprechend dem derzeitigen Ist-Zustand aufzubauen, wenn er die Chance hätte, ohne einschränkende Vorgaben »auf der grünen Wiese« eine neue Sicherheitsarchitektur zu erschaffen. Die Vielzahl an Behörden, die im gleichen Aufgabenbereich tätig sind, beruht insbesondere auf dem Föderalismus in unserem Land, ist historisch gewachsen und hat seit der Gründung der Bundesrepublik Deutschland immer nur partielle Änderungen erfahren, nicht aber eine Gesamtrevision.

Nachrichtendienste

Die Zielrichtung »Ausland« unterscheidet den Bundesnachrichtendienst von den Inlandsnachrichtendiensten, den Verfassungsschutzbehörden von Bund und Ländern, deren Schwerpunkt auftragsgemäß im Inland liegt.

Bei der Grundsatzfrage der Organisation von Nachrichtendiensten geht es immer um das Verhältnis von Auswertung und Beschaffung. Früher war der BND in die Abteilungen I, II und III gegliedert. Die Abteilung I war die Beschaffungsabteilung und somit insbesondere zuständig für die Anwerbung und Führung menschlicher Quellen. Die Abteilung II war mit der technischen Aufklärung betraut. In der Abteilung III fand ausschließlich Auswertung statt. Ein solches Organisationsmodell erscheint aus heutiger Sicht sehr holzschnittartig, hat aber auch Vorteile. Zum einen sind bei der Beschaffung Fachwissen und Kompetenz gebündelt, zum andern steht die Beschaffung unter Erfolgsdruck, da sie fehlende Informationen nicht durch geschickte Auswertung vernebeln kann.

Im BND hatte man sich vor Jahren im Zuge einer Neuorganisation entschieden, Auswertung und Beschaffung enger zusammenzuführen. Derzeit gibt es daher elf Abteilungen mit insgesamt circa 6500 Mitarbeiterinnen und Mitarbeitern.

Die Abteilungen LA, LB, TW und TE sind klassische Auswertungs- und Beschaffungsabteilungen. Die Abteilungen LA (Länder A) und LB (Länder B) sind jeweils für bestimmte Regionen dieser Welt zuständig. Interessenschwerpunkte sind die aktuellen Krisenregionen.

Die Abteilung TW (Wehrtechnik) ist insbesondere zuständig für die Beschaffung und Auswertung von Informationen zu atomaren, biologischen und chemischen Waffen (ABC-Waffen).

Eine relativ neue Abteilung ist die Abteilung TE (Internationaler Terrorismus und Organisierte Kriminalität). Zuständig ist sie nicht nur für den vor allem islamistisch geprägten internationalen Terrorismus, sondern auch für international organisierte Kriminalität, internationalen Rauschgifthandel, Geldwäsche und illegale Migration.

Die übrigen sieben Abteilungen haben unterstützende Funktionen. Allen voran ist die Abteilung TA (Technische Aufklärung) zu nennen. Sie ist die größte Abteilung im Dienst und von der Neuorganisation eigentlich nicht betroffen, da aus Abteilung II einfach Abteilung TA wurde.

Die Abteilung GU (Gesamtlage und Unterstützende Fachdienste) ist verantwortlich für die zentrale Steuerung und Koordinierung des Berichtswesens der Abteilungen LA, LB, TW und TE. Deren Berichte wurden durch GU redaktionell fertiggestellt und an die festgelegten Abnehmer verteilt. Zur Abteilung gehört auch das Führungs- und Informationszentrum, wo rund um die Uhr weltweit die aktuelle Lage beobachtet wird.

Dienstleisterfunktion hat auch die Abteilung OL (Operative Unterstützung und Liaison). Die Aufgabe »Einsatzbegleitung« (Force Protection) und Unterstützung der Bundeswehr im Ausland ist hier verortet. Im Bereich Liaison (Verbindungswesen) werden die Beziehungen des Bundesnachrichtendienstes zu ausländischen Nachrichtendiensten abgestimmt und gepflegt.

In den Abteilungen ZY, ID, IT und SI sind überwiegend zentrale Aufgaben gebündelt, also etwa Personal- und Finanzwesen bei ZY oder Aus- und Fortbildung bei ID mit der BND-eigenen Schule.

Hauptaufgabe der Abteilung SI (Eigensicherung) ist es, Sicherheit und Geheimschutz des Bundesnachrichtendienstes zu gewährleisten. Die seinerzeitige Leitung dieser wichtigen Abteilung wurde auf meinen Vorschlag hin im Juni 2014 mit einer Frau besetzt. Sie war die erste Abteilungsleiterin im Dienst überhaupt.

Wichtigste Partnerbehörde des Bundesnachrichtendienstes ist das Bundesamt für Verfassungsschutz (BfV), der Inlandsnachrichtendienst des Bundes. Mit seinen gut 3500 Bediensteten kommt dem Verfassungsschutz in der deutschen Sicherheitsarchitektur die Aufgabe zu, Bedrohungen durch politischen Extremismus, Terrorismus sowie Spionageaktivitäten im Vorfeld polizeilicher Maßnahmen zu erkennen und einzuschätzen. Er fungiert damit als eine Art »Frühwarnsystem«. Hierzu werden Lagebilder und Analysen erstellt, die es ermöglichen sollen, rechtzeitig Maßnahmen zur Abwehr von Gefahren für unsere freiheitliche demokratische Grundordnung und die innere Sicherheit einzuleiten. Geregelt ist seine Tätigkeit im »Gesetz über die Zusammenarbeit des Bundes und der Länder in Angelegenheiten des Verfassungsschutzes und über das Bundesamt für Verfassungsschutz«, kurz »Bundesverfassungsschutzgesetz«.

Wichtig ist, dass dem Verfassungsschutz keinerlei polizeiliche Befugnisse zustehen. Vielmehr werden die Erkenntnisse an die Polizeibehörden und Staatsanwaltschaften übermittelt, um dort exekutive Maßnahmen einzuleiten. Die Aufgabe »Frühwarnsystem« erfüllt sich also nicht durch das Sammeln und Auswerten von Informationen als Selbstzweck, sondern erst durch die Weitergabe der Erkenntnisse.

Einen erheblichen Teil seiner Informationen gewinnt der Verfassungsschutz aus offenen, allgemein zugänglichen Quellen, zum Beispiel aus Flugblättern, Aufrufen, Programmen oder Veröffentlichungen im Internet. Angehörige des Verfassungsschutzes besuchen auch öffentliche Veranstaltungen oder befragen Personen, die weiterführende Hinweise geben können. Bei diesen Gesprächen treten die Mitarbeiterinnen und Mitarbeiter des Amtes offen auf. Extremisten, Terroristen und fremde Nachrichtendienste arbeiten dagegen nicht offen, sondern konspirativ. Die Anwendung nachrichtendienstlicher Mittel ist daher für die Informationsgewinnung unverzichtbar. Entsprechend ist der Verfassungsschutz gesetzlich befugt, auch nachrichtendienstliche Mittel zur Informationsbeschaffung einzusetzen. Zu diesen nachrichtendienstlichen Mitteln gehören zum Beispiel Observationen, Telekommunikationsüberwachungen und auch das Führen von menschlichen Quellen, also angeworbenen Personen aus der extremistischen oder terroristischen Szene. Diese Personen heißen in der Umgangssprache der Verfassungsschützer »V-Mann«, abgeleitet von »Vertrauensperson«, auch der Gesetzestext verwendet letzteren Begriff. Auf meine Skepsis bezüglich der Kategorie »Vertrauen« im Verhältnis zwischen Nachrichtendienst und Informant habe ich bereits bei der Beschreibung der »Beschaffung« des Bundesnachrichtendienstes hingewiesen.

Auch durch die Zusammenarbeit mit ausländischen Nachrichtendiensten und in internationalen Gremien erhält der Verfassungsschutz einen nicht unwesentlichen Teil seiner Informationen. Diese Kooperationen sind wegen des beschriebenen Zusammenfließens von Auslands- und Inlandssachverhalten insbesondere beim internationalen Terrorismus und der Gefährdung durch Cyberangriffe von überragender Bedeutung. Und hier gibt es auch faktische Überschneidungen mit dem Aufgabenbereich des Bundesnachrichtendienstes, auf die ich später ausführlicher eingehen werde.

Das breit gefächerte Aufgabenspektrum des Bundesamtes für Verfassungsschutz lässt sich am besten in der Organisation seiner insgesamt elf Abteilungen ablesen.

Drei Abteilungen befassen sich mit Extremismus und Terrorismus, nämlich eine Abteilung für Rechtsextremismus und -terrorismus, eine für Ausländerextremismus, Linksextremismus und -terrorismus und eine für Islamismus und islamistischen Terrorismus. Hinzu kommen je eine Abteilung für Spionageabwehr und Cyberabwehr. Unterstützt werden diese durch die Abteilung Observation, Technische Aufklärung, Informations- und Sondertechnik sowie Fachunterstützung. Die Abteilungen Interne Sicherheit und Zentrale Dienste komplettieren das Bild.

Neben dem Bundesamt für Verfassungsschutz gibt es in jedem Bundesland ein Landesamt für Verfassungsschutz, also 16 weitere Inlandsnachrichtendienste. Sie sind unterschiedlich groß, unterschiedlich organisiert und haben auch nicht immer die gleichen Befugnisse. Es gibt große Landesämter mit über 300 Mitarbeiterinnen und Mitarbeitern, aber auch kleinere Ämter, die mit deutlich weniger Personal auskommen müssen. Manche Landesämter sind selbstständige Behörden und dem jeweiligen Landesinnenministerium unterstellt, andere wiederum sind direkt Teil des Innenministeriums und als dortige Abteilung ins Ministerium integriert. Auch die Personalpolitik ist unterschiedlich. Einige rekrutieren sich aus der Polizei, andere legen Wert darauf, dass dies gerade nicht geschieht.

Zwecks gegenseitiger Abstimmung gibt es den sogenannten Verfassungsschutzverbund, der aus den 16 Landesämtern und dem Bundesamt besteht. Etwa dreimal im Jahr treffen sich die Amtsleiter unter Vorsitz des Präsidenten des Bundesamtes, um meist praktische Fragen zu koordinieren. Im Rahmen der Innenministerkonferenz der Länder finden zweimal im Jahr die Tagungen des sogenannten Arbeitskreises IV – Verfassungsschutz – statt, der von den Abteilungsleitern für Verfassungsschutz der Landesinnenministerien getragen wird. Der Vertreter des Bundesinnenministeriums und der Präsident des BfV nehmen als Gast an dieser Veranstaltung der Bundesländer teil. Dieser Koordinierungsprozess klingt nicht nur komplex, er ist es auch, sodass es kein anmaßendes Verhalten ist, sich Gedanken über einen optimierten Verfassungsschutzverbund zu machen.

Zum Kreis der Nachrichtendienste in Deutschland gehört auch das Bundesamt für den Militärischen Abschirmdienst (MAD). Er wird irrtümlich oft als militärischer Auslandsnachrichtendienst und damit als eine Art Konkurrent des Bundesnachrichtendienstes angesehen, was jedoch nicht stimmt. Der MAD ist der Verfassungsschutz der Bundeswehr. Seine Aufgaben sind also nach innen gerichtet, deshalb auch der Name »Abschirmdienst«. Er ist zuständig für die Abwehr von Extremismus und Terrorismus sowie die Abwehr von Spionage und Sabotage innerhalb der Bundeswehr. Wie die anderen Verfassungsschutzbehörden wirkt er mit bei den personellen Sicherheitsüberprüfungen im Geschäftsbereich des Bundesverteidigungsministeriums. Schließlich nimmt er auch an den Amtsleitertagungen des BfV teil.

Die nachrichtendienstliche Aufklärung im Einsatzland und der gegnerischen Lage obliegt ihm nicht. Dies ist Aufgabe des Bundesnachrichtendienstes. Wenn der MAD an den Auslandseinsätzen der Bundeswehr teilnimmt, dann bleibt es bei seinen nach innen gerichteten Aufgaben. Daher darf er nur innerhalb der Camps und Lager der Truppe tätig werden. Bildlich gesprochen ist für die nachrichtendienstliche Informationsbeschaffung »außerhalb des Zaunes« der BND zuständig. Dem eingegrenzten Aufgabenbereich des Militärischen Abschirmdienstes entspricht seine Größe von rund 1200 Bediensteten.

Die Koordinierung der Nachrichtendienste des Bundes, also von BND, BfV und MAD, ist ebenfalls geregelt. Die Abteilung 7 im Bundeskanzleramt ist daher nicht nur für die

Dienst- und Fachaufsicht über den Bundesnachrichtendienst zuständig, sondern auch für die Abstimmung zwischen den drei Diensten und den Aufsicht führenden Ministerien, nämlich dem Bundesministerium des Innern für das BfV und dem Bundesministerium der Verteidigung für den MAD.

Und schließlich gibt es noch auf der Ebene eines Staatssekretärs den »Beauftragten für die Nachrichtendienste des Bundes«, ebenfalls im Bundeskanzleramt. Bei aller Koordinierung: In der Praxis kommt es darauf an, dass die drei Dienste willens sind, konstruktiv zusammenzuarbeiten – und das ist der Fall.

Wichtigstes Gremium der Koordinierung untereinander und mit den Polizeien des Bundes ist die jeden Dienstagvormittag stattfindende sogenannte nachrichtendienstliche Lage und die sich daran anschließende Präsidentenrunde. Die Beschreibung dieser beiden Runden tituliere ich gerne mit »Dienstag ist Kulttag«, wegen der Mystifizierung, die diese beiden Gremien inzwischen erlangt haben. Nachrichtendienstliche Lage und Präsidentenrunde sind zum Beispiel in dem Buch *Regieren – Innenansichten der Politik* des ehemaligen Bundesinnenministers Thomas de Maizière beschrieben worden:

Die Runden finden im Bundeskanzleramt in einem Raum statt, der mit seinem schmucklosen Ambiente die ganze Tristesse deutscher Sicherheitspolitik widerspiegelt. Die Teilnehmer sitzen in U-Form an festen Plätzen und tragen in der Regel vom Platz aus vor. Geleitet werden beide Gremien vom Chef des Bundeskanzleramtes. Innenministerium, Justizministerium, Verteidigungsministerium und Auswärtiges Amt sind mit ihren Staatssekretären vertreten. Für die regelmäßigen Vorträge in der Nachrichtendienstlichen Lage zuständig sind die Präsidenten des BND, des BfV und des BKA.

Nach dieser Nachrichtendienstlichen Lage finden im kleineren Kreis die »Präsidentenrunden« statt. Neben dem Chef des Kanzleramts sind nur noch sein zuständiger Staatssekretär und sein Abteilungsleiter 7, die Staatssekretäre von Innen-, Justiz-, Verteidigungs- und Außenministerium sowie die Präsidenten von Bundesnachrichtendienst, Bundesamt für Verfassungsschutz und Bundeskriminalamt anwesend. Eine Begleitung ist nicht zugelassen. Es gibt kein Besprechungsprotokoll, was Vor- und Nachteile hat. Verbunden ist die Runde mit einem gemeinsamen Essen, das aus der Kantine des Kanzleramts kommt. Ich fand, dass das Essen den Ablauf der Runde mehr störte, als dass es zur guten Stimmung beitrug.

Die Inhalte der Nachrichtendienstlichen Lagen und der Präsidentenrunden waren und sind naturgemäß geheim eingestuft. Aber es versteht sich von selbst, dass es um die Themen geht, die gerade virulent sind.

Beide Runden, sowohl die Nachrichtendienstliche Lage als auch die Präsidentenrunde, sind keine offiziellen Beschlussgremien, sondern dienen in erster Linie dem Informationsaustausch. Dies war und ist wichtig genug, um jeden Dienstag diese aufwendige Veranstaltung durchzuführen. Wenn es diese Runden nicht gäbe, müsste man sie rasch einführen! Und natürlich hängt es auch vom jeweiligen Chef des Bundeskanzleramts ab, ob und wie er dieses Instrument nutzen will.

Polizei

Geprägt wird das Bild der deutschen Sicherheitsarchitektur nicht von den Nachrichtendiensten, sondern von der Polizei. Sie ist auch zahlenmäßig der größte Faktor mit über 270 000

Bediensteten in den Polizeibehörden von Bund und Ländern. Schon das schwierige Recherchieren der Anzahl von Polizistinnen und Polizisten in Deutschland vermittelt, dass auch bei der Polizei die Organisation nicht gerade übersichtlich ist.

Entsprechend der Kompetenzverteilung in Artikel 30 des Grundgesetzes ist die Aufgabe »Polizei« Ländersache. Jedes Bundesland hat daher die Organisation, aber auch die Aufgaben und Befugnisse seiner Polizei selbst geregelt, die meisten in sogenannten Polizeigesetzen, einige haben für die Organisation eigene Polizeiorganisationsgesetze erlassen. Einige Länder gliedern die Polizei in Polizeipräsidien, andere in Polizeidirektionen, manche haben eine weitere Ebene, die Polizeiinspektionen, eingeführt, Nordrhein-Westfalen wiederum hat eine dezentrale Struktur mit 47 Kreispolizeibehörden geschaffen. Dass die Organisationsstruktur uneinheitlich ist, hat eigentlich einen vernünftigen Grund. Da die Polizei in der Fläche für die Bevölkerung ansprechbar sein muss, muss es auch unterschiedliche Strukturen geben für dünn besiedelte Flächenregionen oder dicht besiedelte urbane Zentren.

Gemeinsam ist in allen Ländern die Unterteilung in Schutzpolizei und Kriminalpolizei, allerdings gibt es unterschiedliche Abgrenzungen und Zuständigkeiten. Die Heterogenität zeigt sich auch in der teilweise gravierend unterschiedlichen Struktur der Bereitschaftspolizeien, der Verkehrspolizeien oder der Spezialeinheiten. In der Praxis sind diese Unterschiede aber kein wirkliches Hemmnis, denn das Wichtigste ist, dass es in jedem Land ein Landeskriminalamt (LKA) gibt, das für die Koordination und Informationssteuerung bei der Kriminalitätsbekämpfung und Kriminalitätsprävention zuständig ist. Die Landeskriminalämter sind damit der rettende Anker in dem Länderpuzzle. Von unschätzbarem Vorteil für die funktionierende Zusammenarbeit ist auch, dass die Führungskräfte der Polizeien von Bund und Ländern gemeinsam bei der Deutschen Hochschule der Polizei in Hiltrup (bei Münster) ausgebildet werden. Diese gemeinsame Sozialisierung verhindert nicht nur ein Auseinanderdriften etwa bei der Methodik der Verbrechensbekämpfung, sondern schafft auch ein gemeinsames Verständnis, eine gemeinsame Verantwortung, ein Denken über die Ländergrenzen hinweg.

Während die unterschiedliche Organisationsstruktur im Alltag weniger Probleme bei der Zusammenarbeit aufwirft, sind die unterschiedlichen Befugnisse, zum Beispiel bei der Observation oder der Telekommunikationsüberwachung, bedenklich. Im Juni 2017 erteilte daher die Innenministerkonferenz den Auftrag, ein gemeinsames »Musterpolizeigesetz« unter Beteiligung des Bundesinnenministeriums zu erarbeiten. Ziel sind bundesländerübergreifende, gleiche Regelungen in den Polizeigesetzen, um durch diese Harmonisierung landesrechtlicher Regelungen Zonen unterschiedlicher Sicherheit in Deutschland zu verhindern. Veröffentlichte Ergebnisse der beauftragten Arbeitsgruppe liegen allerdings noch nicht vor.

Die größte Polizei auf der Ebene des Bundes ist die Bundespolizei (BPol), die aus dem ehemaligen und bis 2005 tätigen Bundesgrenzschutz hervorging. Mit rund 49 000 Bediensteten, davon gut 40 000 Polizistinnen und Polizisten, nimmt die Bundespolizei im System der inneren Sicherheit in Deutschland vielfältige polizeiliche Aufgaben wahr, insbesondere in den Bereichen Bahnpolizei, Grenzschutz und Luftsicherheit. Im Rahmen dieser Aufgaben ist die Bundespolizei nicht nur Schutzpolizei, sondern auch in der Kriminalitätsbekämpfung tätig.

Die »Bahnpolizei« ist für die Sicherheit des gesamten Streckennetzes im Bahnverkehr, rund 33 500 Gleiskilometer mit etwa 5700 Bahnhöfen, zuständig. Als »Grenzpolizei« obliegt ihr der Schutz von 3831 Kilometern Landgrenze und 888 Kilometern Seegrenze. Im Bereich »Luftsicherheit« ist sie an 14 großen deutschen Flughäfen zuständig für die Sicherheit des Luftverkehrs. Umfangreich sind die Aufgaben der Kriminalitätsbekämpfung, angefangen von einfacher Kriminalität, etwa Sachbeschädigungen, über organisierte Kriminalität, zum Beispiel Schleusungen oder Urkundenfälschungen, bis hin zur banden- und gewerbsmäßigen Kriminalität.

Die Bundespolizei ist an mehr als 100 Standorten vertreten, an allen wichtigen Verkehrsinfrastrukturpunkten in Deutschland präsent und daher von hohem Einsatzwert insbesondere als Fahndungspolizei. Als Beleg dafür mag die Vollstreckung von 581 Haftbefehlen allein innerhalb der ersten zwei Monate im Zuge der Grenzkontrollen wegen der Corona-Pandemie dienen.

Das Bundeskriminalamt ist eigentlich als Zentralstelle für die deutsche Polizei entstanden. Niemand wollte in der Gründungszeit der Bundesrepublik Deutschland an der Polizeihoheit der Bundesländer rütteln, doch man wollte auch nicht, dass die föderale Vielfalt zu einem Nebeneinander der Polizeibehörden führte. Daher sieht das Grundgesetz in Artikel 87 Absatz 1 die Einrichtung einer Zentralstelle für das polizeiliche Auskunfts- und Nachrichtenwesen und die Kriminalpolizei vor. In dieser Funktion unterstützt das BKA alle Polizeien, indem es ihnen Informationen und Serviceleistungen, insbesondere bei der Informationstechnik, zur Verfügung stellt. Meldungen über Straftaten und Straftäter, die nicht nur lokalen oder regionalen Charakter haben, werden dem BKA übermittelt und dort ausgewertet. Im Gegenzug werden die Länderdienststellen informiert, wenn Zusammenhänge festgestellt werden oder für sie relevante Informationen etwa aus dem Ausland eingehen.

Im BKA steht auch der zentrale Fahndungscomputer für Bund und Länder. Über INPOL, das Fahndungssystem der deutschen Polizei, laufen hier alle Anfragen auf, von der Funkstreife vor Ort, von ermittelnden Beamten aus einer Polizeiinspektion oder von einer Grenzkontrolle an einem Flughafen. Und in Echtzeit gibt es Antworten auf Fragen wie: Besteht ein Haftbefehl? Ist der überprüfte Pkw als gestohlen gemeldet? Liegen zu einer Person erkennungsdienstliche Unterlagen vor?

In bestimmten Bereichen nehmen die rund 6300 Angehörigen des Bundeskriminalamtes, etwa die Hälfte davon sind Polizisten, selbst Strafverfolgungsaufgaben wahr. Dabei wird das BKA entweder aufgrund eigener Ermittlungszuständigkeit oder aber aufgrund eines Auftrags tätig, insbesondere bei der internationalen und der schweren Kriminalität, bei terroristischen Straftaten oder bei bedeutenden Erpressungsfällen oder Wirtschaftsstraftaten mit hohem volkswirtschaftlichem Schaden.

Bereits an dieser Stelle eine Art Zwischenfazit zu ziehen fällt leicht: Die deutsche Sicherheitsarchitektur ist komplex! Kommt man in die Verlegenheit, ausländischen Besuchern, die womöglich selbst im Sicherheitsbereich zuständig sind, unser Modell erklären zu müssen, dann wird es schwierig, die Doppelungen, Überschneidungen und Abgrenzungen verständlich zu darzulegen. Es fällt schwer, zu vermitteln, dass unser System aus den 1950er-Jahren, das ein Stück weit an Kleinstaaterei erinnert, noch – mehr oder weniger – funktioniert. Ich kann mich gut an Besuche von ausländischen Delegationen während meiner Dienstzeit im Bundesinnenministerium erinnern, die von der deutschen föderalen Sicherheitsstruktur lernen wollten und die nach den Präsentationen mehr enttäuscht als begeistert waren. Dabei arbeiten die Sicherheitsbehörden im Ausland trotz einer teils besseren Organisationsstruktur nicht immer effizienter. Dies liegt nach meiner Beurteilung daran, dass dort der Wille zur Zusammenarbeit zwischen Polizei und Nachrichtendiensten, aber auch zwischen den Polizeien, beispielsweise zwischen Nationalpolizei und Gendarmarie, geringer ausgeprägt ist. In einigen Staaten bestehen keine Behördenegoismen, sondern Rivalitäten, die es bei uns so nicht gibt.

Die Funktionsfähigkeit unserer Sicherheitsarchitektur beruht daher nicht auf einer effizienten Struktur, sondern auf dem Engagement in den Sicherheitsbehörden. Wer jeden Tag in diesem System arbeitet, der arrangiert sich irgendwann damit und kann dann sogar auf der Klaviatur der Zuständigkeiten spielen. Reformbedarf wird daher insbesondere durch das Engagement der einzelnen Mitarbeiterinnen und Mitarbeiter überbrückt. Man kann den alltäglichen Einsatz der Bediensteten im Sicherheitsbereich nicht hoch genug loben, die unter diesen widrigen organisatorischen Rahmenbedingungen zur Sicherheit in unserem Land beitragen. Daher sind auch Respekt und Anerkennung so wichtig.

Europol und Interpol

Als Zentralstelle ist das BKA auch Bindeglied zwischen Europol (Europäisches Polizeiamt) und Interpol (Internationale kriminalpolizeiliche Organisation) mit der deutschen Polizei.

Europol, in Den Haag ansässig, wird regelmäßig, vor allem aber pflichtgemäß gelobt als wichtiger Akteur in der europäischen und internationalen Polizeiarbeit, als Herzstück der europäischen Sicherheitsarchitektur. Der Mehrwert von Europol in der polizeilichen Alltagsarbeit ist aber eher bescheiden. Seine Errichtung als europäisches Polizeiamt wurde 1991 auf dem EU-Gipfel von Maastricht beschlossen, und zwar zunächst für den Bereich der Rauschgiftkriminalität. Heute ist Europol eine Agentur der Europäischen Union mit den Zielen, »die Tätigkeit der zuständigen Behörden der Mitgliedstaaten sowie deren Zusammenarbeit bei der Prävention und Bekämpfung von organisierter Kriminalität, Terrorismus und anderen Formen schwerer Kriminalität zu unterstützen und zu verstärken, wenn zwei oder mehr Mietgliedstaaten betroffen sind«, wie es in Artikel 3 des Beschlusses des Rates vom April 2009 heißt. Zu den »anderen Formen schwerer Kriminalität« gehören insbesondere illegaler Waffenhandel, Drogenhandel, Kinderpornografie und Geldwäsche. Europol sammelt, analysiert und wertet Informationen und Erkenntnisse aus und hat die Mitgliedstaaten über die sie betreffenden Sachverhalte unverzüglich zu unterrichten. Mit dem EIS (Europol Information System) steht den Mitgliedstaaten ein System zur Verfügung, über das Informationen schnell und sicher ausgetauscht werden können. Wenn ich oben dargelegt habe, dass der polizeiliche Mehrwert von Europol eher bescheiden ist, so liegt dies daran, dass die bilaterale Zusammenarbeit in Europa deutlich ausgeprägter ist. Stellt man etwa bei Ermittlungen gegen ein terroristisches Netzwerk Bezüge nach Frankreich fest, so nimmt man direkt mit den französischen Partnerbehörden Kontakt auf, tauscht Informationen aus und ermittelt sogar je nach Fallgestaltung gemeinsam. Für diesen bilateralen Austausch unterhält das BKA ein Netzwerk von Verbindungsbeamten zu allen relevanten Partnerbehörden nicht nur in Europa. In zwei Drittel aller Länder der Welt sind derzeit Verbindungsbeamte des BKA im Einsatz. Der Informationsaustausch über Europol wird als das empfunden, was es ist, nämlich ein Umweg.

Es kommt nicht von ungefähr, dass die Struktur von Europol stark an das Zentralstellenmodell des Bundeskriminalamtes erinnert. Die Initiative zur Errichtung von Europol ging seinerzeit von Deutschland aus, wir haben die beiden ersten Direktoren, beides ehemalige BKA-Beamte, gestellt, und auch bei der Zulieferung nationaler Erkenntnisse in das Europol-Informationssystem ist Deutschland vorbildlich. Der Unterschied zum Bundeskriminalamt ist jedoch, dass Europol keine eigenen exekutiven Befugnisse hat. Seit 2002 darf Europol sich an gemeinsamen Ermittlungsgruppen der Mitgliedstaaten beteiligen und kann auch einzelne Mitgliedstaaten auffordern, Ermittlungen aufzunehmen. Das war's aber auch schon; eigene Ermittlungen stehen Europol nicht zu. Und um es gleich an dieser Stelle vorwegzunehmen: Das ist auch gut so.

Der Erfolgsfaktor der Verbrechensbekämpfung bemisst sich daran, dass alle vorliegenden Informationen zusammengeführt werden – und nicht etwa neue Ermittlungseinheiten oder neue Hierarchieebenen gebildet werden. Viel wichtiger ist, dass alle bereit sind, die ihnen vorliegenden Informationen zu teilen, und zwar proaktiv. Dazu braucht man Zentralstellen, man könnte auch »Informationssammelstellen« dazu sagen, und kein europäisches FBI, wie es in den Diskussionen oft heißt.

Gleiches gilt auch für Interpol. Interpol ist die älteste multilaterale Kooperationsform für grenzüberschreitende polizeiliche Zusammenarbeit. Ziel der 1923 gegründeten Organisation ist gemäß Artikel 2 seiner Statuten, »eine möglichst umfassende gegenseitige Unterstützung aller kriminalpolizeilichen Behörden im Rahmen der in den einzelnen Ländern geltenden Gesetze und im Geiste der Erklärung der Menschenrechte sicherzustellen und weiterzuentwickeln sowie alle Einrichtungen, die zur Verhütung und Bekämpfung des gemeinen Verbrechens wirksam beitragen können, zu schaffen und auszubauen«.

Der Sitz von Interpol ist Lyon. Der derzeitige Generalsekretär ist seit 2015 der ehemalige Vizepräsident des Bundeskriminalamtes, Jürgen Stock. Interpol hat derzeit 194 Mitgliedstaaten. In jedem Mitgliedstaat gibt es ein sogenanntes Nationales Zentralbüro. In Deutschland ist es das BKA, das somit unter der Adresse »Interpol Wiesbaden« Informationen mit polizeilichen Partnern weltweit austauscht.

Vor allem werden über das Informationssystem von Interpol weltweite Fahndungen gesteuert, die »Notices«, eine Art internationaler Haftbefehl. Aber im Gegensatz zum Europäischen Haftbefehl sind diese Notices hierzulande keine eigenständige Rechtsgrundlage für Exekutivmaßnahmen, also für Verhaftungen. Im Bundeskriminalamt wird daher jede Fahndung, zum Beispiel aus der Türkei oder aus Russland, geprüft, ob diese mit deutschem Recht vereinbar ist und ob in Deutschland Exekutivmaßnahmen durchgeführt werden können. Interpol unterhält zudem eine Reihe von Fahndungsdatenbanken, die den Mitgliedstaaten für Recherchen und Abfragen zur Verfügung stehen, zum Beispiel für die Personenfahndung, die Kfz-Fahndung oder die Fahndung nach gestohlenen Kunstgegenständen oder gestohlenen oder abhandengekommenen Reisedokumenten.

Sonstige Sicherheitsbehörden

Der Zoll mit seinem Zollkriminalamt nimmt eine besondere Rolle ein, die oft unterschätzt wird. Die Aufgaben der rund 39 000 Zöllnerinnen und Zöllner sind vielfältig und reichen von der klassischen Erhebung von Einfuhrzöllen, der Bekämpfung des Schmuggels, der Schwarzarbeit, der Produktpiraterie bis zur grenzüberschreitenden organisierten Kriminalität. Auch bei der Terrorismusbekämpfung wirkt der Zoll mit, indem er die missbräuchliche Nutzung des grenzüberschreitenden Waren- und Bargeldverkehrs für terroristische Zwecke verhindern soll. Von herausragender Bedeutung für die gesamte deutsche Sicherheitsarchitektur ist die Zentralstelle für Finanztransaktionsuntersuchungen, abgekürzt FIU nach der englischen Bezeichnung *Financial Intelligence Unit*. Sie ist beim Zollkriminalamt angesiedelt und die nationale Zentralstelle für die Entgegennahme, Sammlung und Auswertung von Verdachtsmeldungen über Finanztransaktionen, die im Zusammenhang mit Geldwäsche oder Terrorismusfinanzierung stehen könnten. Eine Vielzahl von Unternehmen und Berufsgruppen sind zur Abgabe solcher Verdachtsmeldungen verpflichtet, zum Beispiel Banken, Versicherungsunternehmen, Wirtschaftsprüfer und Immobilienmakler, um nur einige wenige zu nennen. Ergeben sich Hinweise auf eine Straftat, werden die analysierten Fälle von der FIU den zuständigen Staatsanwaltschaften und Landeskriminalämtern zugeleitet.

Das Aufgabenspektrum des Bundesamtes für die Sicherheit in der Informationstechnik (BSI) ist so komplex wie die Informationstechnik selbst. Im Wesentlichen unterstützt das Amt Staat, Wirtschaft und Gesellschaft bei der Prävention gegen IT-Sicherheitsrisiken, beim Aufspüren von IT-Angriffen und bei den entsprechenden reaktiven Maßnahmen. Zur Information und Beratung kommen noch die Entwicklung und Zertifizierung als Kernbereiche hinzu. Das BSI entwickelt selbst IT-Sicherheitsanwendungen und -produkte und zertifiziert IT-Systeme in Bezug auf ihre Sicherheitseigenschaften. Nicht zuletzt gehört zu den Kernaufgaben des Amtes der Schutz der Regierungsnetze. Seit seiner Gründung im Jahre 1991 hat das BSI einen steten Zuwachs an Personal, aber auch an Aufgaben erfahren und ist inzwischen mit seinen derzeit rund 1300 Bediensteten der zentrale IT-Sicherheitsdienstleister des Bundes geworden.

ZITiS, die Zentrale Stelle für Informationstechnik im Sicherheitsbereich, ist eine junge Behörde. Sie wurde 2017 errichtet mit dem Ziel, die Sicherheitsbehörden BKA, BfV und BPol zu unterstützen, und zwar in den Bereichen digitale Forensik, Telekommunikationsüberwachung, Krypto- und Big-Data-Analyse. ZITiS selbst hat keine eigenen operativen Befugnisse, sondern stellt den Behörden Lösungen und Werkzeuge zur Verfügung. ZITiS wurde gegründet, weil in jeder einzelnen Sicherheitsbehörde zu wenig IT-Personal vorhanden war und jede dieser Sicherheitsbehörden vor mehr oder weniger den gleichen informationstechnischen Herausforderungen stand.

Als letzte Sicherheitsbehörde in dieser Auflistung sei das Bundesamt für Migration und Flüchtlinge (BAMF) genannt. Es ist das deutsche Kompetenzzentrum für Asyl, Migration und Integration mit einem breiten Aufgabenspektrum. Kernaufgabe ist die Durchführung des Asylverfahrens. Ob das Amt mit seinen Aufgaben überhaupt eine Sicherheitsbehörde ist, wird nicht von den anderen Sicherheitsbehörden bezweifelt, sondern hin und wieder von Teilen des BAMF selbst hinterfragt. Wenn man aber bedenkt, wie wichtig die sichere

Überprüfung der Identität eines Antragstellers ist, dann kann es keine Zweifel an der Bedeutung des BAMF für die Sicherheit unseres Landes geben.

Was unterschiedliche Auffassungen von der Aufgabe einer Behörde in der Praxis bedeuten können, musste die Berliner Polizei im Jahr 2019 bitter erfahren. Monatelang war ihnen bei geplanten Abschiebungen der Zugang zu Flüchtlingswohnheimen von den dort Verantwortlichen nicht nur verwehrt worden. Mindestens fünf Polizisten wurden sogar wegen Hausfriedensbruchs angezeigt. Etliche Abschiebungen konnten nicht durchgeführt werden. Die zuständige Senatsverwaltung hatte die Auffassung vertreten, dass für das Betreten der Unterkünfte ein richterlicher Durchsuchungsbeschluss erforderlich sei. Erst kurz vor Weihnachten einigten sich die für die Wohnheime zuständige Sozialsenatorin und der für die Polizei zuständige Innensenator auf eine gemeinsame Handlungsanweisung, die die ohnehin geltende Rechtslage beschreibt: Heimbetreiber müssen der Polizei den Zutritt erlauben. Dass man eine gemeinsame Handlungsanweisung von zwei Senatsverwaltungen benötigt, um geltendes Recht anzuwenden, ist bedenklich. Vor allem die Wirkung auf die Polizei muss man sich vergegenwärtigen. Sie will ihren gesetzlichen Auftrag auf der Basis geltenden Rechts erfüllen, und eine andere staatliche Verwaltung stellt sich ihr nicht nur folgenlos entgegen, sondern der Polizeibeamte wird sogar wegen Hausfriedensbruchs angezeigt. Mit welchem Recht können wir von der Berliner Polizei noch Pflichterfüllung erwarten, wenn eine solche Posse möglich ist?

Wenn man sich in die deutsche Sicherheitsarchitektur vertiefen wollte, müsste man noch eine Reihe weiterer Behörden unter die Lupe nehmen. Mir geht es aber nicht um eine zahlenmäßige Vollständigkeit, sondern um die Darstellung der

Heterogenität des Systems. Die wichtigsten Behörden sind benannt, und wer sich jetzt schon fragt, wie die Funktions- und Leistungsfähigkeit dieses Systems im Alltag organisatorisch bestehen kann, steht mit seiner Sorge nicht allein da. Um der Vielfalt und Komplexität Genüge zu leisten, wurden die sogenannten Zentren geschaffen, und die machen es eigentlich gar nicht einfacher.

Die gemeinsamen Zentren

Das bekannteste und erste sogenannte gemeinsame Zentrum ist das GTAZ, das Gemeinsame Terrorismusabwehrzentrum. Die Errichtung dieses Zentrums Ende 2004 geht auf die Initiative des damaligen Bundesinnenministers Otto Schily (SPD) zurück. Nach dem Anschlag auf das World Trade Center am 11. September 2001 in New York waren nicht nur in den USA Zentren zur Bekämpfung von islamistischem Terrorismus entstanden. Schily drängte zu Recht darauf, dass auch wir in Deutschland unsere Strukturen zur Bekämpfung des islamistischen Terrorismus optimieren sollten. Ich war damals im Bundesinnenministerium als erster Leiter der neu geschaffenen Unterabteilung Terrorismusbekämpfung zuständig und besuchte daher nicht nur mehrmals die USA, sondern auch die neu geschaffenen Strukturen zum Beispiel in Frankreich, Großbritannien, Italien und Spanien. Ich kann mich noch gut an das Gespräch mit John Brennan, dem späteren Direktor der CIA, erinnern, der damals in Washington stellvertretender Leiter des NCTC, des *National Counterterrorism Center*, war und der mir an seinem Schreibtisch zeigte, dass er Zugriff auf die wichtigsten Dateien der US-amerikanischen Polizeien und Nachrichtendienste hatte. Das war allerdings kein komplexes Gesamtsystem, sondern jeweils ein Einzelzugang, bei dem er sich jedes Mal neu anmelden musste. Auch die USA fingen also eher bescheiden an.

Alle besuchten Zentren wollten die betroffenen Behörden bündeln, der Ansatz wurde jedoch unterschiedlich ausgestaltet. Einige Staaten bündelten nur die polizeilichen Zuständigkeiten, andere packten die Nachrichtendienste hinzu. Einige richteten hierzu neue Behörden ein, andere übertrugen einer – vorhandenen – Behörde die Federführung dafür. Aus all diesen Mustern entstand bei uns die Struktur des GTAZ, nämlich keine neue eigenständige Behörde, sondern eine Kommunikations- und Kooperationsplattform von 40 nationalen Behörden von Bund und Ländern. Beteiligt sind das BKA, das BfV, der BND, der MAD, die BPol, das BAMF, die Bundesanwaltschaft, das Zollkriminalamt und die jeweils 16 Landeskriminalämter und Landesämter für Verfassungsschutz. Jede beteiligte Behörde entsendet dauerhaft Vertreter zum GTAZ, das in Berlin-Treptow auf dem gemeinsamen Gelände des BKA und des BfV untergebracht ist. Jede der beteiligten Behörden trifft ihre Maßnahmen in eigener Zuständigkeit und im Rahmen der für sie geltenden Gesetze. Keine Behörde erhielt also zusätzliche Kompetenzen oder gab welche ab. Aufgrund der Organisationsstruktur als Plattform gibt es auch keinen »Leiter des GTAZ«, was im Ausland schwer verständlich zu machen ist.

Das Modell des GTAZ war bei seiner Entstehung umstritten. Etliche Bundesländer sahen den Föderalismus in Gefahr, viele Verfassungsschützer fürchteten die faktische Übernahme durch die Polizei, andere wiederum kritisierten die enge Zusammenarbeit von Nachrichtendiensten und Polizei. Es war dem persönlichen Engagement und beharrlichen Drängen von Minister Schily zu verdanken, dass trotz der vielen

Widerstände gegen diese an sich bescheidene Veränderung unserer Sicherheitsarchitektur das GTAZ letztlich doch realisiert wurde. Von ihm persönlich stammt auch der Name. Wir hatten seinerzeit zaghaft den Begriff Gemeinsame Informations- und Analysestelle vorgeschlagen. Er war mutiger und machte daraus das Gemeinsame Terrorismusabwehrzentrum.

Durch die Zusammenführung der Behördenvertreter im GTAZ und dort in verschiedenen dauerhaften Arbeitsgruppen soll ein schneller und unmittelbarer Informationsaustausch gewährleistet werden. Solche Arbeitsgruppen betreffen zum Beispiel die tägliche Lagebesprechung, die Gefährdungsbewertung, den operativen Informationsaustausch, das islamistisch-terroristische Personenpotenzial oder die Deradikalisierung. Die Einrichtung des GTAZ ist unbestreitbar ein Erfolg. Gerade in der Anfangsphase wurde so eine neue Kultur der Zusammenarbeit erzeugt. Heute muss es erlaubt sein, sich Gedanken über eine Optimierung zu machen.

Anfang 2007 wurde als Ergänzung zum GTAZ das sogenannte Gemeinsame Internetzentrum, das GIZ, zur Beobachtung und Bewertung islamistischer Internetinhalte ebenfalls auf dem Gelände in Berlin-Treptow eingerichtet. Die Initialzündung hierfür war eigentlich banal. Wir im Ministerium waren es damals leid, dass wir meist durch ausländische Sicherheitsbehörden erfahren mussten, dass Deutschland zum Beispiel in einer islamistischen Videobotschaft oder auf einer Webseite explizit erwähnt oder gar als zukünftiges Anschlagziel genannt wurde. Und es war auch kein optimaler Zustand, dass eine solche Videobotschaft dreimal übersetzt und dreimal bewertet wurde, nämlich vom BKA, vom BfV und vom BND. Angesichts der schon seinerzeit wachsenden Bedeutung des Internets auch als Plattform für islamistische und terroristische Propaganda sowie als Mittel zur Radikalisierung und Rekrutierung brauchten wir eine Bündelung der Ressourcen, um dieser Entwicklung begegnen zu können.

Nach dem Vorbild des GTAZ wurde daher ein Kooperationsmodell geschaffen, das einen verzugslosen Informationsaustausch gewährleisten und die Fachkompetenzen aller beteiligten Behörden zusammenführen soll. Beteiligt sind in der Hauptsache das Bundeskriminalamt und das Bundesamt für Verfassungsschutz, ergänzt durch den Bundesnachrichtendienst, den Militärischen Abschirmdienst sowie die Generalbundesanwaltschaft. Da wir inzwischen gelernt hatten, dass eine Führungsfunktion bei solchen Kooperationsplattformen sinnvoll ist – beim GTAZ fehlt sie noch immer –, wurde dem Bundesamt für Verfassungsschutz die Geschäftsführung des GIZ übertragen.

Das GTAZ stand ebenfalls Pate bei der Errichtung des GETZ, des »Gemeinsamen Extremismus- und Terrorismusabwehrzentrums zur Bekämpfung des Rechts-, Links- und Ausländerextremismus und -terrorismus sowie der Spionage und Proliferation«. Die Gründung des GETZ im November 2012 war insbesondere eine Reaktion auf die mangelnde Kooperation der damals zuständigen Behörden bei der Aufklärung der NSU-Terrorzelle, die ein Jahr zuvor mit dem Suizid der beiden Haupttäter Uwe Mundlos und Uwe Böhnhardt sowie der Festnahme von Beate Zschäpe aufgedeckt worden war. Neben denselben 40 Behörden, die auch im GTAZ mitarbeiten, beteiligt sich – wenn Fragen der Proliferation betroffen sind – zusätzlich noch das Bundesamt für Wirtschaft und Ausfuhrkontrolle am GETZ. Und wie beim GTAZ erfolgt die konkrete Zusammenarbeit in Arbeitsgruppen. Da auch das GETZ keine neue Behörde darstellt und Zuständigkeiten und Befugnisse nicht verändert werden, waren auch in diesem Fall keine gesetzlichen Änderungen erforderlich. Standort des GETZ ist die Liegenschaft des BfV in Köln-Chorweiler. Die Geschäftsführung obliegt dem BfV und dem BKA gemeinsam.

Auch die Gründung des Gemeinsamen Analyse- und Strategiezentrum illegale Migration (GASIM) im Mai 2006 war durch die erfolgreiche Arbeitsaufnahme des GTAZ inspiriert worden. Wegen der spezifischen Ausrichtung auf die Bekämpfung unerlaubter Einreise und illegaler Aufenthalte ist die Arbeitsstruktur dieses Zentrums jedoch nicht mit den anderen Kooperationsplattformen vergleichbar. Das Personal wird überwiegend von der Bundespolizei gestellt, andere Behörden werden anlassbezogen eingebunden. Am Sitz des GASIM beim Bundespolizeipräsidium in Potsdam werden Erkenntnisse zur illegalen Migration, insbesondere zur Schleusungskriminalität, aber auch zur illegalen Beschäftigung und zum Missbrauch von Sozialleistungen zusammengetragen, ausgewertet und entsprechende Lagebilder erstellt.

Bei der Darstellung der Zentren darf das Nationale Cyber-Abwehrzentrum (NCAZ) nicht fehlen. Im Juni 2011 fand seine offizielle Eröffnung beim Bundesamt für die Sicherheit in der Informationstechnik (BSI) in Bonn statt. Diese Kooperationsplattform organisiert sich in sogenannte Kernbehörden, nämlich das BSI, das BfV und das Bundesamt für Bevölkerungsschutz und Katastrophenhilfe (BBK). Das BKA und andere Behörden sind assoziiert. Zentrale Aufgabe des NCAZ ist die Koordinierung von Schutz- und Abwehrmaßnahmen bei IT-Sicherheitsvorfällen. So kann zum Beispiel ein Cyberangriff unter verschiedenen Perspektiven beurteilt werden, aus technischer Sicht vom BSI, aus nachrichtendienstlicher Perspektive vom Bundesamt für Verfassungsschutz, das Bundeskriminalamt prüft die polizeilichen Aspekte und das

Bundesamt für Bevölkerungsschutz und Katastrophenhilfe beurteilt die Folgen auf kritische Infrastrukturen.

Bewertung

Wer sich mit der deutschen Sicherheitsarchitektur befasst, muss schon bei der Bestandsaufnahme einen langen Atem haben. Und die hier dargestellte Übersicht ist bei Weitem noch nicht vollständig. Es fehlt der gesamte Justizbereich, der für die Einleitung und Durchführung der Strafverfahren zuständig ist. Es fehlen auch die auf der Ebene der Bundesländer entstandenen Zentren und neuen Behörden, etwa das bayerische Pendant zum Bundesamt für die Sicherheit in der Informationstechnik. Und es fehlt die Bundeswehr, von der hier nur der Militärische Abschirmdienst dargestellt wurde.

Man braucht sich erst gar nicht bemühen zu versuchen, die deutsche Sicherheitsarchitektur zu visualisieren, denn übersichtlicher wird es dadurch nicht. Und weil ich an der Gestaltung der »Mutter aller deutschen Zentren«, des Gemeinsamen Terrorismusabwehrzentrums GTAZ, seinerzeit maßgeblich beteiligt war, erlaube ich mir heute die Wertung, dass mit den Zentren an den Symptomen herumgedoktert wird, aber nicht an den Ursachen. Niemand käme auf die Idee, Zentren als Kooperationsplattformen einzurichten, wenn die vorhandene Sicherheitsarchitektur als zufriedenstellend beurteilt werden würde. Die Zentren sind daher weniger positive Weiterentwicklungen unserer Sicherheitsarchitektur als vielmehr ein Indikator für vorhandene Spannungen und Defizite im System.

Die Aufgabe der Zentren ist erschreckend banal. Man bringt mehrere Vertreter von Behörden örtlich zusammen, setzt sie in einen Raum und macht ihnen die Vorgabe, in Zukunft besser zusammenzuarbeiten als in der Vergangenheit. An den wichtigen Stellschrauben, nämlich am gesetzlichen Auftrag der Behörden, an ihrer Zuständigkeit und an ihren Befugnissen wird nicht nur nichts geändert, sondern dieser Umstand wird sogar positiv herausgestellt – als Beruhigungspille für die allfälligen Kritiker.

Dabei ist es gar nicht einleuchtend, dass sich die Zusammenarbeit der Behörden, insbesondere der Informationsaustausch, durch eine lokale Zusammenführung von Verbindungsbeamten verbessert, als wenn etwa der Informationsaustausch vom jeweiligen Sitz der Behörde aus gesteuert wird. Die Verbindungsbeamten verkörpern nicht das gesamte Wissen ihrer Heimatbehörde. Sie sind also darauf angewiesen, proaktiv oder reaktiv von ihrer Behörde die Informationen zu erhalten, die sie zum Beispiel in die nächste Lagebesprechung einbringen sollen – proaktiv, wenn die Behörde selbst einen Sachverhalt auf die Tagesordnung setzen will; reaktiv, wenn die Behörde zu einem Fall auf der Tagesordnung ergänzende Informationen beisteuern will. Da der Verbindungsbeamte den Fall in aller Regel selbst nicht kennt, wird er selbst kaum Auskunft zu Nachfragen oder Bewertungen geben können. Hierzu muss er sich erst wieder bei seiner Heimatbehörde schlaumachen. Dieses System kann nur bei geringem Fallaufkommen einen Mehrwert bringen, wenn man also Zeit hat, sich umfassend vorzubereiten, wenn man noch aus der Sitzung heraus in der Heimatbehörde anrufen und nachfragen kann, um den gerade diskutierten Sachverhalt zu ergänzen. Dieses System ist dann anfällig, wenn die Fälle zu zahlreich werden, wenn also in der für den heutigen Tag angesetzten Sitzung die Fälle 16 bis 48 behandelt werden und auf der Tagesordnung der nächsten Woche die Fälle 49 bis 84 stehen.

Hinzu kommt, dass der Informationsfluss über die Zentren nicht die routinemäßige Regel sein kann und darf. Da durch die Errichtung des Zentrums ganz bewusst nichts geändert wird, werden auch die Regeln zur Informationsweitergabe nicht geändert. Das ist gut so, denn es darf nicht sein, dass ein Bundesland, dessen Verbindungsbeamter entschuldigt bei der Lagebesprechung fehlt, erst über das Besprechungsprotokoll wichtige Informationen zu einem Fall erhält, der gerade in seinem Land virulent wird. Es darf auch nicht sein, dass man mit der Weitergabe einer relevanten Information zum Beispiel an alle Landesämter für Verfassungsschutz bis zur nächsten Lagebesprechung im Zentrum wartet. Daher muss der Informationsaustausch zwischen den Sicherheitsbehörden ungeachtet der Zentren rund um die Uhr gewährleistet sein.

Zentren haben somit nicht nur Vorteile. Der Versuch, mit ihnen Friktionen in unserer Sicherheitsarchitektur zu überbrücken, gelingt nur teilweise. Bei einer Weiterentwicklung der Sicherheitsarchitektur sollten daher keine neuen Zentren oder Organisationen geschaffen werden, auch wenn die damit verbundenen Schlagworte Kooperation und Koordination schön klingen mögen. Vielmehr muss die Struktur geändert werden.

Neue Zentren, neue Kooperations- und Koordinierungsplattformen zu errichten, erfordert wenig Mut. Man ändert letztlich nichts, tut niemandem weh, tritt niemandem auf die Füße und kann trotzdem Aktivität nachweisen. Ein ideales Spielfeld für wenig mutige Politik. Lediglich das erste Zentrum, das GTAZ, war ein Wagnis des damaligen Bundesinnenministers Schily. Es ging um eine völlig neue Struktur, von der keiner wusste, wie sie sich entwickeln würde, ob mit ihr durch die normative Kraft des Faktischen Zuständigkeiten verschoben würden, ob der Föderalismus angekratzt würde, ob Folgewirkungen mit unausweichlichen Gesetzesänderungen zugunsten des Bundes oder einer Behörde zu erwarten wären, ob also ungewollte Entwicklungen eintreten würden, denen man sich nicht entziehen könnte. Nichts davon ist eingetreten. Insofern hat sich die Errichtung des GTAZ als harmlos erwiesen, weshalb die vielen weiteren Zentren folgten.

Veränderungen in der Struktur erfordern dagegen Mut. Will man die föderale Systematik optimieren, ist der Ärger mit den Bundesländern vorprogrammiert. Will man Zuständigkeiten neu ordnen, stößt man auf Widerstände bei den Behörden, die abgeben sollen. Am Schluss hat man mehr oder weniger alle gegen sich, Bundesländer, Behördenchefs, Bedienstete, Gewerkschaften, und diese Situation mag niemand gerne. Ein beliebter Ausweg aus dem Dilemma ist meines Erachtens der taktische Ruf nach Europa.

The Rat Pack

Bei all den organisatorischen und strukturellen Fragen kommt es aber auch immer auf gute persönliche Beziehungen an. Den Wert einer guten Freundschaft lernt man zudem erst dann am meisten schätzen, wenn es einem nicht so gut geht. Ich hatte Glück, denn ich habe zwei gute Freunde, die stets zu mir gehalten haben: Hans-Georg Maaßen, den ehemaligen Präsidenten des Bundesamtes für Verfassungsschutz, und Dieter Romann, den Präsidenten der Bundespolizei. Wir kannten uns aus den Zeiten, als wir gemeinsam im Bundesinnenministerium gearbeitet haben. Maaßen war damals Leiter der Unterabteilung Terrorismusbekämpfung und Romann dort Leiter des Einsatzreferats. Und die Unterabteilung Terrorismusbekämpfung gehörte zur Abteilung Öffentliche Sicherheit, deren Abteilungsleiter ich war. Wir drei wirkten seinerzeit nicht nur gemeinsam dienstlich recht erfolgreich, sondern unsere Zusammenarbeit war so freundschaftlich geprägt, dass dies auch über unsere gemeinsame Zeit in der Abteilung Öffentliche Sicherheit hinaus angedauert hat.

Nachdem ich am 1. Januar 2012 Präsident des BND wurde, folgten Hans-Georg und Dieter zeitgleich am 1. August 2012 auf ihre Präsidentenposten. Ab dann trafen wir uns alle paar Wochen regelmäßig. Es tat uns sichtlich gut, unsere Erfahrungen und Eindrücke über unsere Funktionen auszutauschen. Uns überraschte, dass die neuen Fragestellungen im Kern – wenn auch in unterschiedlicher Verpackung – in allen drei Behörden dieselben waren.

Es tat auch gut, von den beiden anderen Präsidenten Ratschläge einzuholen, wie man ein bestimmtes Problem lösen könnte. Man konnte sicher sein, die beiden anderen meinten es gut mit einem, und ihre Tipps erfolgten auf der Basis von Erfahrungen, die sie im Führen von großen und komplexen Behörden gewonnen hatten – was natürlich nicht bedeutete, dass wir immer alle der gleichen Meinung waren.

Bei unseren Treffen gingen wir gleich zu Anfang dazu über, uns von unseren Behörden auch Themen melden zu lassen, die wir dann gemeinsam erörterten. Daher war unser regelmäßiges Treffen bald in allen drei Behörden bestens bekannt. Im Sommer 2013 erschien sogar ein kurzer Bericht in der *BILD am Sonntag* darüber, weil man uns in einem Berliner Ausflugslokal gesehen und fotografiert hatte. In jeder Behörde hieß dieses Dreiertreffen anders, von bieder »Die drei von der Tankstelle« bis hin zu forsch »The Rat Pack«.

Unsere enge Beziehung wirkte rasch bis in die Behördenapparate hinein. Nicht Behördenegoismus oder eitler Streit war für alle Bereiche in unseren Behörden angesagt, sondern konstruktives Zusammenwirken. Im Nachhinein betrachtet war dies ein unschätzbarer Mehrwert über unsere Freundschaft hinaus.

Naturgemäß waren die Schnittstellen des BND mit der Bundespolizei überschaubarer als die mit dem Bundesamt für Verfassungsschutz. Vor allem die Verbesserung des Informationsaustauschs blieb ein Dauerthema, gerade bei den Themen der Bekämpfung der illegalen Migration und des Terrorismus. Mit dem Bundesamt für Verfassungsschutz gab es auch konkrete gemeinsame Projekte. Ein gegenseitiges Hospitationsprogramm, die Nutzung von Lehrgängen der jeweils anderen Behörden und der systematische Informationsaustausch über die Themen bei Gesprächen mit ausländischen Partnern sind nur wenige Projekte von vielen. Ab 2014 wagte ich es dann, in meinen Reden öffentlich zu erklären, dass die Zusammenarbeit von Inlandsnachrichtendienst und Auslandsnachrichtendienst in Deutschland noch nie so gut war.

Die Runde war auch kreativ. Hans-Georg Maaßen entwickelte die Idee einer gemeinsamen öffentlichkeitswirksamen Veranstaltung. Nach einigen Diskussionen entstand daraus der Herbstempfang der Bundessicherheitsbehörden, eine Veranstaltung, die heute aus dem politischen Berlin nicht mehr wegzudenken ist.

Weniger lustig zumute war mir insbesondere im April 2014, als im Zuge der NSA-Affäre Forderungen nach meiner Entlassung die öffentlichen Diskussionen bestimmten. Die Zusammenarbeit des BND mit der NSA wurde seinerzeit nicht nur skandalisiert, sondern die Vorwürfe lauteten auch von Rechtsbruch bis hin zu Landesverrat. Nach einer harten

Woche rief mich meine Frau am späteren Freitagnachmittag an und fragte, wann ich in etwa nach Hause komme, da sie etwas Besonderes kochen wolle. Das war der Anlass, die Aktentaschen für das Wochenende zu packen und loszufahren. Zu Hause erwartete mich eine Überraschung. Maaßen und Romann warteten schon auf mich, um mir ihre Solidarität nicht nur durch Worte, sondern auch durch diese Geste zu bekunden.

Sicherheit und Freiheit

Dem Stellenwert von Sicherheit Geltung verschaffen

Wenn in Fachgesprächen zum Thema Sicherheit englisch gesprochen wird, dann fällt einem schnell auf, dass der Terminus »Sicherheit« viele Facetten hat. Im angelsächsischen und amerikanischen Sprachraum unterscheidet man nämlich zwischen *Safety* und *Security*, was in dieser klaren Trennschärfe im Deutschen so keine Entsprechung findet. *Safety* lässt sich am ehesten mit dem Begriff Betriebssicherheit übersetzen, *Security* hingegen wird oft als materielle Sicherheit oder als Angriffssicherheit bezeichnet. Diese Unterscheidungen treffen wir im Deutschen in aller Regel nicht, sondern verwenden meist nur das Wort Sicherheit, ohne weiter zu differenzieren. Eine Brandschutztür, ein Airbag, eine Hypothek oder eine Impfung lassen sich in unserem Sprachgebrauch genauso mit Sicherheit verbinden wie etwa die Polizei, das Militär oder der NATO-Vertrag. Allenfalls durch Zusätze versuchen wir, ein wenig zu ordnen, was aber auch nicht immer überzeugend gelingt. Was unterscheidet die innere Sicherheit von der öffentlichen Sicherheit? Ist die technische Sicherheit auch Betriebssicherheit? Dient die wirtschaftliche Sicherheit der individuellen oder der kollektiven Sicherheit? Irgendwann landet man auch bei der Frage nach dem Unterschied von objektiver und subjektiver Sicherheit.

Die Komplexität des Terminus Sicherheit wird bisweilen gerade in der Politikwissenschaft beklagt, da es noch nicht gelungen ist, einen Konsens über die Breite des Sicherheitsbegriffs zu finden oder ihn abschließend zu definieren. Ich finde, die Durchdringung des Begriffs Sicherheit in nahezu alle Lebensbereiche ist kein Manko, sondern ein Beleg dafür, dass Sicherheit ein zentraler Wertbegriff unserer Gesellschaft, unseres Gemeinwesens geworden ist. Umso mehr verwundert es, dass das Grundgesetz weder eine ausdrückliche Bestimmung zur Gewährleistung von Sicherheit noch zum Verhältnis von Freiheit und Sicherheit enthält.

Grundrecht auf Sicherheit?

Es war wieder einmal der damalige Bundesinnenminister Otto Schily, der nach den Anschlägen vom 11. September 2001 die in der Rechtswissenschaft geführte Diskussion über ein »Grundrecht auf Sicherheit« aufgriff. Dieses Grundrecht stehe »zwar nicht direkt, aber sehr wohl indirekt, im Grundgesetz«, erläuterte er in einem Interview mit der *Süddeutschen Zeitung*. Er zitierte in diesem Zusammenhang den einprägsamen Satz von Wilhelm von Humboldt (*Über die Grenzen der Wirksamkeit des Staates*, 1792): »Ohne Sicherheit vermag der Mensch weder seine Kräfte auszubilden, noch die Frucht derselben zu genießen; denn ohne Sicherheit ist keine Freiheit.« Die »ureigenste und vornehmste Aufgabe des Staates« sei es daher, dafür zu sorgen, dass die Sicherheit der Bürger und der innere Frieden gewahrt würden. Für

Schily war klar, dass die Sicherheit die Voraussetzung für die Wahrnehmung von Freiheitsrechten ist.

Der renommierte Staatsrechtler Josef Isensee hatte bereits 1982 die Theorie vom »Grundrecht auf Sicherheit« entwickelt. Freiheit, so Isensee, sei eine natürliche Vorgegebenheit. Der Staat stelle sie nicht her, er lasse sie bestehen. Sicherheit dagegen sei eine Staatsaufgabe, ein vom Staat herzustellender Zustand. Das von ihm so beschriebene Verfassungsprinzip hat es allerdings in der Rechtswissenschaft nicht zu einer Mehrheitsmeinung geschafft. Bis heute steht daher die Frage im Raum, ob das »Grundrecht auf Sicherheit«, auch ohne dass es ausdrücklich im Grundgesetz aufgeführt ist, sich dennoch daraus herleiten lässt. Otto Schily bejahte dies. Sein Nachfolger im Amt des Bundesinnenministers, Hans-Peter Friedrich, erklärte 2013 im Rahmen der Diskussion über die Tätigkeit der NSA, Sicherheit sei ein »Supergrundrecht«, das im Vergleich zu anderen Rechten herauszuheben sei.

Die Kritik, die insbesondere Hans-Peter Friedrich seinerzeit hat erfahren müssen, aber auch die Vorbehalte gegen ein Verfassungsprinzip »Grundrecht auf Sicherheit« sind mir wenig verständlich. Es besteht doch ganz sicher Einigkeit darüber, dass die Schaffung und Gewährleistung von Sicherheit zu den vorrangigen Aufgaben des Staates gehört. Und dass Schutzpflichten des Staates auch Verfassungsrang haben können, dürfte ebenfalls Konsens sein. Streiten kann man sich hingegen über die Frage, ob Sicherheit als individuelles Grundrecht oder als Staatsaufgabe definiert werden soll. Und streiten kann man darüber, ob die Sicherheit – als Grundrecht oder als Staatsaufgabe – expressis verbis Eingang in unsere Verfassung finden oder kraft Auslegung Wirkung entfalten soll.

Bislang hat der Bundestag seit 1949, seit Bestehen des Grundgesetzes, kein weiteres Grundrecht in den Grundrechtskanon unserer Verfassung aufgenommen. Dagegen wurden fünf neue Staatsziele verfassungsrechtlich verankert, und zwar 1967 das »Gesamtwirtschaftliche Gleichgewicht« in Artikel 109 Absatz 2, 1992 die »Verwirklichung eines geeinten Europas« in Artikel 23 Absatz 1, 1994 die »Tatsächliche Durchsetzung der Gleichberechtigung« in Artikel 3 Absatz 2 und der Schutz der »Natürlichen Lebensgrundlagen«, also der Umweltschutz in Artikel 20a, und zuletzt 2002 der Tierschutz (»Der Staat schützt ... die Tiere ...«) ebenfalls in Artikel 20a.

Immer wieder wird gefordert, neue Staatsziele ins Grundgesetz aufzunehmen. So sprach sich beispielsweise 2007 eine Enquête-Kommission dafür aus, die Kultur als Staatsziel zu formulieren. 2009 wurde vorgeschlagen, die deutsche Sprache in der Verfassung zu verankern. Und 2012 wurde über das Staatsziel Sport debattiert. Derzeit diskutiert man darüber, ob der Kinderschutz, der Klimaschutz oder auch das Recht des ungeborenen Lebens Aufnahme in unserer Verfassung finden sollen. Im Rahmen des Integrationsgipfels 2020 im Bundeskanzleramt gab es gar die Forderungen, »Vielfalt« und Deutschland als »Einwanderungsland« im Grundgesetz zu verankern.

Sicherheit ist ein Grundbedürfnis

Wenn man die bisherigen fünf Grundgesetzergänzungen und die zahlreichen weiteren Forderungen betrachtet, dann gelten die Gründe, die für eine Aufnahme als Staatsziele sprechen, erst recht auch für die Sicherheit. Sicherheit ist ein Grundbedürfnis des Menschen und wird zum Beispiel im Duden definiert als »Zustand des Geschütztseins vor Gefahren oder Schaden«. Nach der bekannten maslowschen Bedürfnispyramide, ein sozialpsychologisches Modell des US-amerikanischen Psychologen Abraham Maslow, gehört Sicherheit neben den körperlichen Grundbedürfnissen wie Trinken, Essen, Wärme und Schlaf zur Basis der zu erfüllenden Bedürfnisse, auf der die sozialen und Individualbedürfnisse – wie etwa die Selbstverwirklichung – aufbauen.

Die immer wieder in Sonntagsreden gern behauptete These, Freiheit und Sicherheit stünden auf einer Stufe, sie bedingten sich wechselseitig, es bestehe eine Balance zwischen Freiheit und Sicherheit, ist also faktisch falsch. Sicherheit ist das höherrangige Bedürfnis der Menschen. Das zeigt nicht nur die maslowsche Bedürfnispyramide, sondern auch unsere Entwicklungsgeschichte. Menschen verzichten freiwillig auf Freiheit, um als Gegenleistung Sicherheit zu erhalten. Menschen ordnen sich noch heute einem Stamm, einem Clan, einer Gemeinschaft, aber auch dem Staat unter, akzeptieren Weisungen und Befehle, Gebote und Verbote, verzichten also auf einen Teil ihrer Freiheit, um als Gegenleistung Schutz und Sicherheit zu erhalten. Die Entstehung des Gebildes »Staat« beruht gerade darauf, dass sich Menschen zusammengeschlossen, auf die Anwendung individueller Gewalt verzichtet und dem Staat das Gewaltmonopol gegeben haben, verbunden im Gegenzug mit dem Auftrag des Schutzes. Da Sicherheit die Grundlage zur Entfaltung von Freiheit ist, mag die Erfüllung des staatlichen Schutzauftrags an der einen oder anderen Stelle auch eine Freiheitseinschränkung darstellen, letztlich aber wird nur so das Recht auf Freiheit gewährleistet.

Die ehemalige Bundesverfassungsrichterin Evelyn Haas

hat in einem bemerkenswerten Minderheitsvotum zur Entscheidung des Bundesverfassungsgerichts zur Zulässigkeit der Rasterfahndung im Jahr 2006 hierzu ausgeführt: »Deshalb sind alle die Sicherheit gewährleistenden Maßnahmen gleichzeitig auch als Maßnahmen zu begreifen, die Freiheitsentfaltung gewährleisten und fördern.« Im demokratischen Rechtsstaat – auf diesen Zusatz kommt es natürlich an – stärke ein Gewinn an Sicherheit auch die Freiheit, sei demgemäß ein Freiheitszugewinn.

Ohne Sicherheit nützen selbst noch so schön formulierte Grundrechte nichts. Ohne Sicherheit wären die Grundrechtsverbürgungen auf Leben, Freiheit oder Eigentum leere Versprechungen. Was nutzt eine Gewerbefreiheit, wenn man Angst vor Schutzgelderpressungen haben muss. Was nutzt das Recht auf Freizügigkeit, wenn man Angst hat, durchs Land zu reisen, weil man befürchten muss, Opfer einer Straftat zu werden? Sicherheit dient der Realisierung von Grundrechten und ist somit ein Freiheitszugewinn.

Die Corona-Krise 2020 hat mit ihrer vollen Wucht, mit ihrer realen Brutalität gezeigt, dass diese Überlegungen keine bloßen theoretischen Axiome sind. Nicht nur in Deutschland wurden Maßnahmen angeordnet, die bis dato kaum vorstellbar waren. Grenzschließungen, Schließungen von Schulen, Restaurants oder Gewerbebetrieben, ja sogar Betretungsverbote, Kontakt- und Ausgangsbeschränkungen haben das gesamte öffentliche Leben und jeden Einzelnen von uns in unserer Freiheit beeinträchtigt. Die zahlreichen Einschränkungen zum Beispiel der allgemeinen Handlungsfreiheit, der Versammlungsfreiheit, des Demonstrationsrechts, der Gewerbefreiheit, der Religionsfreiheit, der Berufsfreiheit, der Wissenschaftsfreiheit, des Rechts auf Freizügigkeit und etlicher anderer Grundrechte wurden von der überwiegenden Mehrheit der Bevölkerung nicht nur hingenommen, sondern auch ausdrücklich mitgetragen und sogar gutgeheißen. Zwar gingen bei den Gerichten etliche Klagen ein, was aber angesichts des zwar nicht offiziell verhängten, jedoch faktischen Ausnahmezustands im ganzen Land und in allen Lebensbereichen erstaunlich wenig war. Andererseits ist die Reaktion der Bevölkerung nur logisch, denn diesmal ging es ja auch um das eigene Leben, und dann stellt sich die Frage nach dem Stellenwert von Sicherheit und Freiheit neu.

Die Gegner einer jedweden Aufnahme der Sicherheit in unsere Verfassung fürchten zu Recht, dass damit die Sicherheit einen höheren Stellenwert erlange als bisher. Einklagbar sind Staatsziele zwar nicht, aber im juristischen Alltag würde etwa bei einer Güterabwägung zwischen Datenschutz und Sicherheit oder bei der Prüfung der Verhältnismäßigkeit bei der Wahrnehmung der Sicherheitsaufgaben durch staatliche Stellen die Sicherheit an Bedeutung gewinnen.

Die Verhältnismäßigkeit als allgemeines Abwägungsprinzip im Sinne des Übermaßverbotes fordert einen schonenden Ausgleich zwischen den Freiheitsinteressen des Einzelnen und den Rechtsprinzipien des Gemeinwohls. Bei dieser Abwägung kann es durchaus eine Rolle spielen, ob Sicherheit als Grundrecht oder als Staatsziel in der Verfassung verankert ist. Vor allem aber gilt dies für das Untermaßverbot als dogmatisches Gegenstück zum Übermaßverbot. Demnach gibt die Verfassung den Schutz als Ziel vor, nicht aber die Ausgestaltung im Einzelnen. Dabei hat der Gesetzgeber, so das Bundesverfassungsgericht in seiner Entscheidung vom 23. Mai 1993, das Untermaßverbot zu beachten. Notwendig sei ein – unter Berücksichtigung entgegenstehender Rechtsgüter – angemessener Schutz. Entscheidend dabei sei, dass er als solcher wirksam ist. Das Untermaßverbot beschreibt also die Untergrenze für staatliches Handeln, das einen angemessenen und wirksamen Schutz gewährleisten muss. Sicherheit als Grundrecht oder Staatsziel würde also den Gesetzgeber zum Handeln verpflichten! Das wollen nicht alle.

Sicherheit im europäischen Recht

Die Aufnahme ins Grundgesetz hätte also keine bloße akademische Wirkung. Ein Polizeistaat würde Deutschland dadurch selbstverständlich nicht. Niemand käme zum Beispiel auf die Idee, die Europäische Union zu verdächtigen, auf dem Weg zum Polizeistaat zu sein. Und doch heißt es im Artikel 3 Absatz 2 des Vertrags über die Europäische Union, also in der Verfassung für Europa: »Die Union bietet ihren Bürgerinnen und Bürgern einen Raum der Freiheit, der Sicherheit und des Rechts ...« Gleiches gilt für die Charta der Grundrechte der Europäischen Union; deren Artikel 6 lautet schlicht und einfach: »Jeder Mensch hat das Recht auf Freiheit und Sicherheit«. Und nicht zuletzt postuliert die Europäische Menschenrechtskonvention in ihrem Artikel 5 Absatz 1 ebenfalls: »Jede Person hat das Recht auf Freiheit und Sicherheit«. Auch der Europäische Gerichtshof stützt sich auf dieses Grundrecht auf Sicherheit, zuletzt bei seiner Entscheidung vom 15. Februar 2016 zu einem Fall aus den Niederlanden, wonach er in Ausnahmefällen die Inhaftierung von Asylsuchenden für zulässig erklärte, wenn dies aus Gründen der nationalen Sicherheit erforderlich sei.

Warum es auf europäischer Ebene möglich ist, den zentralen Wertebegriff Sicherheit in den Grundrechtskatalog, den Menschenrechtskatalog und in die Verfassung aufzunehmen, bei uns dagegen noch nicht einmal eine ernsthafte Diskussion darüber stattfindet, ist kaum nachzuvollziehen. Wo sind die Sicherheitspolitiker, die sich von dem emotionsgeladenen Widerstand und der Häme, die die beiden ehemaligen Bundesinnenminister Schily und Friedrich seinerzeit erfahren haben, nicht entmutigen lassen und die für eine Aufnahme der Sicherheit als Grundrecht oder als Staatsziel eintreten? Warum kann in Deutschland nicht möglich sein, was auf europäischer Ebene längst Realität ist? Wo sind die neuen »Schilys« und »Friedrichs«, die den Mut haben, gegen den weich gespülten Mainstream anzutreten?

Ein Grenzfall

Dass man bei der Gestaltung von Sicherheit Korrekturen hinnehmen muss, versteht sich von selbst. So hat das Bundesverfassungsgericht am 15. Februar 2006 entschieden: »Die Ermächtigung der Streitkräfte, gemäß § 14 Absatz 3 des Luftsicherheitsgesetzes durch unmittelbare Einwirkung mit Waffengewalt ein Luftfahrzeug abzuschießen, das gegen das Leben von Menschen eingesetzt werden soll, ist mit dem Recht nach Artikel 2 Absatz 2 Satz 1 Grundgesetz in Verbindung mit der Menschenwürdegarantie des Artikel 1 Absatz 1 Grundgesetz nicht vereinbar, soweit davon tatunbeteiligte Menschen an Bord des Luftfahrzeuges betroffen werden.« Es ging damals darum, nach den Anschlägen vom 11. September 2001 in den USA, bei denen entführte Flugzeuge als Waffe eingesetzt wurden, Vorsorge zu treffen. Zwei Flugzeuge schlugen in das World Trade Center in New York ein, ein Flugzeug wurde in das US-amerikanische Verteidigungsministerium, das Pentagon in Washington, zum Absturz gebracht, und eine weitere Maschine stürzte in der

Nähe von Pittsburgh ab, ohne ihr Ziel, wahrscheinlich das Weiße Haus, zu erreichen. Über 3000 unschuldige Menschen verloren ihr Leben.

Um eine Wiederholung oder Nachahmung dieses Anschlags in Deutschland zu verhindern, wurde am 1. Oktober 2003 bei der Bundeswehr im nordrhein-westfälischen Kalkar das Nationale Lage- und Führungszentrum »Sicherheit im Luftraum« eingerichtet, in dem das Bundesinnenministerium durch Beamte der Bundespolizei und das Bundesverkehrsministerium durch Vertreter der Deutschen Flugsicherung vertreten sind. Aufgabe ist das rasche Erkennen und Alarmieren von und über Gefahrenlagen, bei denen zivile Luftfahrzeuge in die Gewalt von Terroristen gelangt sind, um sie als Waffe für einen gezielten Absturz missbrauchen zu wollen. Flankierend wurden wir im Bundesinnenministerium damit betraut, eine gesetzliche Grundlage für den Einsatz der Luftwaffe in diesen Fällen zu schaffen, das Luftsicherheitsgesetz. Die Luftwaffe hält im Rahmen ihrer NATO-Verpflichtungen rund um die Uhr zwei sogenannte Alarmrotten einsatzbereit, eine im Norden und eine im Süden Deutschlands. Jede Alarmrotte besteht aus zwei Abfangjägern, die sehr schnell starten und unberechtigt in den deutschen Luftraum eindringende Flugzeuge binnen weniger Minuten bekämpfen können. In den Besprechungen mit dem damaligen Minister Schily wurde durchaus auch darüber diskutiert, ob man den Abschuss eines entführten Flugzeugs überhaupt gesetzlich regeln sollte oder ob es nicht angebrachter wäre, sich auf einen Staatsnotstand zu berufen. Minister Schily konnte man keinesfalls ein Untermaß bei seiner Amtsausübung vorhalten, weshalb er gegen zahlreiche Widerstände das Luftsicherheitsgesetz durchsetzte. Noch bis zum Tag der Verkündung des Karlsruher Urteils waren wir im Ministerium felsenfest überzeugt, dass das Gericht das Gesetz im Wesentlichen unbeanstandet lassen würde. Wir konnten uns nicht vorstellen, dass der Staat schutzlos, ja ohnmächtig zuschauen sollte, falls ein entführtes Verkehrsflugzeug in ein Frankfurter Hochhaus hineinrasen würde. Die Richter haben eine andere Wertung getroffen.

Sicherheit und informationelle Selbstbestimmung

Digitalisierung, Datensicherheit, Datenschutz

Beim Thema Datenschutz fällt mir immer eine kleine Geschichte ein, die mein früherer Abteilungsleiter im Bundesinnenministerium gerne in seinen Reden erzählte. Er war Mitte der 1990er-Jahre zuständig, das Rückübernahmeabkommen mit der Sozialistischen Republik Vietnam und Deutschland zu verhandeln. Rückübernahmeabkommen wurden – damals jedenfalls erfolgreich – abgeschlossen mit einer Vielzahl von Staaten, die sich verpflichteten, ihre Staatsangehörigen ohne gültigen Aufenthaltstitel für die Bundesrepublik Deutschland wieder aufzunehmen. Der Standardtext der Abkommen war in der Regel gleich. Das Bundesjustizministerium legte Wert darauf, dass die Abkommen auch einen Passus zum Datenschutz enthielten, meist wurde dies in Artikel 9 geregelt. Nachdem mit der vietnamesischen Verhandlungsdelegation die Rückübernahmemodalitäten zügig geklärt werden konnten, wies mein Abteilungsleiter darauf hin, dass nun noch eine Regelung zum Datenschutz aufgenommen werden müsse. Die Vietnamesen zeigten Unverständnis gegenüber diesem Ansinnen. Die Daten der zurückgeführten vietnamesischen Staatsbürger seien in ihrem Land sicher, wahrscheinlich sicherer als in Deutschland, und deshalb brauche man keine entsprechende Regelung im Vertrag.

Auch ohne die Übersetzungsproblematik vom Deutschen ins Vietnamesische, die wohl Ursache für das damalige Missverständnis war, wird im Deutschen bis heute nachlässig oft nicht zwischen Datenschutz und Datensicherheit unterschieden. Bei der Datensicherheit geht es in der Tat um die Sicherheit von Daten, meist sind damit die technischen Lösungen und Vorkehrungen gemeint. Hier stehen also die Daten als solche im Vordergrund. Beim Datenschutz hingegen geht es um den Schutz des Menschen, der hinter den Daten steht. Nicht nur die synonyme Verwendung von Datenschutz und Datensicherheit bereitet im Alltag Verständnisprobleme.

Unser Datenschutz beruht auf dem Grundrecht auf informationelle Selbstbestimmung, dem Datenschutz-Grundrecht, das vom Bundesverfassungsgericht in seinem sogenannten Volkszählungsurteil vom 15. Dezember 1983 entwickelt wurde. Das Grundrecht auf informationelle Selbstbestimmung steht also nicht geschrieben in unserer Verfassung, sondern leitet sich laut dem Karlsruher Bundesverfassungsgericht aus dem allgemeinen Persönlichkeitsrecht, Artikel 2 Absatz 1, dem Recht auf freie Entfaltung der Persönlichkeit, in Verbindung mit Artikel 1 Absatz 1, »die Würde des Menschen ist unantastbar«, des Grundgesetzes her. Dieses Grundrecht soll die Befugnis des Einzelnen gewährleisten, »grundsätzlich selbst über die Preisgabe und Verwendung seiner persönlichen Daten zu bestimmen«. 25 Jahre später schuf das Gericht in seiner Entscheidung zur sogenannten Online-Durchsuchung ein weiteres Grundrecht, nämlich am 27. Februar 2008 das Grundrecht auf Gewährleistung der Vertraulichkeit und Integrität informationstechnischer Systeme, das sogenannte IT-Grundrecht. Auch dieses Grundrecht leitet sich aus dem allgemeinen Persönlichkeitsrecht des Grundgesetzes her, da es dem Schutz von persönlichen Daten, die in informationstechnischen Systemen gespeichert sind, dienen soll.

Die Schaffung neuer Grundrechte ist natürlich dem Parlament als Verfassungsgeber, der Legislative, vorbehalten und nicht dem Bundesverfassungsgericht als Teil der Judikative. Allerdings gehört man zur absoluten Minderheit, wenn man deswegen Anstoß an der Entwicklung neuer Grundrechte durch das Gericht nähme. Man muss dem Bundesverfassungsgericht auch zugutehalten, dass es ja keine »neuen« Grundrechte formulierte, sondern einen durch die technologische Entwicklung entstandenen Regelungsbedarf erkannte und diese Lücke durch eine Fortentwicklung der »allgemeinen« Grundrechte schloss.

Dies nachträglich zu bemängeln wäre zwecklos, allerdings kritisieren muss man, dass der Bundestag es bislang noch immer nicht geschafft hat, ein Datenschutz-Grundrecht und ein Grundrecht auf Gewährleistung der Vertraulichkeit und Integrität informationstechnischer Systeme in unsere Verfassung einzufügen. Man kann daher dem Bundesverfassungsgericht geradezu dankbar sein, dass es den fehlenden Gestaltungswillen des Parlaments substituiert. Denn Datenschutz ist dringend erforderlich!

Schon bei den Datenmengen, die Google, Apple, Facebook und andere Datenriesen sammeln, wird einem schwindelig. Dabei ist die immense Datenmenge weniger das Problem als vielmehr der Umstand, was man mit den oft freiwillig und arglos im Netz und per App hinterlassenen Daten machen kann. Google als Suchmaschine weiß dank Auswertung meines Suchverhaltens mehr über mich als ich selbst, denn ich vergesse – Google vergisst nichts. Das Nutzen der Wetter-

App auf meinem Smartphone gibt Aufenthaltsort und Tageszeit preis. Die sogenannte Gesundheits-App erstellt das perfekte Bewegungsbild und kann dank der Stufenzählung auch erkennen, ob ich im Keller oder im vierten Stockwerk bin. Die Wetter-App kann ich löschen, was ich aber nicht möchte. Die Gesundheits-App möchte ich gerne löschen, was aber auf meinem Smartphone nicht vorgesehen ist und deshalb nicht geht. Auch ohne aktive Nutzung liefert mein Handy Daten an den Provider. Ein nicht genutztes Android kommuniziert etwa 40-mal pro Stunde, ein iOS-Gerät durchschnittlich 4-mal stündlich mit seinem Server. Beim Schreiben dieser Zeilen habe ich – erstmalig so richtig problembewusst – meine Apps auf meinem Smartphone gezählt und bin auf 51 gekommen. Alle liefern Daten – täglich, stündlich, jetzt! Ich bin sicher, mit 51 Apps gehören ich zum unteren Durchschnitt, insbesondere verglichen mit den jüngeren Handynutzern.

Daten sind der Rohstoff und die Handelsware der Zukunft. Ihre Nutzung hat unser Leben durch neue Wertschöpfungsketten zwar jetzt schon verändert durch die Marktherrschaft von Suchmaschinen, Kommunikations-, Informations- und E-Commerce-Plattformen. Aber die Veränderung der Zukunft wird noch gravierender sein. Nehmen wir das Beispiel Auto. Das autonome Fahren wird kommen, gleich, ob mit herkömmlichem Kraftstoff-, Elektro- oder Wasserstoffantrieb. Ein solches Fahrzeug erzeugt permanent Hunderte von Daten, und zwar nicht nur wegen der erforderlichen Vernetzung zwecks autonomer Steuerung. Die Daten sind »geldwert«, so zum Beispiel die Information, wie oft der Kofferraum geöffnet und geschlossen wird. Werden die Kofferräume weniger genutzt, kann der Hersteller dünneres Blech verwenden – und so seinen Gewinn maximieren. Hat der Reifen hinten rechts einen zu geringen Druck, meldet sich die Werkstatt auf dem Display des Fahrzeugs, bietet einen Sonderpreis für den Reifenwechsel an und schlägt drei Werkstatttermine vor. Warnt die Tankanzeige, dass der Kraftstoff zur Neige geht, erscheint auf dem Display nicht nur der entsprechende Hinweis, sondern auch die Fahrtroute zur nächsten Tankstelle einer bestimmten Marke, nämlich der, mit der der Autohersteller oder der Autohalter einen Vertrag geschlossen hat. Die Versicherung bietet Sondertarife an, wenn sie auf die Daten des GPS-Systems zugreifen kann, aus denen sich nicht nur der Ort, sondern auch die gefahrene Geschwindigkeit und die Kilometerleistung ergibt. Rabatte erhält man bei vorschriftmäßigem und vorsichtigem Fahren, Zuschläge bis hin zur Kündigung ergeben sich aus verkehrswidrigem Verhalten. Wetterdienste interessieren sich für das Auslesen der Scheibenwischer, da sich die Ausbreitung von Regenwolken dank Tausender Autos genau darstellen lässt. Auch Verkehrsströme lassen sich auf die Anzahl von Personen bezogen präzise berechnen, denn das Auto weiß über die Kontakte in den Sitzen, wie viele Personen es transportiert. Parkplatzprobleme gibt es keine mehr, über eine App schickt man das selbst fahrende Auto, nachdem man vor der Haustür ausgestiegen ist, auf Parkplatzsuche an den Stadtrand. Und dank dieser App-Steuerung steht das Fahrzeug am nächsten Morgen zur vorgegebenen Zeit dort, wo man es haben möchte. Während der Fahrt kann man das Fahrzeuginnere zum mobilen Büro umfunktionieren, als Informations- oder Kommunikationszentrale nutzen oder sich über ein Entertainment-System unterhalten lassen. Das Display zeigt während der Fahrt selbstverständlich an, dass man gleich an einem Geschäft vorbeifährt, das die Sakkos verkauft, die man sich gestern Abend im Internet angesehen hat. Der angegebene Preis ist individualisiert, konkret auf mein Kaufpreisverhalten zugeschnitten, das die Verkaufsplattformen längst analysiert haben. Dank der gemessenen Kraftanwendung beim Schließen der Autotür und meiner Stimme beim Steuern meiner Fahrzeug-Alexa erkennen die Algorithmen, ob ich gerade aggressiv oder tief entspannt bin, und stellen ihre Werbung darauf ab. Die neue Zeit wird also sehr spannend. Genauso wie die Frage, ob sich Google, Apple und Co. damit zufriedengeben werden, nur das Fahrzeuginnere zu »bespielen«, oder ob sie gleich das gesamte fahrende System unter ihre Regie bringen wollen.

Dieselben Gedankenspiele lassen sich bei der Auswertung von Gesundheitsdaten anstellen. Bei aller Euphorie, frühzeitiger Erkrankungen zu behandeln oder auch Epidemien erkennen zu können, schwingt die Sorge mit, dass die neuen Möglichkeiten nicht nur positive Auswirkungen auf den Einzelnen haben. Nicht zuletzt gilt diese Sorge auch dem immer größer und immer schneller werdenden Informationsangebot. Wie soll man erkennen, was eine hinreichend recherchierte Information oder was reine Propaganda ist?

Während bei der relativ harmlosen Volkszählung 1987 viele sich weigerten, geben heute die Menschen über das Surfen im WWW und über Smartphones arglos ihre persönlichen Daten preis. Umso wichtiger ist es, dass in diese Entwicklung ordnend eingegriffen wird zum Schutz der Menschen, aus Gründen von *Security* und *Safety*. Dabei ist leider die Tendenz erkennbar, dass sich Gesetze und Gerichtsentscheidungen in erster Linie gegen die Sicherheitsbehörden richten, denen per se Datenmissbrauch unterstellt wird. Das Vorgehen gegen die Datenriesen Google, Apple und Co. ist dagegen harmlos bis wirkungslos. Das mag unter anderem daran liegen, dass die Firmen- und Datenzentralen dieser Wirtschaftsgiganten in den USA liegen und damit dem Zugriff unserer Gesetze in Teilen entzogen sind. Es liegt aber auch daran, dass es Mut erfordert, sich mit diesen Giganten anzulegen. Wie wäre es mit einer gesetzlichen Verpflichtung, dass zum Beispiel Google seine Server so dezentral und gegebenenfalls gar national konfigurieren muss, damit sie für deutsche oder europäische Rechtsvorgaben zugänglich sind? Diesen Konflikt, nicht nur mit Google, sondern auch mit den USA, scheuen viele.

Bei aller Anerkennung für die Notwendigkeit eines wirksamen Persönlichkeitsschutzes – inzwischen ist der Behördenalltag von Polizei und Nachrichtendiensten aufgrund datenschutzrechtlicher Restriktionen schwierig geworden, wie die folgenden Beispiele zeigen:

Beispiel Fluggastdaten

Die EU-Richtlinie 2016/681 soll der Verhütung, Aufdeckung, Ermittlung und Verfolgung von terroristischen Straftaten und schwerer Kriminalität dienen. Sie war bis zum 25. Mai 2018 in nationales Recht umzusetzen, was in Deutschland durch das sogenannte Fluggastdatengesetz auch erfolgt ist. Demnach werden die Fluggastdaten der Airlines für alle grenzüberschreitenden Flüge dem BKA bis 24 Stunden vor der planmäßigen Abflugzeit zugeleitet und dort unter anderem mit den Fahndungsdateien abgeglichen. Ergeben sich Treffer, weil zum Beispiel ein Haftbefehl vorliegt, werden diese Informationen an die Bundespolizei weitergeleitet, die dann im Rahmen ihrer grenzpolizeilichen Zuständigkeit die betroffene Person bei ihrer Ausreise festnimmt. Die Etablierung dieses Fluggastdatensystems ist ein Sicherheitsgewinn. Täter und Tätergruppen reisen und agieren heutzutage selbstverständlich grenzüberschreitend. Auch weil die gesetzlichen Regelungen zulassen, dass Fluggastdaten zusätzlich nach Mustern untersucht werden, kann sich ein Mehrwert ergeben. Bei einem aufgegriffenen Terrorverdächtigen lässt sich etwa nachträglich im Datenbestand der Fluggastdaten prüfen, ob bei den von ihm benutzten Flügen regelmäßig dieselben Personen mit an Bord waren. So lassen sich Täterstrukturen erkennen.

Allerdings greift das Verfahren nur, wenn es sich um schwere Kriminalität oder Terrorismus handelt. Bei den Juristen heißt das, wenn die sogenannte Erheblichkeitsschwelle überschritten ist. Im Umkehrschluss bedeutet dies, wenn diese »Schwelle« nicht überschritten ist, darf das Bundeskriminalamt keine Weiterleitung des Treffers an die Bundespolizei vornehmen. Ein Raub nach § 249 Strafgesetzbuch stellt keine schwere Kriminalität nach den gesetzlichen Vorgaben des Fluggastdatengesetzes dar. Ein mit Haftbefehl gesuchter Räuber kann somit unbehelligt von Frankfurt nach Ibiza fliegen und dort das geraubte Geld in aller Ruhe am Strand ausgeben, obwohl beim Bundeskriminalamt beim Datenabgleich mit den Fluggastdaten ein Treffer gemeldet wurde. Da Flüge von Frankfurt nach Ibiza als Verbindungen innerhalb des Schengen-Raums seit Jahren nicht mehr kontrolliert werden, kann so der Räuber problemlos von Deutschland nach Spanien fliegen. Im Ergebnis ist dies eine Strafvereitelung kraft Gesetzes.

Ähnlich verhält es sich mit den Einreise- und Aufenthaltsverboten. Auch diese werden in die entsprechenden BKA-Dateien aufgenommen. Treffer dürfen aber nach einem Abgleich mit den Daten der Passagiere von nach Deutschland einfliegenden Flugzügen mangels Überschreitens der Erheblichkeitsschwelle nicht weitergeleitet werden. Diese Regelung ist schon deshalb kaum nachvollziehbar, wenn man bedenkt, wie viel Aufwand erforderlich ist, um derart sanktionierte Personen wieder aus dem Land zu bringen.

Beispiel Mautdaten

Im Juni 2017 konnte ein rumänischer Lastwagenfahrer sieben Monate nach dem Mord an einer Joggerin in Endingen bei Freiburg als Täter festgenommen werden. Er hatte die 27-jährige Frau in einem Wald erst vergewaltigt und anschließend getötet. Mautdaten der Inntalautobahn bei Kufstein, also aus Österreich, hatten die Ermittler auf die Spur des Mörders gebracht.

Die gute Nachricht bestand darin, dass es sich um Mautdaten aus Österreich handelte, auf die zugegriffen werden konnte. Die schlechte Nachricht war, dass die Polizei auf die vorhandenen Mautdaten aus Deutschland nicht zugreifen durfte. Deutsche Mautdaten dürfen nämlich weder zur Strafverfolgung noch zur Gefahrenabwehr genutzt werden. In § 4 Absatz 3 des Bundesfernstraßenmautgesetzes heißt es: »Diese Daten dürfen ausschließlich für Zwecke dieses Gesetzes verarbeitet werden. Eine Übermittlung, Verwendung oder Beschlagnahme dieser Daten nach anderen Rechtsvorschriften ist unzulässig.« Diese Daten existieren also, müssen somit nicht noch einmal erhoben werden, sind aber – wie es so schön formuliert wird – »beschlagnahmefrei«. Diese Beschlagnahmefreiheit gilt ausnahmslos, für die Bekämpfung von schwerer und schwerster Kriminalität, für die Bekämpfung des Terrorismus, der Organisierten Kriminalität, gilt für Schlepper- und Schleuserbanden, gilt für jede Art von Unrecht!

So durfte auch das BKA nicht auf die vorhandenen Daten zugreifen, als es um die Jagd nach einem unbekannten Täter ging, der jahrelang auf Autobahnen auf Fahrzeuge, auf Ladungen und auf Fahrerkabinen schoss. Seit 2008 hatte er bis zu seiner Festnahme im Jahre 2013 wahrscheinlich mehr als 700 Schüsse abgegeben und dabei zwei Frauen schwer verletzt. Eine kam mit ihrem Auto von der Straße ab und prallte gegen die Mittelleitplanke, die andere wurde in ihrem Fahrzeug am Hals getroffen. Die ballistischen Auswertungen hatten ergeben, dass jeweils aus dem fließenden Gegenverkehr geschossen wurde. Nachdem die Ermittler jahrelang auf der Stelle traten, weder eine Auslobung von 100 000 Euro als Belohnung für Hinweise noch eine Fahndung in der Sendung »Aktenzeichen XY« eine heiße Spur ergaben, setzten die Fahnder nach vier Jahren ergebnisloser Ermittlungen ab 2012 verdeckte Kennzeichen-Lesegeräte an den Strecken ein, auf denen der Täter schon öfter geschossen hatte. Wurde ein neuer Zwischenfall gemeldet, wurden die Kennzeichen abgeglichen, die man jeweils im fraglichen Zeitraum auf der Strecke erfasst hatte. Am Schluss blieb nur noch ein einziges Fahrzeug übrig, das Fahrzeug des Täters.

In der öffentlichen Diskussion über diese beiden Fälle wurde laut darüber nachgedacht, die Nutzung der Mautdaten zumindest für die Strafverfolgung von Kapitalverbrechen zuzulassen. Allerdings blieb es beim Nachdenken. Dabei kann man bestimmt nicht behaupten, der in Österreich zulässige Zugriff auf Mautdaten sei ein Indiz dafür, dass dort die Menschenrechte mit Füßen getreten würden. Warum darf bei uns nicht sein, was in Österreich möglich ist? Warum akzeptieren wir jahrelange ergebnislose Fahndungen, und welchen Sinn ergibt es, dass die ermittelnde Polizei mobile Lesegeräte einsetzen muss, um zu denselben Daten zu gelangen, die abrufbar – aber beschlagnahmefrei – in den Mauterfassungssystemen vorhanden sind?

Beispiel Verwendungsbeschränkung

Verwendungsbeschränkungen wie die eben geschilderte Beschlagnahmefreiheit der Mautdaten sind inzwischen in vielen Gesetzen zu finden. Sie gelten auch für polizeiliche Maßnahmen selbst. So ist es nur eingeschränkt oder auch gar nicht zulässig, Informationen, die im Rahmen einer bestimmten Ermittlungsmaßnahme quasi als Zufallsfund angefallen sind, zur Aufklärung weiterer Straftaten zu verwenden. Nehmen wir mal an, zur Verhinderung eines terroristischen Anschlags sei eine akustische Wohnraumüberwachung eingerichtet worden – natürlich unter Beachtung aller Voraussetzungen, die hierzu gesetzlich vorgegeben sind. Und nehmen wir weiter an, im Rahmen dieser Wohnraumüberwachung gewinnt die Polizei nicht nur wichtige Erkenntnisse über den geplanten Terroranschlag, sondern erhält nebenbei auch Informationen über eine groß angelegte Serie von Betrugsstraftaten. Da aber zur Aufklärung von Betrugsstraftaten weder nach der Strafprozessordnung noch nach den Polizeigesetzen von Bund und Ländern eine akustische Wohnraumüberwachung zulässig ist, dürfen die zufällig erlangten Informationen zu den Betrugsstraftaten, im Sprachgebrauch der Behörden heißt dies »Beifang«, nicht zu deren Aufklärung verwendet werden. Der Beifang unterliegt somit einer Verwendungsbeschränkung.

Beispiel Mindestspeicherfristen

Es gibt wohl kaum ein Datenschutz-Thema, bei dem so viel diskutiert, gerichtlich gestritten und politisch agiert wurde und wird, wie das Thema der Mindestspeicherfristen, allgemein bekannt unter dem Begriff Vorratsdatenspeicherung. Dabei geht es im Wesentlichen darum, dass die Anbieter von Telekommunikationsdiensten die anfallenden Daten zur Ermittlung und Verfolgung von Straftaten nachhalten und an die Strafverfolgungsbehörden herausgeben müssen. Dies war früher, insbesondere zu Zeiten des Festnetzes, kein Problem. Die Provider hielten zu Abrechnungszwecken und für den Nachweis bei etwaigen Beschwerden der Kunden ohnehin die Verbindungsdaten von Telefonaten für eine geraume Zeit vor. Hierauf konnten die Sicherheitsbehörden aufgrund entsprechender gesetzlicher Befugnis zurückgreifen. Voraussetzung für die Polizei war der Beschluss eines Ermittlungsrichters, Voraussetzung für die Nachrichtendienste war der Beschluss der sogenannten G10-Kommission, des parlamentarischen Kontrollausschusses. Mit der überwiegenden Nutzung von Flatrates und Prepaid-Karten benötigen die Provider diese Daten nicht mehr, weshalb auch die Geld kostende Speicherung mehr und mehr wegfiel. Heute werden Verbindungsdaten nur noch wenige Tage gespeichert, meist aus technischen Gründen. Hinzugekommen sind die Standortdaten bei Mobiltelefonen, die es früher so nicht gab. Hinzugekommen sind auch die sogenannten IP-Adressen. Eine solche ist Voraussetzung für den Zugang zum Internet, und man bekommt diese mit dem Anschalten seines PCs oder Smartphones automatisch zugewiesen. Da die IP-Adresse aus technischen Gründen immer wieder neu zugewiesen wird, also ständig wechselt, nennt man sie auch dynamische

IP-Adresse. Die gesamte Identifizierung innerhalb des Netzes erfolgt nur über diese anonyme, sich ständig ändernde IP-Adresse. Die Provider haben kein eigenes Interesse daran, die dynamische Zuordnung der IP-Adressen zu speichern. Dies machen sie erst dann, wenn sie hierzu verpflichtet werden.

Bei der Vorratsdatenspeicherung geht es somit darum, die Provider kraft Gesetzes genau dazu zu verpflichten. Die nach mehreren Anläufen nunmehr in Deutschland beschlossene Regelung sieht vor, dass erfasste Standortdaten für vier Wochen und die Verbindungsdaten und IP-Adressen für zehn Wochen gespeichert werden sollen, und zwar nicht bei irgendeiner Behörde, sondern beim Provider selbst. Und es geht vor allem auch nicht um Gesprächsinhalte, sondern lediglich um die Verbindungsdaten und die Zuordnung von IP-Adressen zu Anschlussinhabern. Die zuständige Bundesnetzagentur hat die deutsche Regelung, die Verpflichtung der Provider, allerdings am 28. Juni 2017 ausgesetzt, zwei Tage vor deren gesetzlich vorgesehener Umsetzung, um wegen der laufenden Gerichtsverfahren die abschließende Entscheidung des Europäischen Gerichtshofs abzuwarten. Diese steht noch aus.

Niemand in den Sicherheitsbehörden zweifelt an der Wirksamkeit einer Vorratsdatenspeicherung. Bleibt sie generell ausgesetzt, bedeutet dies, dass es beispielsweise nicht mehr möglich ist, nach einem Mord die Daten zu erhalten, mit wem das Opfer in den letzten Tagen und Wochen vor seinem Tod telefoniert hat. Es bedeutet gleichzeitig auch, dass man keine sogenannte Funkzellenabfrage mehr machen kann, welches Mobiltelefon zum wahrscheinlichen Tatzeitpunkt in der fraglichen Funkzelle registriert war. Es liegt auf der Hand, dass dadurch wichtige Ermittlungsansätze ersatzlos verloren gehen.

Gleiches gilt für die Bekämpfung der Kinderpornografie. Die meisten betroffenen Server befinden sich im Ausland. Wenn ein solcher Server im Ausland von den dortigen Behörden beschlagnahmt wird, werden die sichergestellten IP-Adressen der deutschen Nutzer dem Bundeskriminalamt zur weiteren Auswertung zugeleitet. Dieser Vorgang, nämlich Beschlagnahme, Auswertung, Identifizierung der IP-Adressen als deutsche IP-Adressen und Zuleitung an das BKA, dauert wegen der regelmäßigen Unmengen an Daten Wochen. Und auch wenn dieser Vorgang nur Tage dauern würde, wäre eine Identifizierung und Personalisierung der Nutzer aus Deutschland mittels der IP-Adresse nur möglich, wenn diese IP-Adresse beim Provider dann noch gespeichert ist. Der Zufall also entscheidet, ob diese widerwärtigen Straftaten verfolgt werden können oder nicht. Und ohne Mindestspeicherpflicht bleiben sie oft ungesühnt.

Seit Jahren steigen die Delikte mithilfe des Tatmittels Internet kontinuierlich in den polizeilichen Kriminalstatistiken von Bund und Ländern. Die Bandbreite krimineller Aktivitäten im und durch das Internet ist beachtlich und umfasst nicht nur die Verbreitung von Kinderpornografie, sondern reicht über das Abgreifen persönlicher Zugangsdaten, den Handel mit gefälschten oder gestohlenen Arzneimitteln, Drogen oder Waffen bis hin zu virtuellen Einbrüchen in Netzwerke, zur Verbreitung von Schadsoftware, zu Internet-Erpressungen und vielfältigen Betrugshandlungen. Allein im Land Berlin registrierte die Polizei, so die dortige Kriminalstatistik 2019, bei der Internetkriminalität einen Anstieg um 27 Prozent auf fast 40 000 Fälle im Zeitraum 2018 zu 2019. Dabei sind nach den Vorgaben der Innenministerkonferenz aus dem Ausland begangene Taten erst gar nicht erst mitgezählt. Nach den jährlichen Cybercrime-Berichten des Bundeskriminalamts muss zudem von einer hohen Dunkelziffer ausgegangen werden. Aller Wahrscheinlichkeit nach wird nur ein kleiner Teil der Straftaten in diesem Bereich zur Anzeige gebracht oder der Polizei bekannt. Nach einer Studie des Digitalverbands Bitkom aus dem Jahr 2017 ist sogar jeder zweite deutsche Internetnutzer in einem Zeitraum von einem Jahr Opfer von Cybercrime geworden. Die steigenden Fallzahlen korrespondieren mit einer sinkenden Aufklärungsquote. Um beim Land Berlin zu bleiben, hier sank die Aufklärungsquote bei der Internetkriminalität im Jahr 2019 auf gerade einmal 22,6 Prozent ab. Dies ist nicht nur, aber auch auf die fehlende Speicherung der IP-Adressen zurückzuführen.

Die dagegen immer wieder als Alternative vorgebrachte Maßnahme des sogenannten Quick-Freeze hilft erkennbar nicht weiter und ist eine Nebelkerze. Ein solches Verfahren meint das Speichern der Daten nach der Tat und kann zwangslogisch nur die Daten umfassen, soweit sie noch vorliegen. Genau das, nämlich das regelmäßige Nicht-mehr-Vorhandensein der Daten, ist ja das Problem, das die Vorratsdatenspeicherung lösen soll.

Das Hauptargument der Gegner der Mindestspeicherfristen besteht in der Behauptung, damit stelle man alle Menschen unter einen Generalverdacht. Der Europäische Gerichtshof in Luxemburg hat in seiner Entscheidung Ende 2016 zu den schwedischen und britischen Regelungen ausgeführt, der mit einer allgemeinen, oft auch »anlasslos« bezeichneten, Vorratsdatenspeicherung verbundene Eingriff in die Grundrechte sei »von großem Ausmaß und als besonders schwerwiegend anzusehen«. Die Vorratsdatenspeicherung sei geeignet, »bei den Betroffenen das Gefühl zu erzeugen, dass ihr Privatleben Gegenstand einer ständigen Überwachung ist«. Mir ist dabei nicht klar, und dies geht aus der Entscheidung auch nicht hervor, woran und wie man konkret gemessen hat, ob das Ausmaß »groß« oder als »besonders schwerwiegend« anzusehen ist. Ich frage mich auch, wer sich »ständig« dadurch »überwacht« fühlt, wenn seine Verbindungsdaten für zehn Wochen beim Provider gespeichert bleiben, die Sicherheitsbehörden hierauf grundsätzlich keinen Zugriff haben und dieser Zugriff ausnahmsweise und unabdinglich nur nach strengen Voraussetzungen von einem Gericht erlaubt werden muss. Fühlen wir uns etwa durch die Einführung der persönlichen Steueridentifikationsnummer, die zum Beispiel die konkrete Zuordnung von Bankgeschäften, Zinserträgen, Wertpapieren, Notarverträgen und sonstigen finanziellen Transaktionen zulässt, alle unter dem Generalverdacht der Steuerhinterziehung und dadurch in der Wahrnehmung unserer Grundrechte beeinträchtigt?

Und nicht zuletzt stellt sich die Frage, was eigentlich der Zusatz »anlasslos« bedeuten soll. Nach der Kasuistik der Kritiker ist »anlasslos« offensichtlich ein verschlimmernder Faktor, der dem zu beurteilenden Vorgang nahezu eine Gefahr zuschreibt. Aber die Verantwortlichen in den Sicherheitsbehörden sind nicht morgens aufgewacht, haben sich dann zusammengerottet und nach mehreren Tassen Kaffee die Vorratsdatenspeicherung erfunden. Es geht um die Bekämpfung der Kriminalität, um die Abwehr von Gefahren des Terrorismus, das ist doch nicht »anlasslos«. Das ist auch kein Generalverdacht gegenüber allen Menschen. Wenn sich jemand über unberechtigte Verdächtigungen beklagen kann, dann sind es die Mitarbeiterinnen und Mitarbeiter in den Sicherheitsbehörden, denen regelmäßig Missbrauch der gespeicherten Daten unterstellt wird. Wieso vertraut man offensichtlich Google, Facebook & Co. mehr als den deutschen Sicherheitsbehörden? Viele kritische Argumentationen zur Vorratsdatenspeicherung lesen sich gar so, als ob es sich bei unseren Sicherheitsbehörden um die Nachrichtendienste Chinas handle.

Beispiel Videoüberwachung

Im Lokalteil meiner Tageszeitung stoße ich immer wieder auf öffentliche Fahndungsaufrufe der Polizei, die mithilfe von Fotos aus Videoaufnahmen Tatverdächtige sucht. Dabei fällt auf, dass die entsprechenden Taten eine geraume Zeit zurückliegen.

So veröffentlichte die Berliner Polizei am 25. Oktober 2019 Fotos von zwei Männern, die in der Nacht vom 8. auf den 9. März in der U-Bahn eine Gruppe schwulenfeindlich beleidigt und mit der flachen Hand und der Faust ins Gesicht geschlagen haben sollen. Die öffentliche Fahndung erfolgte also sieben Monate nach der Tat.

Am 5. Februar 2020 veröffentlichte die Polizei Lichtbilder eines unbekannten Täters, der in den Abendstunden des 1. September 2019 ein 16-jähriges Mädchen aus dem U-Bahnhof heraus verfolgt und sexuell motiviert angegriffen haben soll. Erst durch die Gegenwehr und die Hilfeschreie der Jugendlichen konnte das Tatgeschehen beendet werden. Die öffentliche Fahndung erfolgte also fünf Monate nach der Tat.

Am 26. Februar 2020 suchte die Polizei mithilfe von Bildern aus Videoüberwachungskameras zwei mutmaßliche Räuber, die in den Abendstunden des 16. November 2019 einen Jugendlichen überfallen haben sollen. Sie entwendeten ihm diverse Wertgegenstände unter Anwendung von massiver körperlicher Gewalt, indem sie den 17-Jährigen niederschlugen und dann auf ihn eintraten. Dadurch erlitt der Jugendliche erhebliche Verletzungen. Die öffentliche Fahndung erfolgte also vier Monate nach der Tat.

Die Liste der Beispiele ließe sich beliebig fortführen. Meist handelt es sich um Raub, Körperverletzung oder sexuelle Belästigung.

Dass es nach der Tat – nicht immer, aber oft – so lange dauert bis zur Veröffentlichung der Foto-Stills aus den Videoaufnahmen, wird mit den Persönlichkeitsrechten der Täter begründet. Nach dem Grundsatz der Verhältnismäßigkeit muss die Polizei in der Regel erst alle anderen Ermittlungsmaßnahmen ergreifen, und nur wenn aktenkundig belegt ist, dass diese nicht zum Erfolg geführt haben, kann eine entsprechende öffentliche Fahndung beantragt werden. So sollen eine voreilige Stigmatisierung und der öffentliche Pranger-Effekt der Täter verhindert werden. Der Zeitverzug von mehreren Monaten muss also hingenommen werden, obwohl mit jedem verstrichenen Tag die Erfolgsaussicht einer öffentlichen Fahndung sinkt, da sich die Täter womöglich inzwischen erfolgreich abgesetzt haben.

Bemerkenswert war auch die Reaktion auf ein Pilotprojekt der Bundespolizei zur Gesichtserkennung durch Videokameras im Bahnhof Südkreuz in Berlin. Ziel dieses Pilotprojekts war das automatisierte Erkennen von terroristischen Gefährdern und gesuchten Straftätern anhand der Gesichtsbiometrie. Wenn dieser Testlauf erfolgreich verlief, war geplant, dieses Fahndungsmittel an 135 deutschen Bahnhöfen und 14 Verkehrsflughäfen einzuführen. Flüchtige gesuchte Straftäter hätte man dadurch aufspüren können, gesuchte Gefährder hätte man rechtzeitig vor der Umsetzung geplanter Anschläge dingfest machen können.

Die Menschen, die als Testpersonen an dem Projekt teilnahmen, hatten sich ausnahmslos alle freiwillig gemeldet. Dennoch haben Datenschützer versucht, schon diesen Testlauf zu verhindern unter Berufung auf das Grundrecht auf informationelle Selbstbestimmung. Die Testpersonen nahmen aber ihr ureigenes Recht wahr. Die Kritik der Datenschützer an einem Testlauf mit Freiwilligen zeigt, es geht gar nicht mehr um die Rechte des Einzelnen, es geht inzwischen ums Prinzip. Diese Verabsolutierung datenschutzrechtlicher Positionen ist allerdings die Regel geworden.

Bemerkenswert ist daher auch, dass das Bundesinnenministerium trotz des erfolgreichen Ergebnisses des Pilotprojekts einen Rückzieher machte und die beabsichtigte gesetzliche Grundlage für den Einsatz einer solchen Gesichtserkennung wieder streichen ließ. In der Presse war zu lesen, man befürchte, durch die Einführung der umstrittenen Methode die Akzeptanz der Bevölkerung für Videoüberwachung zu verlieren. Das Werben um Akzeptanz ist verständlich deswegen auf die Gesichtserkennung zu verzichten, überzeugt hingegen nicht. Denn ich glaube nicht, dass die Bevölkerung Vorbehalte gegen die Festnahme von Tatverdächtigen hat. Durch Gesichtserkennung wird ja nicht jedermann gesucht, sondern zum Beispiel Anis Amri, der flüchtige Attentäter, der in Berlin im Dezember 2016 zwölf Menschen getötet hatte. Ich vermute, es ging daher eher um Akzeptanzprobleme innerhalb der Bundesregierung als in der breiten Bevölkerung.

Datenschutz darf nicht zum Täterschutz mutieren

Angesichts der angeführten Beispiele, die nur die Spitze des Eisbergs darstellen, denke ich in der Regel zuerst an die Beschäftigten in unseren Sicherheitsbehörden. Bei den vielen datenschutzrechtlichen Vorgaben stellt sich die Frage, wer ist eigentlich eine Gefahr für unsere Gesellschaft? Der Straftäter, der Extremist, der Klein- oder Großkriminelle oder die Sicherheitsbehörden? Durch wen wird die Privatsphäre der Bürgerinnen und Bürger eigentlich bedroht? Die wahren Datenkraken sind nicht die Sicherheitsbehörden. Von der totalen Überwachung durch die Gesundheits-App träumen die Nachrichtendienste noch nicht einmal. Nun könnte man sagen, was interessiert mich die Befindlichkeit von Angehörigen der Sicherheitsbehörden? Wären sie Datenschützer geworden, hätten sie heute keine Probleme. Aber was müssen diese empfinden, wenn sie Straftaten nicht oder nur erschwert aufklären können, wenn sie künftige Straftaten nicht verhindern dürfen, obwohl die Daten, die Informationen hierzu zur Verfügung stehen? Und zwar Daten, die rechtmäßig erhoben worden sind.

Überspitzt könnte man die Problematik damit vergleichen, dass die Politik einem Chirurgen vorschreibt, eine Operation ohne Kenntnis der Krankenakte des Patienten durchzuführen. Der Chirurg würde sich aller Wahrscheinlichkeit nach weigern zu operieren. Von den Sicherheitsbehörden hingegen wird erwartet, dass sie trotz dieser beschränkenden Eingriffe in ihren Instrumentenkasten weiterarbeiten und erfolgreiche Arbeit leisten.

Ich halte dies auch für ein rechtspolitisches Problem. Früher konnte die Bevölkerung darauf vertrauen, dass die Polizei und die Justiz ohne Ansehen der Person dafür sorgen, dass unsere Rechtsordnung be- und geachtet wird. Dieses Vertrauen beruhte unter anderem auf dem sogenannten Legalitätsprinzip, nämlich dem Grundsatz, dass die Strafverfolgungsbehörden verpflichtet sind, wegen aller verfolgbaren Straftaten zu ermitteln. Heute verhindert oder beeinträchtigt der Datenschutz diese Strafverfolgung. Beispiel Fluggastdaten: Der Haftbefehl gegen den Räuber besteht, das Bundeskriminalamt hat den entsprechenden Treffer, darf diese Information jedoch nicht an die Bundespolizei weiterleiten. Beispiel Wohnraumüberwachung: Die Polizei hat die Informationen über eine groß angelegte Betrugsserie, darf diese Informationen aber nicht verwerten. Das muss man einmal den Opfern erklären, etwa: »Die Straftat gegen Sie könnten wir eigentlich aufklären, aber was Ihnen angetan wurde, ist im Sinne unserer Rechtssystematik nicht erheblich.«

Ist es daher sinnvoll, auf das Strafmaß, auf die juristisch so definierte Schwere der Tat abzustellen, wenn es um die Nutzung vorhandener Daten zur Strafverfolgung oder zur Strafvereitelung geht? Natürlich ist Mord ein Kapitalverbrechen und wird als einziges Delikt mit lebenslänglich bestraft. Aber ist es richtig, beispielsweise Mord in Relation zum Diebstahl zu stellen, wenn es um mehr oder weniger Datenschutz geht? Ist es für ein erfülltes Leben, für die freie Entfaltung der eigenen Persönlichkeit nicht von herausragender Bedeutung, sicher sein zu können, dass etwa ein Wohnungseinbruch mit manchmal langwierigen traumatischen Belastungen für den Geschädigten mit ganzer Kraft verfolgt wird? Ist ein solches Delikt wirklich »unerheblich« und reicht deshalb für eine Weitergabe von Daten für die Verfolgung des Täters und damit für die Verhinderung weiterer Hauseinbrüche nicht aus? Und auch ein Handtaschendiebstahl mit 18 Euro Inhalt kann »erheblich« sein, wenn die Rentnerin damit noch ein paar Tage über die Runden kommen muss oder sich danach nicht mehr auf die Straße wagt.

Die »Erheblichkeitsschwelle« als Kriterium, ob Daten weitergegeben und verwendet werden dürfen, entspricht dem Bedürfnis der Juristen, eine Logik zu erfinden, um komplexe Sachverhalte zu ordnen. Einmal etabliert, wird sie auch kaum mehr hinterfragt. Die Logik, bei schweren Straftaten, also etwa bei Mord, dürfen Daten weitergeben werden, und bei nicht schweren Straftaten, also etwa bei Diebstahl, darf man dies nicht, findet sich aber in der Alltagsrealität, im Rechtsempfinden der Bevölkerung nicht wieder. Wieso die Schutzaufgabe des Staates, Straftaten zu verfolgen und weitere zu verhindern, an einer theoretischen Erheblichkeitsschwelle scheitern soll, verstehen die Opfer von Straftaten nicht.

Die Probleme, wie messe ich »Erheblichkeit«, wie messe ich theoretische Kriterien, zeigen sich genauso bei der Frage nach der »Verhältnismäßigkeit«. Ist es »verhältnismäßig«, wenn die Polizei auf das erfolgversprechende Mittel einer schnellen öffentlichen Fahndung verzichten muss, weil es sich nur um »einfache Schläger« oder um eine »minderschwere sexuelle Belästigung« handelt? Ist das »Recht am eigenen Bild« eines Straftäters wichtiger, als ihn zu stoppen und festzunehmen? Ist es denn nicht wichtiger im Sinne von »verhältnismäßig«, dass man sich nachts in der U-Bahn sicher fühlen kann? Muss man sich nicht auch einmal fragen, ob unser Datenschutz heute noch verhältnismäßig ist?

Der Datenschutz hat sich »verselbstständigt«. Auf dem Papier, in der Theorie, ist alles nach der juristischen Methodenlehre systematisch und meistens sauber geregelt. Schwere Straftat hier, geringes Strafmaß dort, Erheblichkeitsschwelle, anlasslose Speicherung, anlassbezogene Datenerfassung, personenbezogen oder anonymisiert, Verwendungsbeschränkung, Übermittlungsverbot – das sind alles juristische, theoretische Versuche, dem Ganzen eine innere Logik zu verleihen, eine Subsumtionslogik, wie es in der Rechtswissenschaft heißt. Jedem neuen Kriterium mag bei seiner Findung eine

Zielsetzung zugrunde gelegen haben, die einzeln betrachtet sogar nachvollziehbar ist. Aber von neuer Teilregelung zu neuer Teilregelung, von Gerichtsentscheidung zu Gerichtsentscheidung, von Gesetzesänderung zu Gesetzesänderung geht die ganzheitliche Betrachtung verloren. Die Regelungen werden kleinteiliger, praxisferner und für die Sicherheitsbehörden immer weniger anwendbar. Und führen dazu, dass die Menschen nicht besser geschützt werden, sondern schlechter.

Datenschutz hat sich zu einer Monstranz unseres Rechtssystems, zu einer Art »Überrecht« entwickelt. Man gewinnt den Eindruck, das bloße Datum steht im Mittelpunkt des Eifers – und nicht der Mensch. Der Mensch ist aber mehr als die Summe seiner Daten.

Wenn man im Internet Beiträge darüber findet, ob die Klingelleiste eines Mehrfamilienhauses als schützenswerte Information behandelt werden muss oder ob es bei einer Trauerfeier noch zulässig ist, den Lebenslauf des Verstorbenen mit den vielen personenbezogenen Daten im Rahmen einer Gedenkrede öffentlich vorzutragen, oder ob Ärzte ihre Patienten noch namentlich aufrufen und ins Sprechzimmer bitten dürfen, dann kann man das einerseits als Effekt einer gelungenen Sensibilisierung der Bevölkerung betrachten. Andererseits sind solche kuriosen Auswüchse Anlass genug, einmal innezuhalten und uns selbst zu fragen: Was geschieht hier gerade? Wieso lässt sich diese Bevölkerung von einigen wenigen Datenschützern wie in kaum einem anderen Staat so aus der Orientierung bringen?

Also: Datenschutz ja, aber als Schutz des Menschen! In einer Zeit, in der nicht nur im Internet die vorbehaltlose und freiwillige Herausgabe von allen und jedweden Daten der Mehrheit unserer Bevölkerung normal ist, in einer Zeit, in der nicht nur jugendliche Menschen sensible und intimste Daten vorbehaltlos und bereitwillig an private Unternehmen und weitgehend anonyme Organisationen geben, in einer solchen Zeit brauchen wir neue Ansätze, die das bisherige Klein-Klein überwinden. Die grassierende Fragmentierung in separate Datentöpfe und abgeschottete Dateninseln, die überholte und überkommene Subsumtionslogik, die bisherigen Relationen und Gewichtungen müssen korrigiert werden.

Die heute noch geltenden Grundlinien unseres Datenschutzrechts stammen aus den 70er- und 80er-Jahren des vergangenen Jahrhunderts. Die papierne Welt von damals ist mit unserer heutigen Datenwelt in keiner Weise mehr vergleichbar. Schon deshalb bedarf es eines Neustarts mit einer Rückbesinnung auf das Schutzgut hinter dem Datenschutz.

Durch den Einsatz künstlicher Intelligenz – sowohl auf Seiten der Kriminalität als auch auf Seiten der Sicherheitsbehörden – sind ohnehin neue Datenschutzregularien angesagt. Diese können entweder im bisherigen Sinn ausgestaltet werden – überbordend, hemmend, praxisfern und unter größtmöglicher Berücksichtigung der Interessen der Täter. Oder man nimmt einen neuen Anlauf, wenn der Schutzauftrag des Staates nicht zur Attrappe werden soll. Es wird Zeit, am System des jetzigen Datenschutzes zu rütteln. Datenschutz ist kein Selbstzweck, sondern hat eine dienende Funktion.

Staat im Staate?

Kontrolle und Untersuchungsausschüsse

Immer wieder höre ich in Diskussionen, dass der Bundesnachrichtendienst nicht kontrollierbar sei. Ja, er sei sogar ein Staat im Staate, entwickele ein undurchsichtiges bis rechtswidriges Eigenleben, und eigentlich sei ein Geheimdienst mit einem demokratischen System nicht vereinbar. Wer derartige Parolen verbreitet, will Stimmung machen und keinen konstruktiven Beitrag zur Debatte leisten.

Natürlich ist der Bundesnachrichtendienst kontrollierbar, und ich behaupte, er wird mehr und intensiver kontrolliert als die meisten anderen Bundesbehörden. Nehmen wir zum Beispiel das Bundesverwaltungsamt mit Sitz in Köln. Der Name weist zwar darauf hin, dass dort irgendetwas mit »Verwaltung« geschieht, was dies konkret bedeutet, ist den meisten – auch Politikern und Medienvertretern – jedoch unbekannt. Dabei spielt das Bundesverwaltungsamt eine zentrale Rolle, was inländische und zum Teil auch ausländische Datenerfassung und Datenbearbeitung anbelangt. Dort sind ungleich mehr grundrechtsgeschützte Daten deutscher Staatsangehöriger, zum Beispiel bei der Verwaltung von BAföG-Darlehen oder im Nationalen Waffenregister gespeichert, als beim BND. Nur: Es interessiert kaum jemanden.

Die Tätigkeit eines Nachrichtendiensts ist dagegen naturgemäß besonders. Gremien und Organisationen überbieten sich bisweilen bei ihrer Suche nach Fehlern. Quasi als Belohnung dafür bekommt man mediale Anerkennung. Gerade in den Anfangszeiten der Snowden- und NSA-Diskussion, als dem BND Rechtsbruch und gar Landesverrat unterstellt wurden, hatte ich den Eindruck, es finde die öffentliche mediale Zerlegung des Auslandsnachrichtendienstes statt. Und vielen war die Gefahr, dass die Arbeitsfähigkeit des Dienstes dadurch dauerhaft Schaden erleide, durchaus recht.

Die gesellschaftliche Wahrnehmung eines Nachrichtendiensts ist eben anders als bei sonstigen Behörden. Dies hat jedoch eher etwas mit »Gefühl« zu tun, das den Menschen mitunter trügt, und nichts mit sachlichen Kriterien, wie der Beachtung geltenden Rechts. Wenn der Bundesnachrichtendienst etwa ein Gerichtsverfahren verliert, dann wird dies nahezu unweigerlich als Indiz dafür betrachtet, dass im Dienst das »Recht mit Füßen getreten« werde. Dass in anderen Bundesverwaltungen pro Jahr Hunderte Gerichtsverfahren verloren werden, wird dagegen kaum wahrgenommen. Auch Zeitungsverlage, Rundfunkanstalten, Parteien oder Fraktionen verlieren Prozesse, was aber nicht bedeutet, dass sie »Unrechtsorganisationen« sind.

Ich habe daher stets eine effektive Kontrolle des Dienstes befürwortet. Und ich war mir dabei sicher, dass auch die Mitarbeiterinnen und Mitarbeiter dies wollten. Sie möchten nicht Angehörige einer für mehr oder weniger kriminell gehaltenen Organisation sein, sondern sie wollen, dass man ihnen hinsichtlich ihrer Aufgabenerfüllung vertraut. Eine effektive Kontrolle erhöht die Glaubwürdigkeit und das Vertrauen, das man dem Dienst und seinen Angehörigen entgegenbringt. Eine effektive Kontrolle erhöht die Legitimation sowohl hinsichtlich der Standards der Alltagsarbeit als auch im Hinblick auf die Arbeitsergebnisse.

Bei aller Kontrolle ist aber eines wichtig: Geheim zu haltende Sachverhalte müssen auch geheim bleiben! Dabei geht es vorrangig um die Methodik, also um die konkrete Arbeitsweise des Dienstes. Würde diese offengelegt werden, wäre es für die aufzuklärenden Personen, Organisationen und Staaten ein Leichtes, sich darauf einzustellen. Die Auftragserfüllung des BND wäre dadurch erschwert, wenn nicht gar unmöglich. Wohlgemerkt: Es geht bei diesem Einwand nicht darum, die Arbeitsweise gegenüber den Kontrollinstanzen zu verheimlichen, sondern darum, bei der Kontrolle die Geheimhaltung zu beachten.

Dies führt allerdings regelmäßig zu dem Vorwurf, eine »geheime Kontrolle« verstoße gegen demokratische Prinzipien. »Geheim« ist aber nicht gleich schlecht oder rechtswidrig oder gar undemokratisch. Das Bankgeheimnis, die Schweigepflicht des Arztes oder des Rechtsanwalts sind anerkannte und akzeptierte Grundprinzipien unserer Gesellschaftsordnung, und niemand würde diesen die demokratische Legitimation absprechen.

Dies gilt beispielsweise auch für das Jugendstrafrecht. Gerichtsverhandlungen und die Verkündung der Entscheidungen sind im Gegensatz zum Erwachsenenstrafrecht nicht öffentlich. Die persönliche Entwicklung von Jugendlichen wird nämlich – zu Recht – in besonderer Weise als schutzwürdig betrachtet. Die Verfahren werden aber dadurch in keiner Weise schlechter als ein öffentliches Verfahren nach dem Erwachsenenstrafrecht. Und auch das Urteil im Jugendgerichtsverfahren ist dadurch nicht weniger demokratisch legitimiert oder gar zwielichtig.

Ähnlich sieht es bei der Gesetzgebung aus, und zwar immer dann, wenn der Vermittlungsausschuss angerufen wird. Dieser Ausschuss, der im Grundgesetz verankert ist und in dem Bundestag und Bundesrat zu gleichen Teilen vertreten sind, wird bei zwischen Bund und Ländern umstrittenen Gesetzesvorhaben eingeschaltet mit dem Ziel, eine Einigung herbeizuführen. Dieser Vermittlungsausschuss tagt ebenfalls hinter verschlossenen Türen, da nur so Kompromisse und das Für und Wider einer Entscheidung im kleinen Kreis mit größtmöglicher Offenheit ausgelotet werden können. Diese wichtige Arbeit des Vermittlungsausschusses ist wegen seiner nichtöffentlichen Arbeitsweise nicht schlechter oder gar undemokratischer als die anderer Ausschüsse.

Natürlich sind Beispiele immer so etwas wie der Vergleich von Äpfeln mit Birnen, aber sie verdeutlichen eines: Geheimhaltung und demokratische Prinzipien sind kein Widerspruch. Daher ist auch eine demokratisch legitimierte Kontrolle unter Beachtung der Geheimhaltung kein Widerspruch.

Kontrollinstanzen gibt es reichlich.

Das Parlamentarische Kontrollgremium ist das maßgebliche Organ der Legislative zur Überwachung des Bundesnachrichtendienstes. Berichts- und auskunftspflichtig ist nicht der BND als solcher, sondern die Bundesregierung, vertreten durch das Bundeskanzleramt. Dies ist ein kleiner, aber feiner Unterschied, denn damit entscheidet letztlich das Bundeskanzleramt, was dem Gremium vorgetragen wird. Die Sitzungen des Parlamentarischen Kontrollgremiums sind geheim.

Das sogenannte Vertrauensgremium des Bundestags als

weitere Kontrollinstanz übt die Budgethoheit gegenüber dem Bundesnachrichtendienst aus. Hier wird insbesondere über den Wirtschaftsplan, wichtige Einzelausgaben und Planungen mit größeren finanziellen Auswirkungen beraten. Auch diese Beratungen sind geheim, genauso wie der Wirtschaftsplan selbst.

Unter besonderen Umständen, zum Beispiel bei deutschen Terroristen, ist der Bundesnachrichtendienst befugt, auch dann technische Abhörmaßnahmen durchzuführen, wenn deutsche Staatsangehörige betroffen sind. Da das entsprechende Grundrecht, das Fernmeldegeheimnis in Artikel 10 des Grundgesetzes, davon betroffen ist, muss zuvor die G10-Kommission über die Notwendigkeit und Zulässigkeit dieser Maßnahmen entscheiden. Die vier Mitglieder der G10-Kommission werden vom Bundestag berufen, und auch diese Kommission tagt geheim.

Neben dieser legislativen Aufsicht wurde Ende 2016 das sogenannte Unabhängige Gremium geschaffen, das beim Bundesgerichtshof in Karlsruhe angesiedelt und für die Kontrolle der Ausland-Ausland-Fernmeldeaufklärung zuständig ist. Die Ausland-Ausland-Fernmeldeaufklärung betrifft die Aufklärung in den Krisengebieten dieser Welt, dort aber nicht die deutschen Staatsangehörigen. Damit hat man für die Kontrolle bei der Fernmeldeaufklärung nunmehr zwei Gremien etabliert: für die deutschen Staatsangehörigen die oben bereits erwähnte G10-Kommission und für die Ausländer das Unabhängige Gremium. Letzteres besteht aus zwei Richterinnen beziehungsweise Richtern des Bundesgerichtshofs sowie einer Bundesanwältin beziehungsweise einem Bundesanwalt, die vom Bundeskabinett berufen werden. Die Beratungen des Unabhängigen Gremiums sind geheim.

Natürlich unterliegt der Bundesnachrichtendienst auch den regulären Kontrollinstanzen der Exekutive, dem Bundesrechnungshof und dem Bundesbeauftragten für den Datenschutz und die Informationsfreiheit. Beide sind in der Ausübung ihrer Tätigkeit unabhängig. Die Prüfungen durch die Behörde des Bundesdatenschutzbeauftragten waren dabei in meiner Amtszeit weniger spannungsfrei als die des Bundesrechnungshofs.

Nicht zuletzt unterliegt der Bundesnachrichtendienst der Dienst- und Fachaufsicht. Er ist eine sogenannte Bundesoberbehörde im Geschäftsbereich des Bundeskanzleramts. Er untersteht also dem Chef des Bundeskanzleramts. Das Bundeskanzleramt übt somit die Dienst- und Fachaufsicht aus; dafür gibt es dort eine eigene Abteilung, die Abteilung 7.

Um das Bild zu vervollständigen, ist noch auf die judikative Kontrolle aufmerksam zu machen, denn man kann natürlich gegen den Bundesnachrichtendienst klagen, beispielsweise auf Einsicht von Akten.

An Kontrollorganen fehlt es also nicht! Die behördeneigenen, internen Kontrollinstanzen habe ich daher erst gar nicht aufgeführt. Was fehlt, ist eine Verbesserung der Mechanismen und des Systems.

Beim Blick auf beliebige Kontrollsysteme wird man erkennen, dass der Kontrolleur regelmäßig die aktive Rolle innehat und der Kontrollierte die passive. Der Kontrolleur bestimmt also, welche Aspekte er überprüft, und der Kontrollierte ist verpflichtet, entsprechend Auskunft zu geben. Das war beim gesetzlichen Regelwerk des Parlamentarischen Kontrollgremiums lange anders. Dort hatte die Bundesregierung den aktiven Part durch die gesetzliche Verpflichtung, über »Vorgänge von besonderer Bedeutung« beim BND zu berichten. Das bedeutete, der zu Kontrollierende bestimmte letztlich selbst, was berichtet, was kontrolliert wurde. Damit waren Probleme vorprogrammiert.

Wer eine unabhängige Kontrollinstanz haben möchte, braucht auch eine unabhängige Auswahl der zu behandelnden Themen, Sachverhalte und Vorgänge. Die Verantwortung für diese Auswahl kann nicht allein auf den Schultern der zu Kontrollierenden lasten. Ich habe daher die Ende 2016 erfolgte gesetzliche Änderung begrüßt, mit der das System der parlamentarischen Kontrolle weiterentwickelt wurde. Es wurde die Position eines Ständigen Bevollmächtigten des Parlamentarischen Kontrollgremiums etabliert, der im Auftrag des Gremiums aktiv Themen aufgreift und Kontrollen durchführt. Ich halte dies für richtungsweisend und im Interesse aller Beteiligten. Damit übernimmt das Gremium ein Stück mehr die Verantwortung dafür, was kontrolliert wird – und was nicht!

Überhaupt heißt Kontrolle auch, dass der Kontrolleur Verantwortung übernimmt. Und zwar nicht nur für das, was kontrolliert wird und was eben nicht. Er übernimmt vor allem auch die Verantwortung hinsichtlich der Ergebnisse seiner Kontrollen. Dieser Umstand kommt in den Debatten oft zu kurz.

Bei der Vielzahl der Kontrollinstanzen gewinnt man zu Recht den Eindruck, dass einige eher zufällig als systematisch entstanden sind. Eine optimierte Kontrolle sollte daher nicht nur inhaltlich aufgewertet werden, sondern auch eine Straffung der Struktur beinhalten. Richtig wäre daher die Abschaffung des Unabhängigen Gremiums und die Übertragung seiner Aufgaben auf die G10-Kommission. Dabei geht es nicht darum, die Kontrolle zu reduzieren, sondern sie zu stärken. In der Sache ist es nämlich nicht sinnvoll, denselben technischen Sachverhalt, nämlich die Fernmeldeaufklärung, von unterschiedlichen Instanzen prüfen zu lassen. Und da die G10-Kommission ein parlamentarisches Gremium ist, würde so auch der parlamentarischen Kontrolle mehr Gewicht verschafft.

Zur parlamentarischen Kontrolle gehört auch ein Untersuchungsausschuss als *das* Kontrollinstrument des Parlaments. Meist wird er von der Opposition gefordert und initiiert, da 25 Prozent der Abgeordneten reichen, um die Einsetzung eines solchen Ausschusses zu erzwingen. Daher spricht man auch vom Untersuchungsausschuss als »scharfem Schwert« der Opposition. Angeblich sollen mit diesem Instrument Missstände und Fehlverhalten aufgeklärt werden. Tatsächlich dienen Untersuchungsausschüsse bisweilen weniger einer objektiven Aufklärung als vielmehr der öffentlichen Skandalisierung.

Einen Sonderfall stellt der Verteidigungsausschuss dar, der sich selbst nach Artikel 45a Grundgesetz als Untersuchungsausschuss konstituieren kann. Von 1949 bis 2020 gab es insgesamt 61 Untersuchungsausschüsse des Deutschen Bundestags, davon wurde 15-mal der Verteidigungsausschuss als Untersuchungsausschuss eingesetzt. Der Sonderfall Verteidigungsausschuss hat gute Gründe. Dadurch wird zum einen die Kontinuität der Kontrolle gewährleistet und zum andern die parlamentarische Kontrolle aufgewertet, da der kontrollierende Ausschuss sich selbst jederzeit als Untersuchungsausschuss mit allen damit verbundenen Rechten einsetzen kann.

Diese Gründe sind so überzeugend, dass ich mich frage, warum dies nur für den Verteidigungsausschuss und nicht auch für das parlamentarische Kontrollgremium in Bezug auf die Nachrichtendienste des Bundes gelten soll. Die dort vertretenen Parlamentarier sind in der Regel mit der Materie vertraut, müssen sich also nicht noch lange einarbeiten. Sie kennen die Dienste, wissen also, wen und wie sie befragen müssen. Und sie sind erfahren im Umgang mit geheim eingestuften Dokumenten. Es ist daher mehr als nur eine formale Forderung, nämlich eine Stärkung des Stellenwerts des Kontrollgremiums, dass dieses auch das Recht erhalten sollte, sich selbst als Untersuchungsausschuss zu etablieren.

Die NSA-Affäre

Verpasste Chance zum sicherheitspolitischen Diskurs

Die NSA-Affäre war politisch wie medial eine Herausforderung der besonderen Art und die größte Krise des Bundesnachrichtendienstes seit seinem Bestehen. Gut drei Jahre lang, von 2013 bis 2016, war der BND unter öffentlichem Beschuss und agierte im Krisen- und Verteidigungsmodus, während er natürlich weiterhin seine originären Aufgaben zu erledigen hatte. Der Ressourcenaufwand und Personaleinsatz zur Bewältigung der vielen Fragen aus der Politik, speziell aus dem Parlamentarischen Kontrollgremium und dem Untersuchungsausschuss, waren immens. Parallel musste gegen die öffentlichen Vorhaltungen Stellung bezogen werden. Manche der damaligen Kommentare vermittelten den Eindruck, bei der Abkürzung NSA handle es sich um die Abkürzung für Nordkorea.

Der Bundesnachrichtendienst ging aus der NSA-Affäre gestärkt hervor. Er erhielt mehr Geld und mehr Personal, und wenn es vorher noch Zweifel an der Leistungsfähigkeit der technischen Aufklärung des Dienstes gegeben haben sollte, dann waren sie nach dem Ende des NSA-Untersuchungsausschusses ausgeräumt. Ich glaube daher auch nicht, dass das

Ansehen des Dienstes in der breiten Bevölkerung durch die Einberufung und die Tätigkeit des Ausschusses gelitten hat.

Der Beginn

Es gibt einige wenige Situationen aus meiner viereinhalbjährigen Dienstzeit beim Bundesnachrichtendienst, an die ich mich noch heute sehr genau erinnere. Das Frühstück am Freitag, den 7. Juni 2013, in der Berliner BND-Liegenschaft im Gardeschützenweg mit General Keith Alexander, dem damaligen Direktor der NSA, gehört dazu.

General Alexander war stets ein äußerst angenehmer und sympathischer Gesprächspartner. Er war früher längere Zeit in Süddeutschland als Soldat stationiert gewesen. Er kannte die deutsche Mentalität, ja, er mochte uns Deutsche, was die Zusammenarbeit mit der NSA enorm erleichterte. Diese Zusammenarbeit war keineswegs ausgewogen, denn der Bundesnachrichtendienst brauchte die NSA. Umgekehrt galt dies nicht.

An jenem Freitagmorgen liefen kurz vor dem Frühstück die ersten Tickermeldungen auf, wonach die NSA das Internet massiv überwache und große Anbieter wie Google, Facebook, Yahoo und Apple die Daten ihrer Nutzer freiwillig an den Geheimdienst liefern würden. Das Projekt habe den Namen PRISM. Die Meldungen nahmen Bezug auf die aktuellen Ausgaben der US-amerikanischen *Washington Post* und des britischen *Guardian*, die das Projekt PRISM enthüllt hatten. Dort waren auch entsprechende Dokumente der NSA veröffentlicht worden, die detaillierte Rückschlüsse auf das Überwachungsprogramm der NSA zuließen.

Natürlich sprachen wir darüber, und natürlich wusste General Alexander schon, dass ein gewisser Edward Snowden Hunderttausende Datensätze der NSA gestohlen hatte und sich damals noch in Hongkong aufhielt, bevor er dann wenige Tage später nach Russland floh.

Auch mit dem heutigen Abstand zur damaligen Entwicklung ist es für mich noch immer ein Phänomen, wie eine Person wie Edward Snowden, der nie Mitarbeiter der NSA war, die Welt der Geheimdienste aufmischen konnte. Snowden hat für die NSA als sogenannter Contractor, als Auftragnehmer, gearbeitet, also als Mitarbeiter eines Unternehmens, das auf der Basis eines Dienstleistungsvertrags für den Geheimdienst tätig wurde. Er konnte sich daher auch kein nennenswertes, operativ nachrichtendienstliches Fachwissen aufbauen. Aus etlichen seiner fachlichen Schilderungen und ungenauen Darstellungen wird deutlich, dass er vieles von dem Material, das er stahl, missverstanden hat. Dies betraf auch den BND.

Am 1. Juli 2013 berichtete *Der Spiegel* über Geheimdokumente, die angeblich zeigten, wie umfassend die USA in Deutschland und Europa spionierten. Die NSA überwache Datenverkehr »in Deutschland« und speichere jeden Monat »die Daten von rund einer halben Milliarde Kommunikationsverbindungen aus Deutschland«. Dies alles ergebe sich aus Snowdens NSA-Dokumenten, die *Der Spiegel* habe einsehen und auswerten können. Am 12. Juli legte *Spiegel Online* nach und schrieb: »Deutschland ist nach *Spiegel*-Informationen eines der Hauptziele der NSA. Demnach überwacht der US-Geheimdienst jeden Monat rund eine halbe Milliarde Telefonate, E-Mails und SMS.« Richtig war, dass aus den gestohlenen Dokumenten der oberflächliche Eindruck entstehen konnte, die Daten aus Deutschland seien Telefon-, Handy- und Internetdaten deutscher Staatsbürger.

Dies war aber falsch, weil die Übersichten falsch interpretiert wurden. Es handelte sich nämlich um Daten, die der Bundesnachrichtendienst in den Krisenregionen der Welt erfasst und an die NSA weitergeleitet hatte.

An wenig prominenter Stelle erklärte daraufhin *Der Spiegel* in seiner Ausgabe vom 26. August 2013, man habe »nie behauptet, dass es um Daten deutscher Bürger ging«. Das war allerdings zu spät, denn in dem auf Hochtouren laufenden Wahlkampf für die Bundestagswahl am 22. September 2013 hatte sich bei vielen Politikern und Journalisten der falsche Sachverhalt schon tief eingeprägt und verselbstständigt.

Worum ging es eigentlich?

Nach der Bundestagswahl war zunächst Ruhe. Das neue Parlament und die neue Regierung (nach einer CDU/CSU-FDP-geführten Regierung wieder eine Große Koalition) mussten sich erst einmal selbst finden. Doch während weltweit und insbesondere auch in den USA das Interesse an dem Thema nachließ, blieb es bei uns weiterhin auf der Tagesordnung. Die neue Regierung zögerte nicht, gemeinsam mit der Opposition am 20. März 2014 einen parlamentarischen Untersuchungsausschuss einzusetzen, der »NSA-Untersuchungsausschuss« hieß. Später wurde daraus immer mehr ein »BND-Untersuchungsausschuss«.

Der Sachverhalt, der dann im Untersuchungsausschuss von allen Seiten beleuchtet wurde, war in Bezug auf die NSA relativ einfach: Die Amerikaner hatten nach dem Zweiten Weltkrieg in ihrer Besatzungszone im bayerischen Bad Aibling große Antennenanlagen installiert, die in der Lage waren, Satellitenkommunikation zu erfassen. Diese spielt heute, was das Datenvolumen anbelangt, eigentlich keine Rolle mehr. Es wird geschätzt, dass von der weltweiten Kommunikation nur noch etwa ein Prozent über Satelliten erfolgt. Der Rest läuft durch die viel schnelleren Kabelverbindungen, meist Glasfaser, die wesentlich leistungsstärker sind. Doch ein Blick in die Landkarten zeigt, gerade in den Krisenregionen, die für Nachrichtendienste interessant sind, gibt es meist keine Kabel-Infrastruktur. In diesen Ländern ist daher die Satellitenkommunikation nach wie vor von Belang.

Nach der Wiedervereinigung Deutschlands und der Wiedererlangung der vollen Souveränität im Jahr 1990 entschlossen sich die Amerikaner, ihre Erfassungseinrichtungen den Deutschen zu überlassen. Die Überlassung an den Bundesnachrichtendienst erfolgte aber nicht »umsonst«, vielmehr sollte die NSA das Recht behalten, weiterhin von diesen Erfassungseinrichtungen zu profitieren.

Nach längeren Vorbereitungen startete diese Zusammenarbeit im April 2005 auf der Basis eines entsprechenden schriftlichen Vertrags, der sogenannten Zusammenarbeitsvereinbarung. Seitdem erhält der Bundesnachrichtendienst von der NSA technische Suchbegriffe wie Telefonnummern, E-Mail-Adressen und IP-Adressen, der Sammelbegriff lautet Selektoren, für die Satellitenaufklärung in Bad Aibling, nach denen gesucht werden soll. Inhaltliche Suchbegriffe, wie etwa »Bombe«, gibt es eigentlich schon lange nicht mehr, da damit jede Menge falscher Treffer erzeugt werden, angefangen vom »Bombenwetter« bis hin zur »Sexbombe«.

Man musste dabei unterscheiden zwischen Steuerung und Erfassung. Die Steuerung, also die Eingabe etwa einer Telefonnummer ins System, bedeutet, dass genau nach dieser Nummer in der Satellitenkommunikation gesucht wird. Ob überhaupt und wie viele Treffer damit dann aktiv erfasst werden, ist davon unabhängig. Die Steuerung beispielsweise einer Telefonnummer bedeutet also nicht zwangsläufig, dass auch Verbindungen oder Gespräche mit dieser Telefonnummer erfasst werden.

Vor der Steuerung wurden die Selektoren geprüft, und zwar bis Juni 2008 mit Hand und Auge, ab Juni 2008 dann mittels einer entsprechenden Software. Es ging darum, Selektoren mit Deutschlandbezug zu erkennen und schon ihre Steuerung entsprechend den gesetzlichen Vorgaben zu verhindern. Dieses Filtersystem zum Schutz deutscher Interessen wurde regelmäßig erweitert und optimiert, und es war anerkanntermaßen technisch zuverlässig.

Bereits mit Beginn der Zusammenarbeit im April 2005 waren in den Suchdaten der NSA erkennbar europäische Selektoren enthalten, die nach der Zusammenarbeitsvereinbarung nicht zulässig waren. Dennoch erfolgte damals im BND ausschließlich eine Filterung deutscher Selektoren. Dieses unzureichende Prüfverfahren wurde im Juni 2008 von der elektronischen Prüfung abgelöst, die so programmiert war, dass ebenfalls nur eine Deutschland-Filterung stattfand. Eine Europa-Filterung war trotz der entsprechenden Vorgaben in der schriftlichen Zusammenarbeitsvereinbarung nicht vorgesehen. Das war ein Fehler.

Zur Vervollständigung des Sachverhalts gehört ein weiterer Aspekt, nämlich die Frage nach der Rechtslage. Das zum damaligen Zeitpunkt geltende deutsche Recht schützte nur Deutsche und Ausländer in Deutschland. Die Steuerung europäischer Selektoren, also etwa Telefonnummern von Ausländern im Ausland, war daher kein Gesetzesverstoß, sondern vielmehr eine Frage der politischen Bewertung.

In der Folge ging es insbesondere darum, ob dem Untersuchungsausschuss eine Liste mit »alten« NSA-Selektoren vorgelegt werden muss oder ob die Exekutive dies der Legislative verweigern kann. Da es sich um die Selektoren der NSA handelte, war eigentlich klar, dass wir ohne deren Zustimmung die Liste nicht weiterleiten durften. Eine Zuleitung an den Ausschuss ohne Zustimmung der NSA war daher nicht zu verantworten, weil dies die zukünftige und unverzichtbare Zusammenarbeit mit den amerikanischen Diensten nachhaltig beeinträchtigt hätte.

Als Mittelweg wurde am 18. Juni 2015 eine Untersuchung durch eine sogenannte »sachverständige Vertrauensperson« beschlossen, den damaligen Bundesverwaltungsrichter Kurt Graulich. Sein Vorgehen war äußerst gründlich und genau und der von ihm am 23. Oktober 2015 vorgelegte Abschlussbericht ein überzeugendes und lehrbuchartiges Gutachten, das trotz seines Umfangs lesenswert ist. Natürlich weist er auf das vertragswidrige Verhalten der NSA in Bezug auf die europäischen Selektoren hin, und auch seine Kritik an dem unzulänglichen Prüfverfahren im BND ist deutlich. Aber er ist genauso deutlich, was die rechtliche Einordnung der Zusammenarbeit anbelangt, für die er in der schriftlichen Vereinbarung des BND mit der NSA eine tragfähige Grundlage sieht.

Natürlich passte dieses Ergebnis insbesondere der Opposition nicht. Sie hatte – schon in Erwartung des für den BND positiven Gutachtens – im September 2015 Klage beim Bundesverfassungsgericht auf Herausgabe der Selektorenliste erhoben, was das Gericht im Oktober 2016 mit der Begründung ablehnte, im vorliegenden Fall überwiege das Geheimhaltungsinteresse der Bundesregierung gegenüber dem parlamentarischen Informationsinteresse.

Die eigenen Selektoren

2013 und 2014 fokussierte sich die parlamentarische und mediale Diskussion in Deutschland auf die NSA und deren Zusammenarbeit mit dem BND. Im Hintergrund bahnten sich jedoch neue Probleme an.

Anfang Oktober 2013 tauchte ein Blatt Papier auf, das angeblich eine Abschrift eines Dokuments der NSA war und aus dem »Fundus« der von Snowden gestohlenen Unterlagen stammen sollte. Die Abschrift ließ die Vermutung zu, dass das Handy der Bundeskanzlerin seit 2002 von der NSA abgehört werde. Überrascht hat dies – jedenfalls bei den Sicherheitsverantwortlichen – niemanden. Im Regierungsviertel, nicht nur in Berlin, sondern in jedem Regierungsviertel auf dieser Welt, die Kommunikation eines Handys zu erfassen, ist technisch und organisatorisch leicht. Und es ist unauffällig, da eine kleine Stabantenne von circa 80 Zentimetern Länge genügt. Immer wieder haben daher die zuständigen Innenbehörden öffentlich und intern darauf hingewiesen, wie riskant es ist, ohne Kryptierung zu telefonieren.

Die Kanzlerin selbst kommentierte den Vorfall am 24. Oktober 2013 öffentlich am Rande eines EU-Gipfels in Brüssel mit dem inzwischen bekannten Satz: »Ausspähen unter Freunden – das geht gar nicht.« In den darauffolgenden Gesprächen mit der US-Seite auf den verschiedensten Ebenen hat diese zwar das Abhören von Merkels Handy nie direkt eingeräumt, indirekt aber schon.

Während das Handy der Kanzlerin in diesen Wochen die Hauptrolle spielte, erhielt ich von der Abteilung Technische Aufklärung eine Botschaft anderer Art, nach dem Motto: Wir haben ein Problem!

Unser Problem war, wir hörten Freunde ab. Nach dem

Ausspruch der Kanzlerin wurden die BND-eigenen Selektoren grob gesichtet und eine Vielzahl von Such-Zielen festgestellt, die man unter den Begriff »Freund« subsumieren konnte.

Das Problem mit den »Freunden« war deshalb nicht so einfach, weil der Begriff »Freund« keine nachrichtendienstliche Kategorie ist – weder im Alltag noch im Gesetz. Ist der Terrorist mit französischer Staatsbürgerschaft »Freund«? Ist das bulgarische Unternehmen, das des Waffenhandels verdächtigt wird, »Freund«? Nach der damaligen Gesetzeslage wurde nämlich nur – wie bereits dargelegt – zwischen Deutschen und Ausländern in Deutschland auf der einen Seite und Ausländern außerhalb Deutschlands auf der anderen Seite unterschieden. Eine europäische Kategorie oder gar eine Kategorie »Freund« kannte das Gesetz damals nicht. Für den Auftrag des BND weisungsgebend war das Auftragsprofil der Bundesregierung. Wenn ein neuer Selektor in die Steuerung eingestellt wurde, dann durfte dies nicht willkürlich erfolgen, sondern in der elektronischen Auftragsmaske musste der Hinweis auf die konkrete Vorgabe aus dem Auftragsprofil eingetragen werden. Beim Auftrag »Militärische Lage in Afghanistan« war es dann aber möglich, auch Generäle von NATO-Staaten in die Steuerung aufzunehmen, weil diese zum Beispiel regelmäßig über die militärische Lage vor Ort berichteten oder unterrichtet wurden. Maßgeblich war also, ob die Person etwas zur Auftragserfüllung beitragen kann, und nicht etwa deren Staatsbürgerschaft. Diese seit Jahrzehnten geübte Praxis im BND umzustellen, war nicht einfach und kein Selbstläufer. Abgesehen davon wussten wir mehr informell als offiziell, dass auch die allermeisten Partnerdienste die Kategorie »Freund« bei ihrer Auftragserfüllung nicht kannten.

Noch vor der Behandlung dieses Themas im Untersuchungsausschuss hatte das Parlamentarische Kontrollgremium eine eigene Taskforce eingesetzt, um die BND-eigenen Selektoren zu untersuchen. Diese Untersuchung bestätigte im Großen und Ganzen die von uns bereits selbst angestellte Drittel-Betrachtung. Etwa ein Drittel der Selektoren waren ohne Beanstandung und zweifelsfrei auftragskonform. Bei einem weiteren Drittel waren Zweifel angebracht, die sich schon deshalb nicht ausräumen ließen, weil es keine hinreichend hinterlegte Begründung für die Steuerung dieser Selektoren gab. Beim letzten Drittel musste man konstatieren, dass sie – jedenfalls aus heutiger Sicht – ganz offensichtlich nicht plausibel mit dem Auftragsprofil des BND in Einklang zu bringen waren, zumal auch hier nachvollziehbare Dokumentationen fehlten.

Der Untersuchungsausschuss – eine Erfolgsstory?

Ich glaube, der Ausschuss hat Chancen verpasst.

Zum einen wurden viele Einzelthemen öffentlich, die sicherlich interessant sind, die aber den politischen Diskurs qualitativ nicht vorangebracht haben. Zum anderen wurden die wichtigen Themen allenfalls nur – wenn überhaupt – unzureichend andiskutiert.

Man weiß also jetzt zum Beispiel, dass die NSA eines ihrer Aufklärungsprojekte PRISM genannt hat und dass dieses Codewort von Prisma kommt, was symbolisch für das Durchsuchen des Lichts einer Glasfaser stehen soll. Man weiß jetzt, dass X-Keyscore ein leistungsstarkes Erfassungssystem ist, wahrscheinlich das leistungsstärkste auf der Welt, und dass der BND ein solches System in Bad Aibling einsetzt.

Jetzt ist öffentlich, dass die NSA sich nicht immer an die Vereinbarungen gehalten hat und dass die entsprechenden Kontrollmechanismen beim BND unzulänglich waren. Aber was ist mit der öffentlichen Ausbreitung dieser Themen zum Wohl der Menschen in unserem Lande erreicht worden? Dass sich in einer Großorganisation wie dem BND in der Alltagsroutine über Jahre hinweg Unzulänglichkeiten oder Fehler einschleichen, ist bedauerlich, aber kaum zu vermeiden. Diese Themen hätten sich alle auch im Parlamentarischen Kontrollgremium aufklären und klären lassen.

Außen vor blieb dagegen die grundsätzliche Frage zur Aufgabe eines Auslandsnachrichtendienstes in einer demokratischen Gesellschaft. Der Untersuchungsausschuss hat diesen wichtigen Diskurs leider nicht geführt.

Außer Acht blieb auch die Frage, wer unser Land und unsere Gesellschaft wirklich bedroht. Es gibt wie zu Beginn dieses Buches beschrieben viele Gefahren. Die NSA und der BND gehören nicht dazu.

Ebenfalls nur an- und nicht ausdiskutiert wurde die Bedeutung der internationalen Zusammenarbeit. Nicht etwa verhinderte Anschläge oder die gemeinsame Bekämpfung von Gefahren für unsere Bürgerinnen und Bürger wurden thematisiert, sondern zum Beispiel die Behauptung, dass die an die NSA weitergeleiteten Daten der Identifizierung von Drohnenzielen dienten und weswegen diese Datenweitergabe rechtswidrig sei. Zum einen ist diese Rechtsauffassung falsch. Die deutsche Justiz hatte sich nämlich mit dieser Frage bereits vor Jahren im Rahmen von Strafanzeigen gegen den damaligen BKA-Präsidenten Jörg Ziercke befasst und die Datenweitergabe als strafrechtlich nicht relevant bewertet. Zum andern muss man sich einmal vorstellen, wir Deutsche hätten Daten von Terroristen in Afghanistan, die einen Anschlag auf ein US-Camp planten. Und wir würden diese Daten nicht weitergeben, weil wir die »Sorge« hätten, die Terroristen würden als Folge der Datenweitergabe von einer Drohne ins Visier genommen. Ich hätte dies nicht verantworten wollen.

Hinsichtlich der Ergebnisse des Untersuchungsausschusses ist auch die Beurteilung des Generalbundesanwalts interessant. Seine Untersuchungen zur möglichen massenhaften Erhebung von Telekommunikationsdaten der Bevölkerung in Deutschland durch US-amerikanische Nachrichtendienste haben keine belastbaren Hinweise für strafbare Handlungen ergeben. In der entsprechenden Pressemitteilung des Generalbundesanwalts vom 5. Oktober 2017 heißt es wörtlich: »Sowohl die staatsanwaltschaftlichen Untersuchungen als auch die Aufklärung durch den NSA-Untersuchungsausschuss des Deutschen Bundestages haben keine belastbaren Anhaltspunkte dafür ergeben, dass US-amerikanische oder britische Nachrichtendienste das deutsche Telekommunikations- und Internetaufkommen rechtswidrig systematisch und massenhaft überwachen.« Dies ergebe sich auch nicht aus den Snowden-Dokumenten. Vor diesem Hintergrund sei für weitere staatsanwaltschaftliche Untersuchungen von Gesetzes wegen kein Raum.

Änderung der Gesetze

Positiv hervorzuheben ist, dass man als Folge der langen Diskussionen im NSA-Untersuchungsausschuss versucht hat, die Ergebnisse mit zwei Gesetzen in die Praxis umzusetzen, nämlich mit dem Gesetz zur Ausland-Ausland-Fernmeldeaufklärung des Bundesnachrichtendienstes und dem Gesetz zur weiteren Fortentwicklung der parlamentarischen Kontrolle der Nachrichtendienste des Bundes. Beide Gesetzesänderungen sind Ende 2016 in Kraft getreten.

Die Fortentwicklung der parlamentarischen Kontrolle ist zu begrüßen, die Etablierung der Funktion des Ständigen Bevollmächtigten des Parlamentarischen Kontrollgremiums, der das Gremium unterstützen soll, habe ich bereits im vorherigen Kapitel positiv herausgestellt. Ich betrachte es auch als Meilenstein, dass eine jährliche öffentliche Anhörung der Präsidentinnen und Präsidenten der Nachrichtendienste des Bundes gesetzlich vorgegeben wurde. Dies ist ein richtiger Schritt in Richtung einer größeren Transparenz. Eine solche öffentliche Anhörung kann dazu beitragen, Vorurteile und Misstrauen abzubauen, unterschiedliche Positionen zu vermitteln und Vertrauen in die Dienste und in die parlamentarische Kontrolle aufzubauen. Gut ist auch, dass die Anhörung über Livestream abrufbar ist.

Zum geänderten Bundesnachrichtendienstgesetz ist hervorzuheben, dass der Einsatz von Suchbegriffen bei der Fernmeldeaufklärung, die der gezielten Erfassung von Einrichtungen der Europäischen Union, von öffentlichen Stellen ihrer Mitgliedstaaten gelten, und von Unionsbürgerinnen und -bürgern nicht mehr zulässig ist. Dies kann sich für zukünftige europäische Kooperationen als förderlich im Sinne eines Vertrauensvorschusses erweisen. Gleiches gilt für das nunmehr gesetzlich vorgegebene Verbot der Aufklärung zum Zweck der Wirtschaftsspionage, das faktisch ohnehin bereits beachtet wurde. Mit der einseitigen gesetzlichen Normierung hat man sich allerdings die Möglichkeit verbaut, im Zuge bilateraler Verhandlungen mit EU-Mitgliedstaaten das Prinzip der Gegenseitigkeit in diesen Punkten zu vereinbaren.

Ich habe diese beiden Änderungen begrüßt, weil der

Bundesnachrichtendienst damit nicht bloß unverbindliche Hinweise, sondern einen gesetzlichen Rahmen mit genauen Vorgaben erhalten hat. Dies beeinträchtigt auch nicht die Arbeitsergebnisse, da etliche Ausnahmen zugelassen sind, etwa bei der Bekämpfung des Terrorismus oder der organisierten Kriminalität. Und schließlich gilt die Einschränkung nur für die technische Fernmeldeaufklärung und nicht für den Einsatz von menschlichen Quellen. Vorgaben zu machen für das, was der Bundesnachrichtendienst nicht dürfen soll, ist im Übrigen leicht und keine wirkliche Herausforderung. Schwieriger ist dagegen die Diskussion darüber, was der Bundesnachrichtendienst leisten und mit welchen Befugnisse er dies tun soll. Diese Diskussion fand leider nicht statt, wäre aber dringend notwendig.

So überrascht es nicht, dass die Gesetzesänderung zahlreiche neue Beschränkungen und Vorgaben enthält und damit eine weitere Regelungsdichte und Komplexität erzeugt, die für die Mitarbeiterinnen und Mitarbeiter im Dienst so nicht mehr praktikabel ist. Diese weitere Überregulierung ist ein weiterer Schritt weg vom Nachrichtendienst hin zum Bürokratiemonster. Kleinteilige gesetzliche Regelungen, etwa was der Bundesnachrichtendienst alles beachten muss, um von Ausländern im Ausland die Verbindungsdaten, also nicht einmal die Gesprächsinhalte, zu erfassen und auszuwerten, sind keine Antwort auf die Herausforderungen unserer Zeit. Auch die internationale Zusammenarbeit wird erschwert, zum Beispiel mit der Vorgabe, dass für die Zusammenarbeit des BND mit ausländischen Diensten in Bezug auf gemeinsame Datensammlungen und -auswertungen etwa zur Bekämpfung des Terrorismus nunmehr eine schriftliche Vereinbarung erforderlich ist. Dazu werden nicht immer alle ausländischen Stellen schon aus Gründen ihres Selbstverständnisses bereit sein. Wenn in einer Partnergruppe nur ein ausländischer Dienst – aus welchen Gründen auch immer – seine Unterschrift verweigert, hat dies hat zur Folge, dass sich der Bundesnachrichtendienst an diesem Projekt nicht beteiligen kann – und nicht etwa umgekehrt.

Wer im Übrigen ein schwer lesbares und kompliziertes Gesetz sucht, dem sei ein Blick in das BND-Gesetz empfohlen. Dank der vielen Querverweise und Ausnahmeregelungen ist die Klarheit und Übersichtlichkeit auf der Strecke geblieben. Man hat fast den Eindruck, Dritte sollen erst gar nicht verstehen, was hier geschrieben steht.

Sicherheitskultur und Nationaler Sicherheitsrat

Wir brauchen einen Sicherheitsdiskurs in Deutschland

Ich habe mich oft gefragt, warum wir in Deutschland keine »Sicherheitskultur« haben. Diskussionen über strategische sicherheits- und außenpolitische Interessen unseres Landes, Diskussionen über die Entwicklung zukünftiger Gefährdungen von außen und von innen und Diskussionen über die Frage, wie müssen unsere Sicherheitsbehörden aufgestellt sein, um diesen Gefährdungen zu begegnen, finden – wenn überhaupt – nur selten und dann auch eher in Expertenkreisen statt. Natürlich gibt es nach versuchten oder erfolgten Anschlägen oder bei besonderen Krisen eine sogar oft heftige Diskussion über die Ursachen, meist aber nur als Strohfeuer. Eine nachhaltige und breit angelegte Debattenkultur zu Grundsatzfragen zum Thema Sicherheit, hin zu einer Sicherheitskultur fehlt. So verpufften Ende 2019 die Vorschläge von Bundesverteidigungsministerin Annegret Kramp-Karrenbauer zur Errichtung einer Sicherheitszone in Nordsyrien und zur Bildung eines Nationalen Sicherheitsrats binnen wenigen Tagen im politischen Nirwana. Oder der Antrag der FDP-Fraktion auf Einsetzung einer Kommission zur Reform der föderalen Sicherheitsarchitektur, der im Dezember 2019 unter anderem von den Regierungsparteien mit dem Argument abgelehnt wurde, es bedürfe keiner Reform. Nicht konkrete Änderungen, sondern schon die Erarbeitung von Vorschlägen, über die man beraten könnte, fand im Bundestag keine Mehrheit.

Mir geht es dabei nicht um die einfachen Fragen, wie viel Personal und wie viel Geld für die eine oder andere Behörde erforderlich sind. Es ist natürlich gut, wenn sich die Politik auch dieser Fragen annimmt und bereit ist, die erforderlichen Ressourcen bereitzustellen. Und in den letzten Jahren konnten sich zumindest die Sicherheitsbehörden auf Bundesebene diesbezüglich nicht beklagen. Es wurden Haushaltsstellen für neues Personal und Haushaltsmittel für Ausrüstung und Ausstattung in einem Umfang bewilligt, den es so jahrzehntelang zuvor nicht gegeben hat. Es mag daher undankbar klingen, wenn ich den Eindruck habe, dass damit auch die Probleme zugedeckt werden sollten. Geld und Personal sind zwar wichtig, aber eben nicht alles. Die Behörden brauchen auch Klarheit über ihren Auftrag und hinreichende Befugnisse. Was nutzen zum Beispiel mehr Geld und mehr Personal, wenn die Bundespolizei an der Grenze keine Zurückweisungen vornehmen darf, wenn die Strafverfolgung am Datenschutz scheitert, wenn der Föderalismus nicht nur im Verfassungsschutzverbund zum Problem bei der Zusammenarbeit wird?

Eine Aufstockung von Geld und Personal steht bei uns für eine rückwärtsgewandte Methode. Die Behörden erhalten mehr Ressourcen, weil etwa Mängel bei der Terrorismusbekämpfung festgestellt wurden. Oder sie erhalten mehr Ressourcen, weil Defizite bei der Bekämpfung des Rechtsterrorismus erkannt wurden. Besser wäre es gewesen, wenn diese Mängel und Defizite erst gar nicht aufgetreten wären, wenn man rechtzeitig erkannt hätte, was auf die Sicherheitsbehörden zukommt, und wenn man sie frühzeitig hinreichend ausgestattet hätte. Diese »Zukunftsdiskussion« fehlt aber.

Wenn man sich in den Sicherheitsbehörden mit der Zukunft befasst, dann geht es meist um das Thema »Krisenfrüherkennung«. Leider gibt es bislang noch kein funktionierendes System, insbesondere kein IT-System, das einem helfen könnte, zum Beispiel rechtzeitig den Beginn des nächsten Arabischen Frühlings zu erkennen. Vor allem aber wird es keinen zweiten Arabischen Frühling nach dem Muster des »ersten« mehr geben, weshalb die Nutzung von Indikatoren, die man auf der Basis des »ersten« Arabischen Frühlings definiert hat, so nicht hilfreich ist. Wenn es aber keinen zweiten Arabischen Frühling geben wird, was kommt dann auf uns zu?

Dass es globale und sicherheitsrelevante Veränderungen geben wird, dafür gibt es hinreichend Studien. Das Klima wird sich nicht zum Guten verändern. Die Weltbevölkerung wird wachsen. Migration wird gigantisch zunehmen. Der Einsatz künstlicher Intelligenz wird in vielen Bereichen Alltag werden. Was bedeuten solche Entwicklungen für unsere »Sicherheit«? Wird der Bedarf nach Sicherheit wachsen? Welche konkreten Gefahren kommen auf uns zu?

Für die Sicherheitsbehörden ergibt sich daraus zum Beispiel nicht nur die Frage, wie viel, sondern vor allem, welches Personal brauchen wir in Zukunft? Polizisten, Sozialwissenschaftler oder IT-Fachleute oder eine Kombination von allem? Und welche Befugnisse sind erforderlich, um etwa den Gefahren durch den kriminellen Einsatz künstlicher Intelligenz begegnen zu können?

Leider kommen solche Überlegungen nicht nur in unseren Sicherheitsbehörden zu kurz, sondern vor allem auch in der

Politik. Für die Sicherheitsbehörden ist dies erklärbar, weil sie damit beschäftigt sind, den Alltag zu meistern. Daran werden sie gemessen. Dauerhafte Ressourcen für das Erkennen von künftigen Trends und Entwicklungen stehen nicht zur Verfügung. Für die Zurückhaltung in der Politik habe ich keine Erklärung außer dem fehlenden Mut, sich eindeutig zu bekennen, sich eindeutig »pro Sicherheit« zu positionieren. Ich sehe, dass sich Politiker in Staaten wie Frankreich oder Großbritannien viel eindeutiger und häufiger zu ihren Sicherheitsbehörden »bekennen«, und zwar gerade dann, wenn dort Fehler gemacht worden sind. Diese positive Sicherheitskultur fehlt in Deutschland. Ich glaube nicht, dass die mehrheitliche Skepsis in Deutschland gegenüber dem Thema Sicherheit ausschließlich auf die verwerflichen Erfahrungen mit Polizei und Geheimdiensten im Dritten Reich und in der DDR zurückzuführen ist. Aber selbst wenn dies der Fall ist, müssen wir gegensteuern. Wir alle wollen einen starken Rechtsstaat und keinen starken rechten Staat.

Wenn es um Kritik geht, fangen alle Sicherheitsskeptiker an, sich dann doch mit den Sicherheitsbehörden zu befassen. Um kein Missverständnis aufkommen zu lassen: Ich bin für Kritik, denn Kritik ist Teil der Kontrolle. Zur Kritik gehört im Übrigen auch, dass man dabei bisweilen übers Ziel hinausschießt, denn das ist quasi natürlicher Teil einer jeden öffentlichen Diskussion. Aber warum gibt es nicht das gleiche Engagement, die gleiche Energie, wenn es nicht um Kritik, sondern um grundlegende und Zukunftsfragen der Sicherheit geht? Wo sind die Politiker, die laut, deutlich und immer wieder für die Wichtigkeit von Sicherheit eintreten und damit deren negatives Image zu wandeln vermögen? Wahrscheinlich stimmt es, wie mir einmal ein Abgeordneter auf den entsprechenden Vorhalt geantwortet hat, dass bei

Diskussionsveranstaltungen in Wahlkreisen sich die Bürger mehr für die Minderung des Eigenanteils von Arztrezepten interessieren als für das Thema Sicherheit. Aber bedeutet dies wirklich auch, dass die Bürgerinnen und Bürger bereit wären, auf Sicherheit zu verzichten? Dass das Thema Sicherheit die meisten unserer Mitbürgerinnen und Mitbürger nicht interessiert? Sicherheit ist doch ein Grundbedürfnis und steht damit gar nicht zur Disposition für irgendwelche Rankings. Sicherheit wird im Alltag nur dann zum Triggerpunkt, wenn Friktionen auftreten, also etwa nach einem versuchten oder erfolgten Terroranschlag. Das heißt aber nicht, dass das Grundbedürfnis nach Sicherheit vorher irrelevant war. Es wurde lediglich nicht formuliert.

Ich halte auch das Argument, Deutschland sei ein sicheres Land, weshalb Sicherheit als Alltagsthema an Relevanz verloren habe, für nicht überzeugend. Das Argument »sicheres Land« dient ja oft dazu, einer Diskussion über mögliche Optimierungen unserer Strukturen auszuweichen, weil eben alles »im grünen Bereich« ist. Belegt wird das Argument meist mit den Zahlen der polizeilichen Kriminalstatistik. Richtig ist, dass die Fallzahlen bei den erfassten Straftaten insgesamt seit 2017 rückläufig sind. Im Jahr 2019 wurden laut der Polizeilichen Kriminalstatistik des Bundeskriminalamtes bundesweit 5 436 401 Fälle registriert, und damit 2,1 Prozent weniger als im Vorjahr. Von 2014 bis 2016 lag die Gesamtzahl jeweils über sechs Millionen.

Aus dieser Entwicklung zu schließen, Deutschland sei sicher, halte ich für wenig plausibel. Rund fünfeinhalb Millionen registrierte Straftaten sind schon eine Hausnummer, und dabei ist klar, dass diese Statistik kein reales Bild der Wirklichkeit zeigt, sondern lediglich je nach Deliktart eine mehr oder weniger exakte Annäherung an die Realität. Denn die

Zahlen zeigen nur das sogenannte Hellfeld, also die Zahlen, die der Polizei bekannt geworden sind. Das Dunkelfeld, die aus welchen Gründen auch immer etwa nicht zur Anzeige gebrachten Fälle, ist in der Statistik logischerweise nicht enthalten. Fünfeinhalb Millionen Straftaten bedeuten auch 1 013 048 erfasste Opfer im Jahr 2019, so die Polizeiliche Kriminalstatistik des Bundeskriminalamts. Diese Zahl und die geringe Aufklärungsquote von 57,5 Prozent können uns weder in Sicherheit wiegen noch zufriedenstellen.

Der Grund für die mangelnde öffentliche Auseinandersetzung mit dem Thema Sicherheit liegt aber nicht nur in der Politik, zumal es dort gerade bei den sogenannten Sicherheitspolitikern auch engagierte und verantwortungsvolle Akteure gibt. Auch die Innenminister der Bundesländer leisten immer wieder positive Beiträge, etwa bei der Bekämpfung der Clankriminalität. Dass ihre Wortmeldungen oft untergehen, liegt auch daran, dass wir in Deutschland keine Struktur haben, die Sicherheitsthemen aufgreift und weiterdiskutiert. In den USA zum Beispiel gibt es Hunderte von NGOs in Form von Stiftungen, Gesellschaften, Instituten, Akademien oder Ähnlichem, die sich nahezu ausschließlich mit Fragen der inneren und äußeren Sicherheit befassen. Diese privaten Organisationen spielen im politischen Alltag eine äußerst einflussreiche Rolle. Viele ehemalige Politiker arbeiten dort genauso wie viele ehemalige Führungskräfte aus den Sicherheitsbehörden. Oft ist umgekehrt die Tätigkeit bei einer NGO das Sprungbrett für einen späteren Job in der Regierungsadministration.

In den USA gibt es regelmäßige Wechsel von NGOs in Regierungsämter und zurück, und dieses System der praktizierten Politikberatung tut dem Niveau der Debatte und der Aufgabenerfüllung gut. Dort werden Themen definiert und diskutiert. Dort wird nicht nur rückwärts analysiert, sondern auch nach vorne gedacht. Diskussionsergebnisse werden veröffentlicht, aber nicht allein in Fachzeitschriften, auch die wichtigen Tageszeitungen greifen dies gerne auf. Diskussionsergebnisse gehen auch immer wieder in die Programme und Arbeit der Regierung ein. Dort gibt es das, was ich als Sicherheitskultur bei uns vermisse. Ein Beispiel ist die offizielle Gründung von Weltraumstreitkräften im Dezember 2018. Die *United States Space Force* werden neben dem Heer, der Luftwaffe, der Marine, dem Marinekorps und der Küstenwache die sechste Teilstreitkraft mit dem Auftrag, Bedrohungen im All abzuwenden. Die Diskussion im Vorfeld hierüber, welche neuen Gefahren entstehen und wie man ihnen begegnen kann, fand nicht nur in geschlossenen Zirkeln des Militärs, sondern auch in den NGOs statt. Hier wurde diskutiert und »nach vorne«, in die Zukunft gedacht.

Auch bei uns gibt es solche Denkfabriken, zum Beispiel die Stiftung Wissenschaft und Politik (SWP), die beeindruckende Studien zu sicherheitspolitischen Themen erstellt. Leider aber gibt es viel zu wenige solcher Stiftungen, und bedauerlicherweise finden deren Arbeitsergebnisse viel zu wenig Beachtung. Die »Sicherheitskultur« fehlt.

Um es am Bespiel des Bundesnachrichtendienstes zu konkretisieren: Seit Bestehen des BND gab es keine öffentliche oder gar breitere Diskussion darüber, was ein Auslandsnachrichtendienst leisten und im Ausland dürfen soll. Soll der BND einfach nur die Welt beobachten und berichten, oder soll er als Krisenfrühwarnsystem fungieren? Steht die klassische Spionage im Vordergrund oder die Einsatzbegleitung der Bundeswehr? Reichen die rechtlichen und tatsächlichen Möglichkeiten aus, um prioritäre Aufträge zu erfüllen? Und was sind prioritäre Aufträge, und nach welchem Verfahren werden sie als solche definiert? Ist es sinnvoll, sogenannte No-Spy-Abkommen, also der Verzicht auf das gegenseitige Ausspionieren, mit anderen Staaten zu schließen, und wenn ja, mit welchen? Soll der Bundesnachrichtendienst auch deutsche Unternehmen beraten, etwa bei gezielten Benachteiligungen einer deutschen Firma in einem Auftragsvergabeverfahren im Ausland?

Wer im Übrigen einen Auslandsnachrichtendienst – noch dazu einen leistungsfähigen – will, muss auch wissen, dass dieser im Ausland Rechtsbruch verübt. Spionage ist einerseits völkerrechtlich nicht verboten, was letztlich aus dem Souveränitätsprinzip, dem in der Völkergemeinschaft anerkannten Recht auf Unabhängigkeit und Selbstbestimmung eines Staates, folgt. Der völkerrechtlichen Zulässigkeit von Spionage steht allerdings die strafrechtliche Verfolgung in dem jeweiligen betroffenen Staat entgegen. Jeder Staat der Welt bestraft Spionage, sowohl die Agenten fremder Staaten als auch die Verräter in den eigenen Reihen. In Nordkorea zum Beispiel wird als Strafe für den Verrat von Staatsgeheimnissen die gesamte Familie hingerichtet. Man kann im Inland, also bei uns, noch so viele rechtsstaatliche Voraussetzungen für Spionage im Ausland vorgeben, im Ausland selbst bleibt es Rechtsbruch. Man stelle sich die groteske Situation vor, ein Mitarbeiter des BND gebe in einem Strafverfahren im Land X zu Protokoll, er sei unschuldig, denn er habe beim Abhören von Kommunikation im Land X sämtliche deutschen Rechtsvorschriften beachtet. Ein Auslandsnachrichtendienst bricht bei der nachrichtendienstlichen Aufklärung bei der Anwendung nachrichtendienstlicher Mittel und Methoden im Ausland Recht. An diesem selbstverständlichen Fakt kommt niemand vorbei. Meine Versuche, diese Binsenweisheit in die Debatten im Zusammenhang mit der NSA-Affäre einzubringen, waren alle mehr oder weniger erfolglos. Oft wurde mir entgegengehalten, das könne man doch öffentlich nicht diskutieren. Warum eigentlich nicht? Man muss es ja nicht zelebrieren, aber zu einer Diskussion über das Für und Wider eines Auslandsnachrichtendienstes gehört dies einfach dazu.

Ein anderes Beispiel für eine fehlende Diskussion mag im ersten Moment erstaunen. Bei den Anschlägen im Februar 2020 in Hanau erschoss ein Täter mit möglichem rechtsterroristischem Hintergrund insgesamt neun Personen insbesondere in und vor zwei Shisha-Bars. Danach tötete er erst seine Mutter und dann sich selbst in der elterlichen Wohnung. Über die Tat wurde diskutiert – wie immer nach versuchten oder erfolgten Anschlägen. War er Einzeltäter oder Teil einer Struktur? Wie kam er an die Waffen? Waren seine extremen Einstellungen oder seine psychischen Störungen ursächlich? Diese und viele andere Aspekte waren Gegenstand von teils auch kontroversen Erörterungen. Mir geht es aber um einen anderen Aspekt, nämlich was zum Beispiel beim Frühwarnsystem Verfassungsschutz geändert werden müsste, damit entsprechende Gefährdungen rechtzeitig erkannt werden können. Nicht selten hieß es nämlich in den Diskussionen, der Täter sei »durch alle Raster gefallen«, weshalb er bis zur Tat unerkannt blieb. Die Frage ist allerdings, durch welche Raster, welche festgelegten Kriterien er gefallen sein soll, denn es gab keine.

Spätestens seit den Anschlägen von Hanau müssten wir diskutieren, ob man dem Verfassungsschutz die technische und rechtliche Möglichkeit zur Verfügung stellen sollte, Mustererkennungen mithilfe des Internets und von Dateiabfragen durchzuführen. Dies wäre sicherlich kein Allheilmittel, aber es wäre mehr als bisher, nämlich mehr als nichts.

Ein Beispiel für eine Mustererkennung terroristischer Pläne – angelehnt an den Anschlag auf den Boston-Marathon im April 2013 – wäre die gleichzeitige Internetsuche einer Person nach Anleitungen für den Bombenbau, Schnellkochtöpfen und Schwarzpulver. Auch die Online-Bestellung von Samen des Wunderbaums, den sogenannten Rizinbohnen, der Kauf einer Kaffeemühle zum Mahlen der Bohnen und die Suche nach einem Leitfaden zum Bau einer »Biobombe« – angelehnt an den Rizinfund in einer Wohnung in Köln im Juni 2018 – wäre ein solches Muster. Oder losgelöst von bisherigen Fällen könnte das Herunterladen von Enthauptungsvideos, von Bombenbauanleitungen und das Suchen nach der Möglichkeit, Waffen zu kaufen, eine alarmierende Kombination darstellen. Es geht also darum, die richtigen Muster zu finden und diese Ergebnisse mit eigenen Datenbeständen abzugleichen. Aber auch Abgleiche mit externen Dateien wie dem nationalen Waffenregister können dann hilfreich sein. Eine Diskussion darüber, ob unsere Gesellschaft es möchte, dass dem Verfassungsschutz ein solches Instrument, und wenn ja, in welchem Umfang, zugebilligt werden sollte, fehlt.

Bei den Überlegungen, wie man die Situation verbessern, wie man das Thema Sicherheit besser positionieren könnte, komme ich regelmäßig auf einen älteren Vorschlag zurück, der eigentlich mehr auf eine Optimierung der Sicherheitspolitik in puncto äußere Sicherheit abzielt, nämlich den bereits erwähnten Nationalen Sicherheitsrat. Der jüngste Vorstoß in Sachen Nationaler Sicherheitsrat kam im November 2019 von Bundesverteidigungsministerin Annegret Kramp-Karrenbauer. Der Umstand, dass der Vorschlag nicht neu ist, macht ihn nicht schlecht. Ein solches Gremium der Bundesregierung, das nicht nur ressortübergreifend koordiniert, sondern auch ganzheitlich analysiert und diese Analysen mit klar definierten Interessen und strategischen wie operativen Zielen zusammenführt, wäre ein qualitativer Sprung nach vorne. Wie bei den vergleichbaren Einrichtungen zum Beispiel in den USA und in Großbritannien sollte die Leiterin oder der Leiter Ministerrang erhalten und mit am Kabinettstisch sitzen, und wie dort sollte der Nationale Sicherheitsrat einen Unterbau mit Analyse- und Beratungskapazitäten haben. In London ist es die *Joint Intelligence Organisation* des *Cabinet Office* und in Washington *das Office of the Director of National Intelligence*.

Ich denke nicht an eine Ad-hoc-Einrichtung, die etwa nach Anschlägen oder im Verlauf von Krisen zusammentritt, sondern es braucht eine kontinuierliche Arbeits- und Vorgehensweise. Das Gremium könnte Lagevorträge der Chefs der Bundessicherheitsbehörden anfordern, könnte Analysen erstellen lassen, nicht nur von den Ministerien und Behörden, sondern auch von Wissenschaftlern und Experten, könnte die Verwundbarkeit unserer Infrastruktur, aber auch unserer modernen Gesellschaft aufzeigen und sollte ressortübergreifende Strategien und Interessen formulieren. Vieles lässt sich dabei öffentlich machen, zum Beispiel Anhörungen zu konkreten Themen wie etwa rechtsextreme Strukturen oder zum islamistisch-terroristischen Personenpotenzial. Studien, Strategien und Leitlinien könnten im Internet abrufbar bereitgestellt werden. Auch Einsatz- und Rechtsfragen etwa zum Einsatz der Bundeswehr im Ausland oder zum Einsatz des Verfassungsschutzes bei der Vorfeldaufklärung sollten nicht in stille Amtsstuben der Ministerien verbannt, sondern im Nationalen Sicherheitsrat behandelt werden. Ob in den Sicherheitsrat auch Wissenschaftler direkt berufen werden oder das Gremium sich eines wissenschaftlichen Beirats bedient, gehört zu den vielen Details, die man regeln kann, genauso wie die Frage, ob es ein Gremium ausschließlich der Ressorts auf Ministerebene sein soll.

Ein gut organisierter und gut arbeitender Nationaler Sicherheitsrat könnte die Keimzelle für das Heranwachsen einer Sicherheitskultur sein und Diskurse über Sicherheit anstoßen. Er könnte für Klarheit sorgen bei der Formulierung deutscher Interessen und bei der Definition von Zielen nicht nur für die deutsche Außen- und Sicherheitspolitik, sondern auch für den Einsatz unserer Sicherheitsbehörden.

Dass ein Nationaler Sicherheitsrat der Bundeskanzlerin oder dem Bundeskanzler zugeordnet sein sollte, versteht sich von selbst. Er sollte allerdings kein Teil des Bundeskanzleramts werden, am besten dort auch gar nicht logistisch verortet sein, um von vornherein den Eindruck zu vermeiden, das Kanzleramt organisiere und steuere mit diesem Instrument seine eigene Politik.

Der derzeitige Bundessicherheitsrat stört nicht. Dieser Ausschuss des Bundeskabinetts, bestehend aus Bundeskanzlerin, Chef des Bundeskanzleramts sowie den Bundesministern des Auswärtigen, der Verteidigung, der Finanzen, der Justiz und der Wirtschaft, berät über Fragen der Sicherheitspolitik sowie über Abrüstung und Rüstungskontrolle. Tatsächlich hat sich seine Tätigkeit seit über 40 Jahren auf die Rüstungsexportpolitik verengt. Der Bundessicherheitsrat kann daher bestehen bleiben und nach entsprechenden Leitlinien des Nationalen Sicherheitsrats beraten oder im Nationalen Sicherheitsrat aufgehen.

Interessant zu beobachten war die Reaktion einiger Akteure aus der Politik auf den Vorschlag der Bundesverteidigungsministerin, die umgehend einen Europäischen Sicherheitsrat forderten. Dieses Durchreichen von Themen und Problemen nach oben, also auf die europäische Ebene, ist schon ein solcher Reflex geworden, dass die Betroffenen gar nicht mehr merken, wie peinlich dies ist. Eine gemeinsame europäische Außen- und Sicherheitspolitik findet eigentlich gar nicht mehr statt. Auf bisher Erreichtem wird nicht aufgebaut, sondern an bisher Erreichtem wird abgebaut. Ob es um Fragen der Grenzkontrollen geht oder um eine gemeinsame Migrationspolitik, ob es um Mandate für einen Streitkräfteeinsatz geht oder um eine gemeinsame Definition von terroristischen Gefährdern – die Heterogenität auf europäischer Ebene zeigt, dass man vernünftigerweise erst sein eigenes Feld bestellt, bevor man nach der nicht funktionierenden Genossenschaft ruft. Das Durchreichen auf die europäische Ebene entlarvt sich vielfach als fehlende Bereitschaft, selbst Farbe zu bekennen. Mut- und Perspektivlosigkeit sind gut verpackt im Hinweis auf Europa, allerdings wird diese Mogelpackung mit der zunehmenden Verwässerung der europäischen Idee immer deutlicher. Wenn es noch eines Beweises für die fehlende Handlungsfähigkeit der Europäischen Union bedurft hätte, dann ist es das völlige Auseinanderdriften der 27 EU-Staaten bei der Bekämpfung des Corona-Virus ab Anfang 2020. Auch wenn dabei oft die Worte »gemeinsam« und »Solidarität« benutzt wurden, letzlich ging es um das Geld der deutschen Steuerzahler, um Volkswirtschaften zu stützen, die schon vor der Corona-Krise pleite waren. Wer sich in Sicherheitsfragen auf die EU verlassen möchte, der ist verlassen.

Zu einer Sicherheitskultur können auch die Sicherheitsbehörden selbst beitragen. Bei der Polizei gelingt dies schon ganz gut. Sie haben mit ihren Polizeigewerkschaften engagierte Partner an ihrer Seite, die es bei den Nachrichtendiensten so nicht gibt. Seit Jahren liegen Polizisten im Ranking der angesehensten Berufe ganz oben und teilen sich diese

Spitzenposition gemeinsam mit Feuerwehrleuten, Ärzten, Kranken- und Altenpflegern. Angehörige von Nachrichtendiensten tauchen in diesen vom Deutschen Beamtenbund jährlich in Auftrag gegebenen Befragungen erst gar nicht auf. Ich bin sicher, dass ihr Ansehen nicht an das der Polizisten heranreicht, was viel mit vorgefassten Meinungen und Vorurteilen zu tun hat. Wollen aber Nachrichtendienste als das angesehen werden, was sie sind, nämlich ein moderner Informationsdienstleister, dann müssen auch sie selbst etwas dafür tun. Nachrichtendienste müssen mehr Transparenz zeigen.

Mehr Transparenz, mehr Öffnung nach außen ist für einen Nachrichtendienst immer eine Gratwanderung. Der Spagat zwischen dem unabdingbaren nachrichtendienstlichen Methoden- und Quellenschutz auf der einen und dem gesellschaftlichen Informationsbedürfnis auf der anderen Seite ist zugegebenermaßen schwierig, aber er ist zu schaffen. Transparenz bedeutet nämlich vor allem, unnötigen Ballast abzuwerfen, was das Beispiel der sogenannten Transparenzoffensive des Bundesnachrichtendienstes während meiner Amtszeit belegt.

Die Transparenzoffensive des BND

Es wäre falsch zu behaupten, erst während meiner Amtszeit habe sich der Bundesnachrichtendienst um eine bessere Öffentlichkeits- und Pressearbeit bemüht. Bereits Hansjörg Geiger, von 1996 bis 1998 der achte Präsident des BND, hatte Schritte in Richtung mehr Transparenz durchgesetzt. Mit der erstmaligen Berufung eines Pressesprechers schuf er einen direkten Ansprechpartner für die Medien, den es bis dahin nicht gegeben hatte. Er war es auch, der den Namenszug »Bundesnachrichtendienst« vor der Zentrale des Dienstes in Pullach anbringen ließ. Zuvor stand dort ein schlichtes Schild mit der Bezeichnung »Behördenunterkunft«. Ich kann mir gut vorstellen, welche Widerstände er dabei überwinden musste.

Mit meinen Bemühungen knüpfte ich an die Initiative von Hansjörg Geiger an. Bei meinen Besuchen der Außenstellen des Dienstes in Deutschland mochte mir nicht einleuchten, warum die Liegenschaften in Pullach und zwischenzeitlich auch in Berlin mit dem Schild »Bundesnachrichtendienst« versehen waren, während die Außenstellen irgendwelche Fantasiebezeichnungen trugen. Die Außenstelle in Rheinhausen nannte sich zum Beispiel »Ionosphäreninstitut«, »Fernmeldeweitverkehrsstelle der Bundeswehr« war der Tarnname für die Außenstelle in Gablingen, und am Eingangstor des Antennengeländes in Bad Aibling stand der Name »Mangfall-Kaserne«. Diese Tarnbezeichnungen klangen nicht nur seltsam, sie konnten auch ihren Zweck nicht erfüllen. Nicht nur die örtliche Bevölkerung wusste von der Anwesenheit des BND. Auch für die Politik und die Medien war es ein offenes Geheimnis. Es war also eher peinlich, dass man die Tarnbezeichnungen und ihre Zuordnung zum Bundesnachrichtendienst in Wikipedia nachlesen konnte.

Im Juni 2014 erließ ich daher die Weisung, an insgesamt sechs Außenstellen in Deutschland das Schild »Bundesnachrichtendienst« anzubringen, und zwar für die Dienststellen Bad Aibling, Gablingen, Rheinhausen, Schöningen, Stockdorf und Söcking. Nach Bad Aibling luden wir hierzu Pressevertreter ein, die erstmals in der Geschichte des Dienstes das Antennengelände betreten und Aufnahmen machen durften. Natürlich gab es Widerstände gegen diese »Delegendierung«, wie ich sie nannte. Insbesondere die Personalvertretungen brachten eine Reihe von Argumenten vor, von denen mich keines überzeugte. Das angebliche Totschlagargument, die Sicherheit der Anlagen und der Mitarbeiterinnen und Mitarbeiter werde dadurch gefährdet, ließ ich schon deshalb nicht gelten, weil die gelebte Praxis in Pullach und in Berlin mit wesentlich mehr betroffenen Angehörigen des Dienstes dafür keinen Anhaltspunkt bot. Neben den Bedenken gab es aber auch viel Zustimmung und Anerkennung. Viele waren das Versteckspiel einfach leid oder empfanden die Aufrechterhaltung des Tarnnamens der Arbeitsstelle im Freundes- und Bekanntenkreis als unwürdig, da es sich ja um ein offenes Geheimnis handelte.

Anhand der vielen Gespräche, die ich im Vorfeld geführt hatte, war mir klar geworden, dass die Aufhebung der Legenden der sechs Außenstellen keine Einzelmaßnahme bleiben durfte. Und um dem ganzen Vorhaben mehr Bedeutung und Schwung zu verleihen, wurde der Name »Transparenzoffensive« geboren. Dieser Transparenzoffensive wurden auch Module zugeordnet, die für andere Behörden eher selbstverständlich sind, für einen Nachrichtendienst bisher jedoch nicht. Hierzu gehörte zum Beispiel die Betreuung von Besuchergruppen.

Während man die Besuchergruppen im Besucherzentrum in Berlin im ersten Jahr meiner Amtszeit quasi noch an zwei Händen abzählen konnte, waren es 2015 schon über 10 000 Besucher. Die Gruppen kamen aus ganz Deutschland, von Schulen, Universitäten, politischen Stiftungen und insbesondere aus den Wahlkreisen der Bundestagsabgeordneten. Durch diesen Erfolg angespornt, wurde die Planung für den BND-Neubau in Berlin so angepasst, dass dort ein für jedermann zugängliches Besucherzentrum entstand. Dort präsentiert sich eine große moderne Dauerausstellung mit einer ganzen Bandbreite von Informationen über den Auftrag des BND und die Tätigkeit und die Einsätze in Krisengebieten, über die parlamentarische Kontrolle, über den Dienst als modernen Arbeitgeber und vieles mehr. Mitten in der Hauptstadt, an der Grenze zwischen Wedding und Mitte und nicht weit vom Regierungsviertel, gibt es also einen BND »zum Anfassen«, und man darf gespannt sein, wie dieses Angebot künftig angenommen wird.

Für eine Dokumentation der Liegenschaft in Pullach konnte der renommierte Fotograf Martin Schlüter gewonnen werden. Da er keine Personen fotografieren durfte, entstanden seine Aufnahmen nachts, weshalb der im Jahr 2014 veröffentlichte Bildband den Titel *Nachts schlafen die Spione* trägt. Die Aufnahmen vermitteln einzigartige Impressionen. Sie zeigen nicht nur Straßenzüge und die Gebäude von außen, sondern auch Büros, die Schießanlage, den Hundezwinger, das Rechenzentrum und viele Details, die man so bei einem Auslandsnachrichtendienst nicht vermutet. Das Wagnis, die interessantesten Bilder auch öffentlich zu präsentieren, gelang. Mit Unterstützung der Kulturstiftung der Versicherungskammer Bayerns wurden die Fotos im Juni 2014 in München und mit Unterstützung des Verlags Gruner und Jahr im April 2016 in Hamburg ausgestellt. Allein in Hamburg gab es über 14 000 Besucher.

Die nachhaltigste Maßnahme in Sachen Transparenz war ganz sicher die Abschaffung der sogenannten Dienstnamen in den letzten Wochen meiner Amtszeit. Jeder, der in den Bundesnachrichtendienst eintrat, bekam gleich am ersten Tag einen »Dienstnamen« und einen meist fiktiven Arbeitgeber zugewiesen. Diese Legendierung war in Zeiten des Kalten Kriegs zum Schutz der Mitarbeiterinnen und Mitarbeiter sicherlich sinnvoll. Ich habe oft scherzhaft gesagt, dass ich einer der wenigen im BND bin, der seinen richtigen Namen führt. Von Ausnahmen abgesehen wurde intern im Arbeitsalltag der Dienstname gebraucht, sodass die meisten gar nicht wussten, wie zum Beispiel der Kollege eigentlich richtig hieß. Und nach außen wurden irgendwelche Behörden, Organisationen oder Institute als Arbeitgeber angegeben, obwohl man eigentlich beim BND arbeitete. Zu den angeblichen Arbeitgebern war leider wieder vieles in Wikipedia nachzulesen, und nach der Delegendierung der Außenstelle in Rheinhausen war ein »Ionosphäreninstitut« als Beschäftigungsstelle noch sinnloser als vorher schon.

In den zahlreichen Diskussionen über dieses Thema wurde schnell klar, dass eine Öffnung hin zu mehr Transparenz gut für das Selbstverständnis vieler Mitarbeiterinnen und Mitarbeiter als Nachrichtendienstler war. Und gerade um dieses Selbstverständnis ging es mir. Natürlich mussten und müssen operativ arbeitende Angehörige des BND geschützt werden, jedoch mit einer guten individuellen Legendierung und nicht mit einer Arbeitgeberlegende, die ein Jugendlicher innerhalb von zwei Minuten durch Googeln entschlüsseln kann. Operativ arbeitend, im Ausland tätig oder sonst gefährdet sind aber die meisten Angehörigen des BND nicht. Und für diese Tausenden BND-Angehörige wollte ich nicht, dass sie sich ständig mit einem falschen Namen identifizieren mussten. Ich wollte nicht, dass sie im Verwandten-, Bekannten- und Freundeskreis herumdrucksen mussten, wenn es um ihre Arbeit und ihren Arbeitgeber ging. Ich wollte, dass man stolz darauf ist, beim Bundesnachrichtendienst zu arbeiten, dass man offen dazu steht und sich dazu bekennt. Die Entmystifizierung des Dienstes muss nämlich bei einem selbst anfangen. Jeder sollte im privaten Kreis sagen können, ich arbeite beim BND, ich arbeite gerne für unser Land und die

Sicherheit seiner Bürgerinnen und Bürger, aber ich bitte um Verständnis, dass ich zu meiner konkreten Tätigkeit nichts sagen darf.

Alle konnte ich nicht überzeugen. Gerade ältere Angehörige des Dienstes erklärten mir nachvollziehbar, dass sie etwa im Bekanntenkreis jahrelang entsprechend den bisherigen dienstlichen Anweisungen verheimlicht hatten, dass sie beim BND arbeiteten. Nunmehr hinzugehen und offenzulegen, dass dies eine Art Lüge war, sei nicht zumutbar. Da ich dafür Verständnis hatte, sah die neue Dienstanweisung eine »Altfallregelung« vor.

Ich bin fest davon überzeugt, dass die Abschaffung der Dienstnamen nicht nur mehr Transparenz nach sich zieht, sondern das Selbstverständnis des BND entscheidend verändern wird. Raus aus der Geheimecke, rein in die Gesellschaft! Ein moderner Dienstleister, für den man gerne arbeitet und zu dem man sich auch offen bekennt!

Zur Transparenzoffensive gehörte auch ein neuer Umgang mit dem Parlament und der Presse. Beide wurden zuvor im Dienst eher als Gegner angesehen. Zum Themenkomplex Transparenz gehörte auch, dass die Aufarbeitung der eigenen Geschichte gefördert wurde. Gerade einem Nachrichtendienst in einer demokratischen Gesellschaft steht es gut an, sich zu seiner eigenen Geschichte mit all ihren Irrungen und Wirrungen zu bekennen. Hierzu hatte mein Vorgänger Ernst Uhrlau die entscheidenden Weichen mit der Einberufung einer Unabhängigen Historikerkommission gestellt.

Ein Blick in die Vergangenheit zeigt auch, dass das Anliegen einer Öffentlichkeitsarbeit so neu gar nicht war. In den Sechzigerjahren schrieb der Nürnberger Karl-Heinz Günther insgesamt 314 Taschenbücher, in denen ein deutscher Geheimagent ähnlich wie James Bond reihenweise Schurken zur

Strecke brachte, dabei Porsche fuhr und am liebsten Frauen hinterherjagte. Sein Name war Bob Urban, und er war vom BND. Günther nannte seine Reihe *Mister Dynamit* und hatte seinerzeit damit Erfolg. 1966 hatte der Münchner Filmproduzent Theo Maria Werner die Idee, einen dieser Romane zu verfilmen. Er hatte die Rechte an *Mister Dynamit – Morgen küsst euch der Tod* erworben und konnte für die Hauptrolle sogar Lex Barker verpflichten, der durch seine Rolle als Old Shatterhand in den Winnetou-Filmen in Deutschland sehr bekannt war. Für die Verfilmung erhoffte sich Werner Unterstützung durch den BND und schickte neben seiner entsprechenden Bitte auch das Drehbuch an den Dienst. Dort bewertete man den Vorgang in einer Unterrichtung an den damaligen Präsidenten Reinhard Gehlen nahezu euphorisch. In der Vorlage heißt es unter anderem, »der BND kommt ganz groß raus« und »der Film wird ein Reißer«. Gehlen ließ sich überzeugen und verfügte: »Im Prinzip keine Bedenken«, allerdings: »Keine Aufnahmen in der Zentrale.«

Der Film lief 1967 als Agententhriller in bundesdeutschen Kinos und wurde ein Reinfall. Das Publikum wollte lieber den echten James Bond sehen. In der englischen Version kam noch hinzu, dass Bob Urban als Mann der »Abwehr« agierte, da der Name »Bundesnachrichtendienst« für das internationale Publikum wohl zu sperrig war.

Bekannt geworden ist dieses frühe Engagement des Dienstes in Sachen Öffentlichkeitsarbeit durch die BND-interne Arbeitsgruppe »Geschichte des BND«, die hierzu im Februar 2014 eine 66-seitige Broschüre herausgegeben hatte.

Die deutsche Sicherheitsarchitektur verbessern

Das Bessere ist der Feind des Guten

Wenn ich in diesem Kapitel einige Beispiele aufführe, die dazu beitragen könnten, unser Sicherheitssystem zu verbessern, dann ist dieser punktuelle Ansatz nur der zweitbeste Weg. Der bessere Ansatz wäre eine Gesamtrevision unserer Sicherheitsarchitektur, eingebettet in eine Art nationale Sicherheitsstrategie, die ganzheitlich die mittel- und langfristigen Bedrohungslinien und die entsprechenden Anforderungen an die einzelnen Behörden aufzeigt. Diese Gesamtrevision kann ein Externer natürlich nicht leisten. Sie wäre zum Beispiel eine Aufgabe für den geforderten Nationalen Sicherheitsrat.

Auch die Bundesregierung sieht die Notwendigkeit einer solchen Gesamtrevision. In einem Papier, in dem man diese Thematik nicht vermutet, nämlich in dem im Februar 2020 beschlossenen Strategiepapier der Bundesregierung zur Stärkung der Sicherheits- und Verteidigungsindustrie, heißt es gleich zu Beginn ausdrücklich: »Im Bereich der inneren Sicherheit ist eine Anpassung der Sicherheitsarchitektur in Deutschland an die gegenwärtigen und zukünftigen Herausforderungen erforderlich.« Wie und wann dies geschehen soll, bleibt offen.

Selbst wenn man unseren Föderalismus schätzt, kommt man nicht daran vorbei, auch eine begrenzte Neuverteilung der Zuständigkeiten von Bund und Ländern vorzuschlagen. Es geht aber nicht darum, die Axt an den Sicherheitsföderalismus anzulegen, ihn abzuschaffen, sondern es geht darum, ihn besser zu machen. 16 unterschiedliche Landespolizeigesetze und zusätzliche Gesetze zum Bundeskriminalamt und zur Bundespolizei sowie 16 unterschiedliche Gesetze zu den Landesämtern für Verfassungsschutz und zusätzliche Gesetze zum Bundesamt für Verfassungsschutz und zum Militärischen Abschirmdienst können nicht der Weisheit letzter Schluss sein. Auch das Prinzip, dass auf der Innenministerkonferenz Beschlüsse nur einstimmig gefasst werden können, hat mehr Nachteile als Vorteile. Ein Vorteil ist, dass man sich einigen muss, wenn man überhaupt Beschlüsse fassen will. Der entscheidende Nachteil aber ist, dass zum Beispiel bei der Einführung neuer IT-Verbundsysteme das finanzschwächste Land die Marschgeschwindigkeit bestimmt.

Die Schwächen des Föderalismus hat zuletzt die Corona-Krise Anfang 2020 leider allzu deutlich aufgezeigt. Obwohl die Ministerpräsidenten immer wieder bekundeten, wie wichtig und nötig ein abgestimmtes Verhalten sei, war die Realität ein föderaler Flickenteppich. Anstatt gemeinschaftlich klare Ziele und Maßnahmen vorzugeben, stolperten die Bundesländer in die Krisenbewältigung. Unterschiedliche Regelungen bei der Schließung und Wiedereröffnung von Kindertagesstätten oder Schulen, für Restaurants oder Einzelhandelsgeschäfte und vor allem für die Kontakt- und Ausgangsbeschränkungen trugen nicht dazu bei, das Vertrauen der Bevölkerung in die Solidität des Handelns der Verantwortlichen zu stärken. Wenn man die angeordneten Maßnahmen etwa in Bayern mit denen in der Hauptstadt Berlin verglich, dann hatte man nicht den Eindruck, dass man in einem gemeinsamen Land lebte. Für dieses Auseinanderklaffen gab es auch keinen überzeugenden Grund, zumal das Virus alle und alles gleichmachte.

Aber auch die Bundesebene ist nicht optimal organisiert, was sowohl den Bereich Polizei als auch die Nachrichtendienste betrifft.

Die nachfolgenden Vorschläge sind nicht alle neu, sondern teilweise schon des Öfteren vorgetragen worden. Tatsächliche und längerfristig wirksame Verbesserungen, und damit meine ich nicht die Inflation der gemeinsamen Zentren, blieben rar. Das in diesem Zusammenhang oft bemühte Argument, es bedürfte einer europäischen Lösung, habe ich bereits im Kapitel zuvor bewertet. Klare nationale Regelungen für die Sicherheit unserer Bevölkerung und das Suchen nach europäischen Ansätzen schließen sich im Übrigen nicht aus. Aber es ist einfacher, auf europäischer Ebene überzeugend aufzutreten, wenn man das eigene Haus geordnet hat.

Jede angestrebte Optimierung, ob als Einzelmaßnahme oder als Generalrevision, wird jedoch bei den betroffenen Behörden und in der Politik auf Widerstand stoßen. Gestaltungswille, gepaart mit Mut und Durchsetzungsfähigkeit, sind daher grundlegende Voraussetzungen für nachhaltige Verbesserungen.

Weisungsrecht im GTAZ

Bereits der Umstand, dass im Gemeinsamen Terrorismusabwehrzentrum (GTAZ) 40 Behörden gleichberechtigt vertreten sind, belegt eindrücklich die Reformbedürftigkeit des Systems. Die permanente Abstimmungsmaschinerie zwischen 40 gleichberechtigten Behörden hat den Charakter von Schwarmintelligenz. Das Prinzip der Schwarmintelligenz ist Vögeln und Fischen eigen, Menschen beherrschen es nicht. Insbesondere die nachträgliche Überprüfung der Bearbeitung der Sachverhalte im Zusammenhang mit dem Tunesier Anis Amri im GTAZ hat die Defizite in der Zusammenarbeit in diesem Zentrum offengelegt. Der Attentäter des Anschlags auf den Berliner Weihnachtsmarkt im Dezember 2016 war zuvor mehrfach Gegenstand von Besprechungen im GTAZ gewesen. Zur Überwindung der erkannten strukturellen Mängel, insbesondere bei der Einstufung seiner Gefährlichkeit und bei der Abstimmung von Überwachungsmaßnahmen, wurde für die Zukunft eine »Steuerungskompetenz des Bundes« gefordert, andere nannten es eine »federführende Zuständigkeit für Terrorismusbekämpfung«, zumal Terroristen nicht einzelne Bundesländer, sondern ganz Deutschland im Fokus hätten. Wirklich geändert in diesem Sinne wurde bislang nichts.

Im Ergebnis spielt es keine Rolle, ob man es »Steuerungskompetenz«, »Federführung« oder »Weisungsrecht« nennt: Bei der großen Anzahl von derzeit über 600 Gefährdern in Deutschland sind klare Verantwortlichkeiten nötig. Als in den Anfangsjahren im GTAZ nur etwa 70 oder 80 Gefährder Gegenstand der Abstimmung waren, brauchten sich die Verantwortlichen nicht um den Überblick zu sorgen. Man kannte die Zielpersonen, konnte sich schnell gegenseitig über den aktuellen Stand unterrichten und quasi über den Flur hinweg Maßnahmen abstimmen. Dies war Grundlage der Anfangserfolge des GTAZ. Bei über 600 Gefährdern – und zum Zeitpunkt des Anschlags auf den Berliner Weihnachtsmarkt waren es über 800 – ist diese Arbeitsweise längst an ihre Grenzen gestoßen und in hohem Maße fehleranfällig. Es kann nicht sein, dass der mehrfache Umzug eines möglichen Attentäters von einem Bundesland ins andere innerhalb eines Jahres zur Folge hat, dass Kontrolldefizite auftreten. Es kann auch nicht sein, dass ein viel reisender Gefährder in einem Bundesland als gefährlich und in einem anderen Bundesland als weniger gefährlich bewertet wird – mit entsprechendem Wegfall seiner Observation. Hier müssen die Bundesbehörden, das BKA für die Polizei und das BfV für den Verfassungsschutz, steuernd eingreifen können. Natürlich ist klar: Wer diese Kompetenz besitzt, hat auch die Verantwortung inne.

Verfassungsschutzverbund

Der Verfassungsschutzverbund ist nicht gut aufgestellt. Die Heterogenität der 16 Landesämter ist ungleich größer als etwa bei den 16 Landeskriminalämtern. Es gibt kleine und sehr kleine Ämter, und oft fehlt es an Geld, Personal und Befugnissen. Eine verdächtige Struktur, egal ob aus dem Bereich links oder rechts oder aus der islamistischen Szene, die Mitglieder aus Hamburg, Bremen und Niedersachsen hat, wird im Zweifel von vier Verfassungsschutzbehörden beobachtet, nämlich von den drei Landesämtern und vom Bundesamt. Eine steuernde und ordnende Zentralstellenfunktion des Bundesamtes findet faktisch kaum statt. Beispiele für Spannungen im Alltag gibt es reichlich, weshalb auch immer wieder die Auflösung der Landesämter und die Übertragung sämtlicher Aufgaben auf das Bundesamt gefordert wird. Da eine solche Forderung nach allen bisherigen Erfahrungen keinerlei Aussicht auf Erfolg hat, möchte ich mich ihr auch nicht anschließen, sondern zwei Mittelwege vorschlagen.

Der erste Vorschlag ist ein Optionsmodell. Nach diesem Modell könnten die Bundesländer ihre Aufgabe »Verfassungsschutz« freiwillig an den Bund abgeben oder aber wie bisher selbst weiter ausüben. Ich bin sicher, eine Reihe von Bundesländern – wahrscheinlich die weniger finanzstarken – würde diese Option gerne nutzen. Die Idee ist nicht neu, sondern findet sich bereits im Bereich der Luftsicherheit. Dort ist in Paragraf 16 des Luftsicherheitsgesetzes geregelt, dass die Aufgabe Luftsicherheit grundsätzlich von den Bundesländern wahrgenommen wird, jedoch auch in bundeseigener Verwaltung ausgeführt werden kann, »wenn dies zur Gewährleistung der bundeseinheitlichen Durchführung der Sicherheitsmaßnahmen erforderlich ist«. Entsprechend hat die Bundespolizei an 14 deutschen Flughäfen – und damit nicht an allen, sondern an den größten – auf Antrag der Bundesländer die Aufgabe Luftsicherheit übernommen. Dass die vom Optionsmodell betroffenen Landesämter für Verfassungsschutz nicht ersatzlos aufgelöst, sondern in neu strukturierter Form Außenstellen des Bundesamts würden, um den Regionalbezug zu erhalten, wäre eine Rahmenbedingung, auf die man sich vorher einigen könnte. Das Optionsmodell würde somit die Heterogenität des Verfassungsschutzverbunds verringern, die Zentralstellenfunktion des BfV stärken, und vor allem beließe es die Entscheidung bei den Bundesländern.

Mein zweiter Vorschlag zielt auf die Zusammenführung der gesamten Auswertung zentral beim Bundesamt, während die Informationsbeschaffung weiterhin bei den Ländern verbliebe. Damit gäbe es zwar wie bisher ein Nebeneinander der Beschaffung durch ein Bundesamt und 16 Landesämter, aber die zentrale Auswertung würde eine gewichtige Klammerfunktion bilden. Auch bei diesem Modell bliebe der Regionalbezug, die Kenntnis der jeweiligen Szene vor Ort, erhalten, was von den Bundesländern gerne als Argument für die Notwendigkeit ihrer Landesämter angeführt wird.

Es ist verständlich, wenn die Bundesländer skeptisch auf Vorschläge reagieren, die Umstrukturierungen zugunsten einer Verlagerung zur Bundesebene vorsehen. Aber nach den jahrzehntelangen Diskussionen wird es Zeit, reale Veränderungen in Angriff zu nehmen. Denn man kann ganz sicher nicht sagen, dass der Verfassungsschutzverbund in seiner jetzigen Form sich bewährt habe.

Bundesfinanzierung gesamtstaatlicher IT-Systeme

Von herausragender Bedeutung für den polizeilichen und nachrichtendienstlichen Alltag sind die zentralen informationstechnischen Verbundsysteme von Bund und Ländern. Bei der Polizei ist dies das »Informationssystem der Polizei – INPOL« und beim Verfassungsschutz das »Nachrichtendienstliche Informationssystem – NADIS«. Diese Verbundsysteme gewährleisten den Informationsfluss von der Funkstreife bis zum Bundeskriminalamt, vom Auswerter beim Landesamt bis zum Bundesamt für Verfassungsschutz. Sie haben gesamtstaatlich eine derart immens wichtige Funktion, dass der Bund über seinen Schatten springen und diese Systeme vollständig finanzieren sollte. Bislang wird die Finanzierung unterteilt in die Bundeskomponente und in die Landeskomponenten. Wie so oft beim lieben Geld ist diese Aufteilung nicht immer einfach und konfliktfrei. Dass Polizei und Nachrichtendienste gemäß dem Grundgesetz Länderaufgaben sind, ist kein überzeugendes Gegenargument. Auch die Kultur ist Länderaufgabe, aber der Bund fördert in großem

Umfang kulturelle Einrichtungen mit der Begründung, dass es sich um gesamtstaatliche Interessen handle. Gleiches gilt für INPOL und NADIS. Auch hier überwiegt das gesamtstaatliche Interesse an funktionierenden Verbundsystemen an diesen Lebensadern unserer Sicherheit, sodass eine zukünftige Bundesfinanzierung der richtige Weg ist.

Zusammenführung Bundespolizei und Bundeskriminalamt

Die Zusammenführung der Bundespolizei und des Bundeskriminalamts ist ganz sicher eine große Herausforderung für jeden Bundesinnenminister, der dies angehen will. Dabei setzt sich die Trennung zwischen Bundeskriminalamt und Bundespolizei bis in das übergeordnete Bundesinnenministerium fort, wo zwei unterschiedliche Abteilungen jeweils mit zwei unterschiedlichen Staatssekretären für die Fachaufsicht zuständig sind. Das Argument, die eine Behörde habe kriminalpolizeiliche, die andere schutzpolizeiliche Aufgaben, trifft schon lange nicht mehr zu. Der beim BKA angesiedelte Personenschutz ist eigentlich der Schutzpolizei zuzuordnen, während die Bundespolizei jährlich in deutlich mehr kriminalpolizeilichen Verfahren der organisierten Kriminalität ermittelt, als das BKA dies tut. Was also liegt näher, als darüber nachzudenken, wie man die Zahl der Schnittstellen verringern und Synergieeffekte erzielen kann? Diesen Auftrag hatte im Jahr 2010 der damalige Bundesinnenminister Thomas de Maizière der sogenannten Werthebach-Kommission erteilt.

Der Kommission gehörten neben dem Berliner Innensenator a. D. Eckart Werthebach unter anderem der frühere Präsident des BKA Ulrich Kersten sowie der ehemalige Generalbundesanwalt Kay Nehm an. Sie schlug einvernehmlich die Zusammenführung von Bundeskriminalamt und Bundespolizei vor, da ein solcher Ansatz – so die Wertung im Gutachten – »ohne Zweifel erhebliche Synergieeffekte ermöglichen« würde. Unter dem Dach eines neuen Bundespolizeipräsidiums sollten die kriminal- und schutzpolizeilichen Aufgaben des Bundes jeweils gebündelt werden, denen ein weiterer Bereich mit zentralen polizeilichen Diensten und Spezialkräften unterstützend zur Verfügung gestanden hätte. Das Zusammenführen sollte nach dem Vorschlag der Kommission schrittweise und längerfristig erfolgen, wozu es jedoch nicht kam – insbesondere wegen des Widerstands des Bundeskriminalamtes. Dort waren die Vorbehalte am größten. Die Vorschläge der Kommission wurden nahezu allesamt nicht aufgegriffen. Sie bleiben dennoch richtig und wichtig.

Zehn Jahre danach scheint mir die Zeit reif für einen zweiten Anlauf. Der vorsichtige Ansatz der Kommission, schrittweise und quasi von unter her zu reformieren, hat sich als erfolglos erwiesen. Ich plädiere daher für einen »Top down«-Ansatz: Im ersten Schritt sollten die beiden Präsidentenfunktionen bei passender Gelegenheit zusammengeführt werden. Der neue gemeinsame Präsident kann dann »von oben« die weiteren Schritte definieren und veranlassen, sodass Friktionen ausgeschlossen werden können. »Die neue Institution bündelt in hohem Maße Sachverstand und Kompetenz – Eigenschaften, die nicht nur in Zeiten schwieriger, sensibler Sicherheitslagen von besonderem Gewicht sind«, urteilte schon damals die Kommission. Diese Aussagen haben ihre Gültigkeit nicht verloren.

Nachrichtendienstliche Terrorismusbekämpfung beim BfV bündeln

Auch zwischen dem Bundesamt für Verfassungsschutz und dem Bundesnachrichtendienst sollten die Trennlinien neu gezogen werden. Terrorismus lässt sich nicht mehr sinnvoll in Inland und Ausland zuordnen. In Deutschland werden Kämpfer rekrutiert für Krisengebiete im Ausland, die dort wie im Beispiel des IS Terror verbreiten; ausländische Terroristen sickern nach Deutschland ein, um hier Anschläge zu begehen. Internationale terroristische Netzwerke nutzen Deutschland als Transitraum. Wenn immer deutlicher wird, dass sich Inlands- und Auslandsaktivitäten in der islamistischen Szene mehr und mehr überlappen, sodass eine klare Unterscheidung in der Realität oft nicht mehr möglich ist, dann müssen auch die entsprechenden Konsequenzen für die Sicherheitsarchitektur gezogen werden. Die gesamte Zuständigkeit für die nachrichtendienstliche Terrorismusbekämpfung, also auch die des BND, sollte daher beim Bundesamt für Verfassungsschutz angesiedelt werden. Der umgekehrte Ansatz, nämlich dass der Auslandsnachrichtendienst inländische Zuständigkeiten übernimmt, wäre in Deutschland schwer bis gar nicht vermittelbar. Durch seine jetzt schon vielfältige internationale Zusammenarbeit ist das BfV ohnehin auslandserfahren. Und auch im Ausland, zum Beispiel in Österreich, gibt es vergleichbare Modelle der nachrichtendienstlichen Terrorismusbekämpfung »aus einer Hand«.

Neuer technischer Nachrichtendienst

Der Umzug des Bundesnachrichtendienstes in die Hauptstadt war unter einer Reihe von Gesichtspunkten gut. Dort gehört er als Dienstleister hin, dort sind die Abnehmer seiner Berichte, nämlich Bundesregierung und Bundestag. Der Verbleib der Abteilung »Technische Aufklärung« in Pullach ist dagegen schlecht. Dies wird zu einem Eigenleben der technischen Aufklärung führen, wie es schon früher der Fall war. Früher hieß die Abteilung intern auch der »Dienst im Dienst«. In Pullach hat das Gebäude der technischen Aufklärung trotz der Umzäunung des Gesamtgeländes nochmals eine eigene Einzäunung. Dieser Fakt spricht Bände. Fachlich ist es auch nicht zu rechtfertigen, die Aufsicht über die Abteilung durch eine räumliche Trennung von der Zentrale zu schwächen. Die Antennenanlagen in Bayern lassen sich von jedem Ort der Welt steuern. Dafür braucht man keine Niederlassung in Pullach. Wenn man aber aus welchen Gründen auch immer die technische Aufklärung in Pullach belassen will, dann sollte man gleich den richtigen Schritt gehen und aus der technischen Aufklärung einen selbstständigen Dienst, also eine eigene Behörde machen. Die NSA in den Vereinigten Staaten und das GCHQ in Großbritannien sind solche eigenständigen technischen Dienste, deren Erfolge zeigen, dass dieses Modell Zukunft haben kann. Diese neue technische Behörde sollte nicht nur für den BND, sondern auch für die Verfassungsschutzbehörden tätig sein, was beachtliche Synergieeffekte zur Folge hätte. Die jüngst neu errichtete Zentralstelle für Informationstechnik im Sicherheitsbereich, ZITiS, mit derzeitigem Sitz in München, könnte ebenfalls in den neuen technischen Dienst integriert werden. Auch hier gilt es also, keine halben Sachen zu machen, sondern wenn schon, denn schon!

Für den Bereich der Polizei müsste eine eigenständige Lösung gefunden werden, da eine gemeinsame operative Organisation von Nachrichtendiensten und Polizei auf rechtliche Schranken stößt. Aufgrund des sogenannten Trennungsgebots wäre eine gemeinsame Organisation nicht erlaubt. Zulässig dagegen wäre eine Art technischer Dienstleister zum Beispiel für die Polizeien von Bund und Ländern sowie für den Zoll, der Kompetenzen und technologische Aktualität für die Überwachung von Telekommunikation bündelt. Ein solches Modell, nach dem Vorbild des *National Technical Assistance Centre* (NTAC) der Briten, wäre für die beteiligten Polizeibehörden ein Gewinn, da den meisten von ihnen die notwenigen personellen und finanziellen Ressourcen, um mit der technologischen Entwicklung Schritt zu halten, nicht zur Verfügung stehen. Das NTAC würde die technische Überwachungsmaßnahme im Auftrag durchführen, während die Prüfung und Bestätigung der rechtlichen Voraussetzungen und die spätere Auswertung im Zuständigkeitsbereich der beauftragenden Stellen verblieben.

Wir brauchen aber aufgrund der Fortentwicklung der Technologie nicht nur leistungsfähige Organisationsstrukturen, sondern auch die rechtliche Systematik muss angepasst werden. Die derzeitigen rechtlichen Grundlagen, wie zum Beispiel die Telekommunikationsüberwachungsverordnung, beruhen auf den Rahmenbedingungen der »alten Zeit«. Seinerzeit vermittelten die Betreiber von Telekommunikation, die Netzbetreiber, in aller Regel den unverschlüsselten Verkehr ihrer Kunden und konnten problemlos eine Kopie an die Sicherheitsbehörden ausleiten, wenn ein Richter dies angeordnet hatte. Endgeräte wie Telefone, Fax oder Mobiltelefone waren »dumme« Geräte, denn Smartphones gab es nicht. Dementsprechend wurde nicht gechattet, wurde nicht mit Hunderten verschiedenen Apps kommuniziert, und es fand auch keine Ende-zu-Ende-Verschlüsselung statt. Die Verpflichtung zu einer Überwachungsmaßnahme betraf – und betrifft noch immer – den Netzbetreiber, was unter den damaligen technischen Gegebenheiten auch sinnvoll war.

Mittlerweile haben sich die Rahmenbedingungen gewandelt. Die Endgeräte sind heute in der Regel leistungsfähige Computer, die quasi nebenbei auch noch telefonieren können. Ende-zu-Ende Verschlüsselung ist für alle verfügbar und bei vielen angebotenen Diensten, zum Beispiel den Messenger-Diensten, standardmäßig vorgesehen. Der Netzbetreiber kann daher den Datenstrom meist nur noch verschlüsselt an die berechtigte Sicherheitsbehörde ausleiten. Und mit 5G wird ein weiterer Aspekt hinzukommen. Eine der Neuerungen sind Verbindungen mit einer sehr geringen sogenannten Latenz, womit eine sehr geringe Verzögerung beschrieben wird, um neuartige Anwendungen wie autonomes Fahren oder Industrieautomatisierung zu ermöglichen. Um diese geringe Verzögerung zu erreichen, muss die Datenverarbeitung räumlich nahe an die Datenentstehung rücken, wofür inzwischen der Begriff *Mobile Edge Computing* gebraucht wird. Das lässt sich in etwa übersetzen mit »Datenverarbeitung in der Netzperipherie«. Das bedeutet, es wird zukünftig mehr und mehr Anwendungen geben, deren Daten nicht mehr durch zentrale Vermittlungsanlagen laufen. Ein zur Datenausleitung verpflichteter Netzbetreiber kann in diesem Fall noch nicht einmal mehr verschlüsselte Daten ausleiten, sondern gar nichts mehr. Es wird also dringlich, die »alte Denkweise«, man bekäme alle Daten, wenn man die zentralen Betreiber verpflichte, in den derzeitigen Rechtsgrundlagen abzulösen.

Will man die technologische Entwicklung nicht verpassen,

muss man zukünftig die Hersteller der Geräte, in denen die Daten entstehen, also die Hersteller zum Beispiel der Mobiltelefone, verpflichten, standardisierte Überwachungsschnittstellen vorzusehen. Diese Schnittstellen sind dann Bedingung für den Betrieb in deutschen Telekommunikationsnetzen – so wie heute bereits in den zentralen Vermittlungsanlagen, deren Betreiber keine Lizenz von der Bundesnetzagentur erhalten, wenn keine entsprechende Überwachungsschnittstelle vorhanden ist.

Mit einer solchen Schnittstelle in den Endgeräten entfiele auch das Erfordernis von sogenannten Quellen-Telekommunikationsüberwachungen, nämlich das verdeckte virtuelle Zugreifen der Sicherheitsbehörden auf Computer vor einer Verschlüsselung der Kommunikation unter Nutzung von Schwachstellen im System. Die Entwicklung und der Einsatz der hierfür erforderlichen Software, umgangssprachlich Staatstrojaner genannt (also des sicherheitsbehördlichen Zugriffs auf Computer, Mobiltelefone usw. mittels Spionagesoftware), würden überflüssig. Und auch die leidige Diskussion, dass die Maßnahmen zur Quellen-Telekommunikationsüberwachung die IT-Sicherheit schwächen würden, da sie Systemschwachstellen ausnutzen, wäre obsolet. Eine standardisierte und definierte Überwachungsschnittstelle wäre vielmehr Teil des Sicherheitskonzepts des Gesamtsystems.

BND dem Bundesverteidigungsministerium unterstellen

Oft diskutiert, aber nie ernsthaft hinterfragt ist die Zuständigkeit des Bundeskanzleramts für den Bundesnachrichtendienst. Dass der BND im Kanzleramt ressortiert, hat historische Gründe. Adenauer wollte 1956 im Nachkriegsdeutschland den Dienst für sich nutzen und nicht an einen Minister aus der Hand geben. Diese Zeiten sind vorbei, und es gibt keinen überzeugenden fachlichen Grund, weshalb der BND dem Bundeskanzleramt zugeordnet sein soll. Warum dieses Modell überholt ist, zeigt sich bei internen Krisen. Welche Probleme auch immer es beim BND gibt, die oberste Priorität im Kanzleramt heißt reflexartig: »Weg von der Kanzlerin!« Eine Maschinerie mit einer Vergeudung von Ressourcen läuft an; im Kanzleramt mit dem Ziel, behaupten zu können, man habe von alledem nichts gewusst. Und im BND mit dem Ziel, Belege zu finden, dass das Kanzleramt sehr wohl unterrichtet gewesen sei. Anstatt zügig und gemeinsam das Problem zu lösen, anstatt vereintes Krisenmanagement gibt es erst einmal Sand im Getriebe. Dabei kann ich die Haltung des Bundeskanzleramts gut nachvollziehen. Die Kanzlerin der Bundesrepublik Deutschland hat wichtigere Probleme zu lösen, als sich mit Vorwürfen gegen den Bundesnachrichtendienst zu befassen. Da also die Priorität des Kanzleramts »Weg von der Kanzlerin« nachvollziehbar ist, sollten Nägel mit Köpfen gemacht werden, nämlich weg aus der Dienst- und Fachaufsicht des Bundeskanzleramts und hin in den Geschäftsbereich des Bundesministeriums der Verteidigung. Dieses Ministerium hat nicht nur Erfahrung im Umgang mit schwierigen Behörden, auch die Verknüpfungen und Schnittmengen des BND mit der Bundeswehr und dem Verteidigungsministerium sind ungleich größer als mit jedem anderen Ressort. Auch aus meiner langjährigen Erfahrung im Bundesinnenministerium mit der Dienst- und Fachaufsicht über das Bundeskriminalamt und das Bundesamt für Verfassungsschutz glaube ich beurteilen zu können, dass die derzeitige Struktur nicht optimal ist.

Als zweitbeste Lösung käme eine Unterstellung dem Auswärtigen Amt in Betracht, wobei ich aber davon ausgehe, dass dort kein Interesse an einer solchen Änderung besteht.

Nachrichtendienstbeauftragter des Deutschen Bundestags

Nach dem Vorbild des Wehrbeauftragten des Deutschen Bundestags, der nach Artikel 45b des Grundgesetzes als »Hilfsorgan des Bundestags bei der Ausübung der parlamentarischen Kontrolle« eingesetzt wurde und faktisch auch als »Anwalt der Soldatinnen und Soldaten« fungiert, sollte eine vergleichbare Funktion für die Nachrichtendienste des Bundes geschaffen werden. Dabei geht es vorrangig nicht darum, eine weitere Kontrollinstanz einzurichten, denn davon gibt es ja genug, sondern in erster Linie, um einen zentralen Ansprechpartner für die Belange der Nachrichtendienste zu etablieren. Natürlich würde ein Nachrichtendienstbeauftragter auch die Funktion des Parlaments stärken, weil er dessen Kontrolle koordinierend und gewichtend steuern könnte. Vor allem aber wäre er auch Interessenvertreter der Nachrichtendienste und deren Beschäftigter, die im Gegensatz zur Polizei keine eigenen öffentlichkeitswirksamen Gewerkschaften haben. Vergleichbar dem Verfahren beim Wehrbeauftragten, wäre die Beratung des jährlichen Berichts des Nachrichtendienstbeauftragten im Parlament auch ein Beitrag zum öffentlichen Diskurs, der aktuelle und grundsätzliche Fragestellungen beinhalten könnte. So könnten etwa auch die gesetzlichen Grundlagen der Tätigkeit der Nachrichtendienste in seinem Bericht aufgegriffen werden. Eine Novellierung und Optimierung, angestoßen und begleitet vom Nachrichtendienstbeauftragten, wäre eine guter Beleg für dessen Notwendigkeit.

Widerstand gegen einen solchen Beauftragten kam bislang überwiegend aus den Reihen des Parlamentarischen Kontrollgremiums selbst, das wohl seine eigene Rolle tangiert sah. Ich halte die Sorge für unbegründet, da sich beide Funktionen, Nachrichtendienstbeauftragter und Parlamentarisches Kontrollgremium, gegenseitig stärken und nicht schwächen würden. Ein Nachrichtendienstbeauftragter wäre daher eine Win-win-Situation für alle Beteiligten.

Realitätsnahes Integrationskonzept

Mit meinem letzten Vorschlag wage ich mich auf ein heiß umstrittenes Terrain. Die Bestandsaufnahme ist einfach, die Lösung dagegen nicht. Wir haben in Deutschland gut zweieinhalb bis drei Millionen Mitbürgerinnen und Mitbürger mit türkischen Wurzeln, etwa die Hälfte davon mit türkischer Staatsbürgerschaft. Bei allen Bemühungen um eine Integration muss man ernüchternd feststellen, dass eine türkische Parallelgesellschaft im Wachsen begriffen ist, die sich immer mehr von der Mehrheitsgesellschaft abwendet. Die Krux ist, je mehr wir beispielsweise fordern, man möge sich endlich der deutschen Leitkultur zuwenden, umso mehr drängen wir die Menschen in ihre Ecke, in der sie Deutschland vielleicht noch als Gastland, aber die Türkei als ihre wahre Heimat ansehen.

Diese Entwicklung ist in vielerlei Hinsicht fatal, vor allem aber auch in puncto Sicherheit. Hunderttausende Menschen, die sich nicht zugehörig fühlen, die sich als Bürger zweiter Klasse empfinden, sind ein Risiko für unser Gemeinwesen.

Erschwerend kommt hinzu, dass sie in der Türkei ebenfalls Ressentiments erleben, weil sie aus Deutschland kommen und zum Beispiel ihre deutsch gefärbte türkische Aussprache sie als in Deutschland wohnend oder aufgewachsen verrät. Diesen gefährlichen Trend der Abwendung von Deutschland und der Idealisierung der Türkei durchbrechen wir nicht mit mehr und härteren Forderungen. Diesen Trend durchbrechen wir nur, wenn wir diesen Menschen hier eine Heimat geben.

Ich habe dabei als Beispiel die Volksgruppe meines Vaters, die Siebenbürger Sachsen, im Auge. Diese lebten über 800 Jahre – auch geografisch betrachtet – mitten in Rumänien. Der Staat und die Mehrheitsbevölkerung hatten keine Probleme damit, dass sie ihre deutsche Kultur pflegten. Die Kinder wurden in den ersten Schuljahren auf Deutsch unterrichtet, es gab deutsche Gymnasien, in den evangelischen Kirchen wurden die Messen in deutscher Sprache gehalten. Lehrer und Priester wurden teils von den Siebenbürger Sachsen selbst finanziert, teils aber auch von Deutschland. Die Siebenbürger Sachsen sangen deutsche Lieder, trugen eine eigene Tracht, pflegten deutsches Kulturgut, sprachen untereinander Deutsch, konnten aber selbstverständlich auch Rumänisch. Vor allem waren sie loyale rumänische Staatsbürger, die nicht nur ihren Wehrdienst leisteten, sondern sich auch im rumänischen Gemeinwesen engagierten. Sie waren in Rumänien trotz ihrer weitreichenden kulturellen Eigenständigkeit nicht nur geduldet, sondern auch geachtet. Dies zeigt sich bis heute, da seit 2014 der derzeitige rumänische Staatspräsident Klaus Johannis ein Siebenbürger Sachse ist. Dies zeigt auch, dass sich die Siebenbürger Sachsen nicht als fünfte deutsche Kolonne, nicht als verlängerter Arm Deutschlands in Rumänien fühlten, sondern als deutsche Volksgruppe, als Siebenbürger Sachsen in Rumänien. Dort war ihre Heimat. Wenn es in Rumänien und der rumänischen Mehrheitsgesellschaft möglich war, so großzügig mit der deutschen Minderheit umzugehen – zum Vorteil beider Seiten –, dann muss dies in Deutschland beim Umgang mit der türkischstämmigen Minderheit auch möglich sein.

Warum erlauben wir dem türkischen Staat nicht, in Deutschland türkischsprachige Schulen in Ergänzung zu den staatlichen deutschen Schulen zu betreiben? Mit dem türkischen Staat ließe sich sicher vereinbaren, dass dort auch zusätzlich Deutschunterricht erfolgt, und zwar insbesondere für die Kinder, die sich mit der deutschen Sprache schwertun. Selbstverständlich müssten die Lehrpläne von den deutschen Behörden genehmigt werden und einer kontinuierlichen Prüfung und Kontrolle standhalten.

Warum wollen wir unbedingt, dass in den türkischen Moscheen in deutscher Sprache gepredigt wird? Unter Sicherheitsgesichtspunkten sind türkische Moscheen überwiegend unauffällig. Die immer wieder aufkommende Forderung, dass die vom Religionsministerium in Ankara bezahlten Imame auf Deutsch statt auf Türkisch predigen sollen, ist aus Sicherheitsgründen jedenfalls nicht erforderlich, da die vom Religionsministerium zentral vorgegebenen Predigten keinerlei Gewalttendenzen erkennen lassen – im Gegensatz zu den arabischen religiösen Zentren. Ich kann mir vorstellen, dass das Religionsministerium bereit wäre, den deutschen Sicherheitsbehörden die Predigten zur Kenntnis zuzuleiten, wenn im Gegenzug auf die Forderung nach Predigten in deutscher Sprache verzichtet würde.

Warum unterstützen wir die türkischstämmige Minderheit nicht bei der Herausgabe eigener Zeitungen und eigener Bücher oder mit einem eigenen öffentlich-rechtlichen Rundfunk, was über die bisherigen bescheidenen Ansätze quantitativ und qualitativ hinausgeht? Wieso leisten wir uns einen TV-Sender Arte mit dem Ziel, den Deutschen und den Franzosen die jeweils andere Kultur näherzubringen, obwohl die Verständigung zwischen Deutschen und Franzosen kein wirkliches Problem darstellt, während wir die gesellschaftliche Sprengkraft der Entwicklung unserer größten Minderheit nicht nur kulturell ignorieren?

Ziel muss also sein, hier solche Rahmenbedingungen zu schaffen, dass wir den türkischstämmigen Mitbürgerinnen und Mitbürgern das Herausbilden einer eigenen deutsch-türkischen Identität ermöglichen. Wir sollten ihnen dazu verhelfen, Deutschland als Heimat zu empfinden, weil hier ihre eigene Kultur akzeptiert und respektiert wird und sie diese leben dürfen. Wenn im Jahr 2050 ein türkischer Staatspräsident in einem Stadion spricht, dann sollte nicht ein Meer aus türkischen Flaggen die Kulisse bilden, sondern ein Mix aus deutschen und türkischen Fahnen.

Zur kulturellen Freiheit gehört meines Erachtens auch das Tragen eines Kopftuchs oder eines Schleiers. Ich kann daran kein Sicherheitsrisiko für unsere Gesellschaft erkennen, und auch hierbei beziehe ich mich auf das Beispiel meiner Familie. Die Familie meiner Mutter stammte aus Bessarabien, dem heutigen Moldawien. Sie waren deutsche Siedler, die ebenfalls weitgehende kulturelle Freiheiten genossen. Meine Großmutter ist ihr ganzes Leben lang nicht aus dem Haus gegangen, ohne sich vorher ein Kopftuch umzubinden. Meine Mutter behielt dies bis Anfang der 1960er-Jahre bei. Das waren keine politisch motivierten Verhaltensmuster, sondern es war schlicht der Tradition aus der alten Heimat geschuldet. Ich befürchte, unser Widerstand gegen das Tragen eines Kopftuchs macht dies oft erst zum politischen Statement. Wenn unsere Gesellschaft nicht mehr die liberale

Großzügigkeit aufbringt, das Tragen eines Kopftuchs oder eines Schleiers durch eine Lehrerin oder eine Richterin auszuhalten, dann muss man sich um die Gesellschaft und nicht um die Trägerinnen von Kopftüchern Sorgen machen.

Sosehr wir den Menschen ihre kulturelle Heimat lassen, genauso müssen wir ihre Loyalität zu unserem Gemeinwesen einfordern. Das Beherrschen der deutschen Sprache oder die Teilnahme der Mädchen am Sportunterricht gehören genauso dazu wie die Akzeptanz unserer Regeln und Gesetze. Ich sehe bei einer zweieinhalb bis drei Millionen großen Volksgruppe keine vernünftige Alternative als eine die Realität akzeptierende Politik. Das Heranwachsen der türkischen Parallelgesellschaft lässt sich nicht mehr zurückdrehen, sondern allenfalls noch in eine verträgliche Richtung lenken. Dabei brauchen wir keine Dogmen, sondern Realismus. Auch die Anerkennung einer doppelten Staatsbürgerschaft wäre ein solcher Realismus, da sie unter Sicherheitsgesichtspunkten auf keine grundlegenden Bedenken stößt.

Damit keine weiteren Parallelgesellschaften entstehen, gilt für die anderen Migranten, dass sich hier illegal aufhaltende Personen, dass Wirtschaftsflüchtlinge, dass nicht anerkannte Asylbewerber zeitnah zurückgeführt und abgeschoben werden. Hierzu und zur Notwendigkeit der Begrenzung des Zuzugs habe ich bereits beim Thema Migration Stellung bezogen. Dabei geht es nicht um eine dumpfe Abschottungspolitik, sondern um die Anerkennung der Realitäten. »Unser Herz ist weit. Doch unsere Möglichkeiten sind endlich«, hatte der damalige Bundespräsident Joachim Gauck am 3. Oktober 2015, dem Tag der Deutschen Einheit, unser Dilemma mutig in Worte gefasst. Besser kann man es nicht formulieren.

Sicherheitsinteressen definieren und vertreten

Deutschlands Sicherheit wird nicht am Hindukusch verteidigt

Betrachtet man die militärischen und polizeilichen Auslandsansätze der Bundeswehr und der deutschen Polizeien, dann fällt es schwer, einen systematischen oder gar strategischen Ansatz zu erkennen. So beteiligte sich die Bundeswehr zu Beginn des Jahres 2020 an zwölf Einsätzen auf drei Kontinenten mit rund 4000 Soldatinnen und Soldaten. Die Missionen sind alle unterschiedlich, auch hinsichtlich ihrer Rechtsgrundlagen. Mal sind es Einsätze im Rahmen der NATO, dann wieder der Vereinten Nationen oder europäische Mandate. Oft beinhalten sie die Ausbildung der Sicherheitskräfte vor Ort, Unterstützungsleistungen zum Beispiel durch Aufklärungsflüge und Luftbetankung oder Beobachtermissionen. Manchmal sind nur kleinste Kontingente vor Ort vertreten, wie in Darfur mit drei deutschen Soldaten oder im Südsudan mit ebenfalls nur drei Soldaten. Rund 980 Soldatinnen und Soldaten sind in der derzeit wohl gefährlichsten Mission in Mali eingesetzt. Der bekannteste Einsatz mit fast 1300 Soldatinnen und Soldaten ist noch immer der in Afghanistan.

Auch der Bundesnachrichtendienst leistete und leistet in Afghanistan hervorragende Arbeit. Dabei wurde viel Neuland beschritten. Einen solchen Einsatz in der Fläche eines entlegenen und konfliktbeladenen Landes, das direkte Zusammenwirken mit der Bundeswehr, das arbeitsteilige Vorgehen im Rahmen der internationalen Zusammenarbeit vor Ort, all das musste erst gelernt werden. Der Einsatz in Afghanistan ist so zu einem Paradebeispiel dafür geworden, was Politik und Öffentlichkeit zu Recht vom Bundesnachrichtendienst erwarten: unter schwierigsten Bedingungen in einer gefährlichen und kulturell fremden Umgebung geheime Informationen zu beschaffen. Dutzende Anschläge vor Ort auf deutsche Soldatinnen und Soldaten konnten durch entsprechende Warnhinweise des Bundesnachrichtendienstes verhindert werden.

Dank des damaligen Verteidigungsministers Karl-Theodor zu Guttenberg, der 2010 sagte, man könne »umgangssprachlich vom Krieg« sprechen, hatte Deutschland zumindest sprachlich die Realität im Einsatzland notgedrungen akzeptiert.

Die Lage in Afghanistan selbst ist von Jahr zu Jahr eher schlechter als besser geworden. Nach der kontinuierlichen Reduzierung des internationalen militärischen Engagements stehen sich die Taliban und die afghanischen Sicherheitskräfte nach wie vor unversöhnlich gegenüber. Ein echter Friedensprozess ist bislang nicht in Gang gekommen. Im Gegenteil: Jährliche Frühjahrsoffensiven und regelmäßige Anschläge durch die Taliban bis in die urbanen Zentren hinein zeichnen ein trauriges Bild.

Keine Konfliktseite verfügt über eine entscheidende Überlegenheit, den anderen militärisch zu besiegen. Dabei spielt die Zeit den Taliban mittel- bis langfristig in die Hände. Seit der Übernahme der Sicherheitsverantwortung im Jahr 2015 befinden sich die afghanischen Sicherheitskräfte – auch für

Nicht-Experten erkennbar – in einer prekären Lage. Nur mithilfe internationaler Kampfunterstützung, insbesondere durch US-amerikanische Kräfte, konnten und können lokale Krisen bewältigt werden.

Ähnlich bescheiden wie die militärische Lage ist die politische Situation im Lande. Nach den Präsidentschaftswahlen im September 2019 hatte die Wahlkommission zwar den bisherigen Amtsinhaber Aschraf Ghani Ahmadsai zum Sieger erklärt. Sein langjähriger Gegenspieler und Herausforderer Abdullah Abdullah aber sprach von Betrug und ließ sich ebenfalls als Präsident vereidigen. Die groteske Situation, dass sich zwei politische Rivalen in getrennten Zeremonien zum Präsidenten ernennen lassen, besagt eigentlich alles. Inzwischen haben sich die beiden Kontrahenten auf eine Teilung der Macht geeinigt. Mitte Mai 2020, also fast acht Monate nach der Präsidentschaftswahl, unterzeichneten sie eine entsprechende Vereinbarung. Demnach soll Ghani Präsident bleiben, während Abdullah den Rat für die Friedensgespräche mit den Taliban leiten soll.

Schon in den letzten Jahren blockierten sich beide Lager gegenseitig, und für die Zukunft ist nichts anderes zu erwarten. Dringend notwendige Reformen fanden und finden nicht statt. Afghanistan zählt seit mehr als drei Jahrzenten Krieg zu einem der ärmsten Länder der Welt. Die Wirtschaft des Landes liegt darnieder, die internationalen Finanzhilfen machen mehr als 90 Prozent des Bruttoinlandsprodukts aus. Seit Jahren ist die Investitionsbereitschaft im Land fast vollständig zum Stillstand gekommen, was angesichts der Sicherheitslage und der politischen Situation nicht verwundert.

Im Gegensatz dazu florierten der Anbau von Schlafmohn und seine Verarbeitung zu Heroin. Afghanistan ist nach den Berichten des UN-Büros für Drogen- und Verbrechensbekämpfung (UNODC) einer der größten Drogenexporteure der Welt. Die hohen jährlichen Profite, teils in Milliardenhöhe, fließen der organisierten Kriminalität, der Korruption und auch den Taliban zu.

Sicherheits- und Wirtschaftslage stellen die entscheidenden Faktoren dar, das Land zu verlassen. Insbesondere der Exodus gebildeterer Afghanen, die vom Aufbau der Schulen und des Bildungssystems durch die internationale Gemeinschaft profitiert hatten, ist ein herber Verlust für den Wiederaufbau des Landes. Die Aussichten für die Zukunft des Landes sind insgesamt düster!

In Afghanistan war ich oft: 2004 zum ersten Mal in Begleitung des damaligen Bundesinnenministers Otto Schily und ab 2012 regelmäßig, um nicht nur mit Worten zu dokumentieren, welch hohe Achtung ich vor den dort eingesetzten Frauen und Männern hatte und habe. Sie sind stille Alltagshelden. Sie riskieren Leib und Leben und haben daher Anerkennung verdient. Wenn ich meine Eindrücke von 2004 mit denen von 2014 oder 2015 vergleiche, dann hat sich nahezu alles verschlechtert. Eine völlige Militarisierung des Straßenbildes, hässliche festungsartige Verbarrikadierungen von Amtsgebäuden und Botschaften und bis an die Zähne bewaffnete Uniformierte waren nicht nur für die Hauptstadt Kabul prägend. Stacheldraht und Gewehre überall. Man brauchte nur in die traurigen Augen der Menschen auf den Straßen und Plätzen zu schauen, die ohne irgendeine Hoffnung versuchen, die Situation zu meistern. Seit Ende 2001 ist die Bundeswehr dort im Einsatz, und wer behauptet, durch dieses Engagement und das der sonstigen zivilen und polizeilichen Missionen sei die Lage stabiler oder gar besser geworden, der redet die Lage – wahrscheinlich wider besseres Wissen – schön.

Ich kann daher jeden verstehen, der fragt: Was will Deutschland eigentlich in Afghanistan? Was ist unser Interesse dort? Der damalige Bundesverteidigungsminister Peter Struck (SPD) hatte 2002 dazu erklärt: »Die Sicherheit Deutschlands wird auch am Hindukusch verteidigt.« Das ist falsch. Unsere Sicherheit wird durch die Taliban in Afghanistan nicht bedroht. Man könnte allenfalls argumentieren, dass es sich mittelbar auch auf Deutschland auswirkt, wenn in Afghanistan ein fundamentalistisch-islamistisches Regime herrscht oder wenn dort Terrorgruppen ungehindert agieren können. Aber mit dieser Begründung der mittelbaren Auswirkungen wäre unsere Sicherheit letztlich durch jede Krise auf der Welt gefährdet, wobei noch offenbleibt, was unter mittelbaren Auswirkungen aus Afghanistan konkret zu verstehen wäre. Natürlich wollen wir nicht, dass in Afghanistan produziertes Heroin zu uns gelangt, aber wir schicken ja auch keine Truppen in die Länder, in denen Cannabis angebaut oder Ecstasy hergestellt wird. Natürlich haben wir ein Interesse, dass die Migration aus Afghanistan beendet wird, aber wir setzen die Bundeswehr auch nicht in Eritrea, Nigeria, Libyen oder Syrien ein, um die Migration zu stoppen.

Afghanistan zeigt aus meiner Sicht prototypisch das ganze Dilemma der deutschen Auslandseinsätze. Denn wenn man keine hinreichend konkreten Ziele vor dem Einsatz vorgibt, dann fällt auch der Exit schwer. Woran soll man dann nämlich messen, ob die Ziele erreicht sind oder – aus welchen Gründen auch immer – nicht mehr mit vertretbarem Aufwand erreichbar sind? Nicht nur die Bundeswehr ist seit fast 20 Jahren in Afghanistan, auch die deutsche Polizei und deutsche Entwicklungshelfer arbeiten in Projekten vor Ort. Und es zeichnet sich ab, dass das Ende all dieses Engagements davon abhängen wird, ob und wann die US-amerikanischen Truppen das Land verlassen werden. Das lässt sich beim besten Willen nicht so interpretieren, dass damit auch die deutschen Ziele erreicht sind.

Zugutehalten muss man den Entscheidern, dass der Beginn des Einsatzes einen nachvollziehbaren Grund hatte, nämlich den sogenannten Bündnisfall nach § 5 des NATO-Vertrags. Nach den Anschlägen vom 11. September 2001 in den USA hatte die NATO erstmals in ihrer Geschichte den Bündnisfall erklärt, wonach sich die NATO-Partner gegenseitig Beistand leisten, wenn einer oder mehrere von ihnen angegriffen werden sollten. Die damalige Begründung war, dass die Attentäter des 11. September 2001 zu Al-Qaida gehörten, die wiederum von den Taliban in Afghanistan geschützt würden. Die Taliban hatten seit 1996 weite Teile Afghanistans und auch die Hauptstadt Kabul unter ihre Kontrolle gebracht. Dass Deutschland zu seinen Bündnisverpflichtungen steht, war und ist selbstverständlich. Das Erfüllen von militärischen Bündnispflichten ist schon deshalb unser Interesse, weil wir im Notfall ebenfalls wollen, dass man uns beisteht. Nach zehn, fünfzehn und bald zwanzig Jahren geht es in Afghanistan aber nicht mehr um den Bündnisfall.

Man kann die Entscheidungen über Auslandseinsätze nicht davon abhängig machen, wie hoch gerade der internationale Druck auf Deutschland und wie die politische Situation und Stimmung in unserem Land ist. Deshalb hat die Bundesregierung versucht, mit dem Weißbuch 2016 und den Leitlinien der Bundesregierung zum Krisenmanagement – »Krisen verhindern, Konflikte bewältigen, Frieden fördern« – von 2017 einen Rahmen für zukünftiges sicherheits- und außenpolitisches Engagement zu setzen.

Die Leitlinien zum Krisenmanagement bleiben jedoch

vage. Als Leitbild der Bundesregierung wird dort vorgegeben, »stärker international Verantwortung für Frieden, Freiheit, Entwicklung und Sicherheit zu übernehmen«. Durch Krisenprävention, Konfliktbewältigung und Friedensförderung komme die Bundesregierung somit auch ihrer Verantwortung für die Sicherheit und das Wohl Deutschlands und seiner Bürgerinnen und Bürger nach.

Das Weißbuch setzt allgemein gehaltene, strategische sicherheitspolitische Ziele, wie etwa das Engagement für die internationale Ordnung, und zwar auch durch verstärktes Engagement im Rahmen der Vereinten Nationen und ihres Peacekeeping. Weitere strategische Ziele sollen das frühzeitige Erkennen, Vorbeugen und Eindämmen von Krisen und Konflikten und die ungehinderte Nutzung von Transport- und Handelslinien sowie die Sicherheit der Rohstoff- und Energieversorgung sein.

Diese Beschreibung des zukünftigen Rahmens unseres sicherheitspolitischen Engagements ist schon deshalb gut, wenn man bedenkt, dass der damalige Bundespräsident Horst Köhler für ähnliche Formulierungen im Mai 2010 sehr hart kritisiert wurde. Er hatte in einem Interview mit dem *Deutschlandradio* gesagt: »Meine Einschätzung ist aber, dass insgesamt wir auf dem Wege sind, doch auch in der Breite der Gesellschaft zu verstehen, dass ein Land unserer Größe mit dieser Außenhandelsorientierung und damit auch Außenhandelsabhängigkeit auch wissen muss, dass im Zweifel, im Notfall auch militärischer Einsatz notwendig ist, um unsere Interessen zu wahren, zum Beispiel freie Handelswege, zum Beispiel ganze regionale Instabilitäten zu verhindern, die mit Sicherheit dann auch auf unsere Chancen zurückschlagen negativ durch Handel, Arbeitsplätze und Einkommen.« Diesen Ansatz greift das Weißbuch, wenn auch eher vorsichtig, auf. Aber die formulierten Eckpunkte bleiben doch alle sehr abstrakt, klingen eher nach Weltfrieden als nach nationalen, deutschen Interessen. Sie klingen nach Reaktion anstatt proaktiver Gestaltung und vor allem nach Abgabe der Verantwortung an die internationale Ebene. Der Verweis auf die Vereinten Nationen, auf die internationale Ebene, macht aber eigene nationale Ziele nicht überflüssig, sondern täuscht allenfalls darüber hinweg. Uns ist offensichtlich der Mut verloren gegangen, eigene Interessen und Ziele zu formulieren, sie zu konkretisieren und sie transparent und öffentlich zu diskutieren.

Wie der von den Leitlinien zum Krisenmanagement und dem Weißbuch gesteckte Rahmen ausgefüllt und konkretisiert werden soll, bleibt daher unklar. Soll dies von Fall zu Fall, also anlassbezogen erfolgen? Das wäre keine überzeugende Lösung. Kurzfristig bestehen – wie die Vergangenheit lehrt – wenig Chancen, eine nachhaltige Diskussion über potenzielle Auslandseinsätze zu führen. Und das hätte zur Folge, dass – wie bislang – die Stimmungslage im Parlament oder im Lande der ausschlaggebende Faktor sein würde. Überzeugender wäre, wenn man sich vorher auf konkrete Einsatzvoraussetzungen und konkrete Aufträge zum Beispiel für Regionen oder für bestimmte Krisenlagen einigen könnte. Der Vorschlag von Bundesverteidigungsministerin Kramp-Karrenbauer zur Etablierung eines Nationalen Sicherheitsrats brächte die Chance, die bislang dürftige Debatte über deutsche außen- und sicherheitspolitische Interessen zu aktivieren.

Was also sind bei einem Einsatz der Bundeswehr, aber auch bei Missionen der Polizei unsere ganz konkreten Interessen und Ziele, an denen wir uns auch im Hinblick auf eine Exit-Strategie messen lassen? Nicht nur, aber auch im Interesse der eingesetzten Soldatinnen und Soldaten, der eingesetzten Polizistinnen und Polizisten ist es eigentlich eine Selbstverständlichkeit, dass vor jedem Einsatz die Fragen geklärt sind: Was will deutsche Politik konkret erreichen, und was können Auslandseinsätze dazu beitragen? Warum also engagieren wir uns ausgerechnet in Afghanistan und nicht etwa in Libyen, im Jemen oder im Norden Syriens? Warum machen wir das jetzt und nicht früher oder später? Warum haben unsere Alliierten einen Kampfauftrag, und warum machen wir bloß Luftbilder? Warum unterweisen wir die Kurden im Nordirak an den Waffen, während unsere Alliierten mit ihnen an die Front gehen?

Unsere gelegentliche Haltung, bei internationalen Einsätzen nicht kneifen, aber auch nicht ganz mitmachen zu wollen, wird von unseren Partnern aufmerksam registriert. »Wir bekämpfen den Terrorismus, ihr beschreibt ihn«, hat mir erst kürzlich wieder ein ehemaliger europäischer Kollege gesagt. Dass er dies ganz ohne Vorwurf, sondern mehr mit der Konnotation »so seid ihr Deutschen eben« aussprach, hat mich dabei am meisten nachdenklich gemacht. Wie der US-amerikanische Verteidigungsminister Mark Esper auf den Vorschlag der Bundesverteidigungsministerin zur Errichtung einer Sicherheitszone im Norden Syriens reagierte, war noch aufschlussreicher. In einem Interview am Rande der Sitzung der Verteidigungsminister der NATO im Oktober 2019 erklärte er, er habe den deutschen Vorschlag nicht gelesen. Allein diese Petitesse macht unseren bescheidenen Einfluss auf das Weltgeschehen mehr als deutlich. Sicherheitspolitik ist nicht nur, aber auch Machtpolitik. »Wie viele Divisionen hat der Papst?«, mit dieser Frage hatte sich Stalin 1945 in Jalta über den Vatikan lustig gemacht. Heute erklärt der US-Verteidigungsminister, dass er das deutsche Papier nicht gelesen habe. Man nimmt uns nicht mehr ernst oder wahr. Wer ständig den Weltfrieden predigt, allerdings einen überschaubaren Beitrag dazu leistet, der muss damit rechnen. Dabei hatte auch schon der damalige Bundespräsident Joachim Gauck in seiner Rede vor der Münchner Sicherheitskonferenz im Januar 2014 mehr Mut zu einer aktiven deutschen Außenpolitik, Militäreinsätze eingeschlossen, angemahnt. Deutschland dürfe sich nicht wegducken, auch nicht mit Hinweis auf die grauenvolle Nazi-Vergangenheit.

Der Vorschlag einer wie auch immer definierten internationalen Zone in Syrien war nicht neu. Er hätte es aber verdient, ernst genommen zu werden, schon im Interesse der betroffenen Menschen vor Ort. Die mantraartigen Forderungen nach einer politischen Lösung im Syrienkonflikt waren und sind noch immer an Peinlichkeit kaum zu überbieten. Deutschland hätte mit einem entsprechenden militärischen Engagement außen- und sicherheitspolitische Verantwortung wahrgenommen und wäre zu einem Mitgestalter auf der Weltbühne geworden. Vor allem hätte Deutschland auch eigene nationale Interessen wahrgenommen, nämlich die Eindämmung weiterer Migrantenströme aus den umkämpften Regionen. Dass man damit auch der notleidenden Bevölkerung geholfen hätte, wäre ein weiterer wichtiger Grund für ein solches Engagement gewesen. Der Vorschlag war daher ein Hoffnungsschimmer, der allerdings auch durch wenig glückliches Vorgehen bei der Abstimmung innerhalb der Regierung bereits im Ansatz scheiterte.

Positive Wirkung kann dagegen das bereits erwähnte »Strategiepapier der Bundesregierung zur Stärkung der Sicherheits- und Verteidigungsindustrie« vom Februar 2020 erzeugen, wenn die Herausgeber des Papiers sich selbst danach richten. Darin definiert die Bundesregierung sicherheits-

und verteidigungsindustrielle Schlüsseltechnologien wie zum Beispiel »gepanzerte Fahrzeuge«, »elektronische Kampfführung« oder »Marineschiffbau«. Vor allem aber verpflichtet sie sich selbst mit der klaren Aussage: »Die Verfügbarkeit der identifizierten sicherheits- und verteidigungsindustriellen Schlüsseltechnologien ist aus wesentlichem nationalem Sicherheitsinteresse zu gewährleisten.« Relevante nationale Schlüsseltechnologien zu erhalten ist eigentlich eine sicherheitspolitische Selbstverständlichkeit. Das viele Lob, das die Bundesregierung für ihr Strategiepapier erhalten hat, zeigt jedoch, dass das selbstverständliche Formulieren nationaler Interessen eben gar nicht mehr selbstverständlich ist. Wenn dies aber bei der Sicherheits- und Verteidigungsindustrie möglich ist, sollte es auch für Auslandseinsätze gelten.

Dabei fällt es vielen noch schwer, einzusehen, dass die westliche Demokratie als Befriedungsmodell bei internationalen Missionen ausgedient hat. Die misslungenen Versuche, westliche Demokratiemodelle zu etablieren, zum Beispiel in Afghanistan, Libyen oder auch im Irak, lassen sich nicht schönreden. Bei der Unterstützung der syrischen Opposition durch den Westen ist ebenfalls festzustellen: Dort gab und gibt es keine Gruppierung, die für freie Wahlen oder die Gleichberechtigung von Mann und Frau kämpft beziehungsweise gekämpft hat. Clanstrukturen sind oftmals die einzigen Konstanten in solchen Krisenregionen. Clans sind wichtige Machtfaktoren, die bei Lösungen für die Zukunft berücksichtigt werden müssen, die aber mit freien Wahlen traditionsgemäß nichts anfangen können und wollen. Wenn man also tragfähige Befriedungen erreichen will, muss man lernen zu akzeptieren, dass andere Völker und andere Staaten nach anderen Regeln leben wollen, die auf deren Kultur und deren Geschichte beruhen. Dass uns die Akzeptanz demokratiefremder Regeln und Systeme gar nicht so schwerfällt, um es sarkastisch auszudrücken, zeigt das Kuschen Deutschlands gegenüber China in Sachen Beteiligung von Huawei bei 5G.

Nach der Corona-Krise lernen

Sicherheit neu denken

Jedes Mal, wenn im Fernsehen oder in den sonstigen Medien in den vielen Sondersendungen und Berichterstattungen die Rede davon war, dass die Corona-Krise auch eine Chance sei, regte ich mich auf. So pries ein Wissenschaftsjournalist als Mitdiskutant in einer Talkrunde neue Möglichkeiten des Miteinanders im Lichte der Kontaktbeschränkungen als Chance an und lobte als Beispiel die virtuelle Geburtstagsfeier seiner Ehefrau. Ich finde es unerträglich, von den Chancen einer Krise zu reden, während Menschen sterben und wirtschaftliche Existenzen vernichtet werden. Eine Katastrophe ist keine Chance. Sie ist schlimm, brutal und im wahren Sinne des Wortes unmenschlich, weil sie tötet.

Umso wichtiger ist es, nach der Krise zu lernen, was man künftig besser machen kann. Ich will hier nicht erwägen, ob die Bundesregierung und die Bundesländer zu langsam reagiert haben; ob zum Beispiel die Grenzschließungen zu spät erfolgten; warum der Flugverkehr aus den Hauptrisikogebieten nicht frühzeitiger unterbunden wurde; ob bei Urlaubsrückkehrern aus Risikogebieten konsequenter Quarantäne angeordnet hätte werden müssen; ob die Beschaffung von

Schutzkleidung zu nachlässig betrieben worden sei oder wie man die unterschiedlichen Maßnahmen der Bundesländer hätte besser abstimmen können. Diese Fragen werden die zuständigen Gremien zu klären haben. Mir geht es um die Frage, warum uns die Krise so unvorbereitet getroffen hat. Diese Frage lässt sich aus meiner Sicht ganz einfach beantworten: weil sich vorher niemand ernsthaft dafür interessiert hat. Ich möchte das nicht entschuldigen, aber man stelle sich einmal vor: Nach einer groß angelegten Pandemie-Übung oder nach einer fundierten Risikoanalyse der zuständigen Behörden hätten sich etwa im Jahr 2012 ein Behördenchef oder ein Sicherheitspolitiker oder beide an die Öffentlichkeit gewandt und gefordert, dass Bund, Länder, aber zum Beispiel auch Krankenhausbetreiber ein beachtliches Beschaffungsprogramm für Schutzkleidung und vor allem Schutzmasken auflegen müssten, da eine Risikoanalyse ergeben habe, dass bei einer Pandemie ein gigantischer Bedarf von über zehn Milliarden Masken bestehe. Oder sie hätten gefordert, dass in einem noch größeren Umfang als zu Zeiten des Kalten Kriegs in Deutschland rund 10 000 Intensivpflegebetten mit Beatmungsgeräten auf Vorrat in Notkrankenhäusern bereitgehalten werden müssten, da eine Übung ergeben habe, dass bei einer Pandemie mit großer Wahrscheinlichkeit ein noch viel größerer Bedarf bestehe. Oder sie hätten gefordert, dass alle nicht systemrelevanten Mediziner wie etwa Schönheitschirurgen verpflichtet würden, Kurse in Intensivmedizin zu absolvieren und diese regelmäßig zu wiederholen, da nach Beurteilung einer Arbeitsgruppe von Fachleuten bei einer Pandemie ein besonders hoher Bedarf an entsprechend ausgebildeten Ärzten bestehe. Oder sie hätten gar gefordert, dass man eine App entwickeln müsse, mit der man Kontakte zu Infizierten abklären könne, da eine Risikoanalyse aufzeige, dass diese App wesentlich zur zielgenauen Bekämpfung der Pandemie beitragen könne. Wer solche Forderungen 2012 erhoben hätte, wäre bestenfalls als Sicherheitsfanatiker bezeichnet worden, der über die Hintertür den Überwachungsstaat einführen wolle. Viele hätten ihn auch einfach nur als »irre« wahrgenommen.

Vielleicht trägt die Corona-Krise nunmehr dazu bei, dass Sicherheit zukünftig einen anderen Stellenwert erlangt, dass wir nachhaltiger über Sicherheitsfragen diskutieren. Vielleicht trägt die Corona-Krise ja dazu bei, dass wir die vielen bedenklichen Entwicklungen nicht erst dann wahrnehmen, wenn eine Krise eingetreten ist, sondern dass wir die Sicherheitsfragen frühzeitig »mitdenken«, dass wir Sicherheit in vielen Lebensbereichen »neu denken«. Und vielleicht ist die Corona-Krise ja auch ein Wendepunkt dafür, dass der libertäre Individualismus kein Zukunftsmodell mehr ist.

Die Folgen der Corona-Krise werden die globale Entwicklung hin zu mehr Instabilität und mehr Unsicherheit beschleunigen, und zwar schneller, als uns lieb sein kann. Die Krise wirkt wie ein Brandbeschleuniger, etwa bei der Renaissance der Idee des Nationalstaats. Geschlossene Grenzen, Einreiseverbote und Ausreiseverfügungen verleihen nicht nur den Nationalisten in Ungarn oder Polen Rückenwind. Sorge bereitet auch die Konfrontation der USA mit China. Dass die Regierung der Vereinigten Staaten vom »China-Virus«, der aus einem chinesischen Labor stamme, spricht, während die chinesische Regierung die Überlegenheit ihres Systems nicht nur bei der Pandemiebekämpfung preist und dies durch die Entsendung von Hilfsgütern zum Beispiel nach Italien unterstreicht, ist nur die Spitze des Eisbergs. Beide, China und die USA, sind im Zuge der Krise längst aus dem Stadium des Handelskriegs herausgetreten und betreiben jetzt mit gezielten Propagandaaktionen und Desinformationskampagnen unter Einsatz ihrer Geheimdienste einen verdeckten »Kalten« Krieg.

Kaum abzuschätzen sind die katastrophalen Folgen der weiteren Destabilisierung, der ökonomischen und gesellschaftlichen Verwerfungen in den Regionen, die bisher schon als instabil galten und »auf der Kippe« standen. Die verheerenden Folgen der Pandemie schwächen nicht nur die ohnehin schon wenig effizienten Regierungs-, Verwaltungs- und Sicherheitsstrukturen zum Beispiel in Nordafrika, in der Sahelzone, im sonstigen Afrika oder in Südamerika. Durch den Zusammenbruch globaler Lieferketten, durch die massiven Einbrüche zum Beispiel in den Wirtschaftsbereichen Handel und Tourismus werden noch mehr Millionen Menschen arbeitslos und in ihrer nackten Existenz und der ihrer Familien bedroht. Unruhen, Bürgerkriege, ein Erstarken terroristischer Gruppierungen bis hin zum Zusammenbruch ganzer Staaten sind zu befürchten. Und nicht zuletzt werden Flucht und Migration massiv zunehmen. Die Veränderung der Welt zum Unguten wird schneller erfolgen, als wir es vor der Corona-Krise geahnt haben. Und diese Veränderungen werden Europa, Deutschland und uns alle unmittelbar und mittelbar betreffen.

Es wäre vermessen zu behaupten, ein offener Diskurs zum Thema Sicherheit, Sicherheitskultur und leistungsfähige Sicherheitsbehörden wären hierfür die Lösung. Das wäre viel zu einfach, zumal sich die Probleme eben nicht mit einem neuen gemeinsamen Zentrum lösen lassen. Ein Sicherheitsdiskurs, eine Sicherheitskultur und leistungsfähige Sicherheitsbehörden sind nur ein Beitrag zur Lösung – aber ein gewichtiger.

Was die Corona-Krise gezeigt hat, ist die breite Akzeptanz

für eine Einschränkung von persönlichen Freiheiten – zugunsten der Sicherheit. Lasst uns gerne darüber streiten, wie viel Freiheit und wie viel Sicherheit wir wollen.

Wolfgang Ischinger

Welt in Gefahr

Deutschland und Europa
in unsicheren Zeiten

Gebunden mit Schutzumschlag.
Auch als E-Book erhältlich.
www.ullstein-buchverlage.de

Die Welt steht am Abgrund. Uns drohen Großmachtkonflikte, ein Rüstungswettlauf und noch mehr nukleare Waffen. Die USA wollen nicht mehr Hüter der Weltordnung sein, während Peking und Moskau die EU-Partner gegeneinander ausspielen. Wie können Deutschland und die EU »weltpolitikfähig« werden? Wolfgang Ischinger gibt Antworten auf die drängenden Fragen der aktuellen Weltpolitik und skizziert seine Vision einer europäischen Zukunft in Frieden und Stabilität.

»Ischinger ist einer der scharfsinnigsten Analysten der internationalen Politik. Sein Buch sollte eine große Leserschaft erreichen.«
HENRY KISSINGER

Econ

2,00